의료, 아시아의
근대성을 읽는 창

서울대학교 아시아연구소총서
모노그래프시리즈 6

의료, 아시아의 근대성을 읽는 창

초판 1쇄 인쇄 2017년 5월 12일
초판 1쇄 발행 2017년 5월 17일

엮은이 이현정·김태우
펴낸곳 서울대학교출판문화원
펴낸이 성낙인

출판등록 제15-3호

주소 08826 서울 관악구 관악로 1
대표전화 02-880-5252 | 팩스 02-888-4148
전략기획팀(출판상담 및 홍보) 02-880-5217
출판관리팀(주문상담) 02-889-4424, 02-880-7995
이메일 snubook@snu.ac.kr
홈페이지 www.snupress.com

ISBN 978-89-521-1892-9 94300
978-89-521-1413-6 (세트)

이 연구는 2013년도 서울대학교 아시아연구소 아시아기초연구사업의 지원을 받아 수행되었음.

서울대학교 아시아연구소총서
모노그래프시리즈 6

의료

아시아의 근대성을 읽는 창

이현정·김태우 엮음

서울대학교출판문화원

Medicine and Modernities in Asia: Anthropological Perspectives

Hyeon Jung Lee · Taewoo Kim eds.

Seoul National University Press

머리말

의료는 한국인의 일상과 떼려야 뗄 수 없는 부분이 되고 있다. "지금까지 병원 한 번 가 본 적이 없다."라는 말은 더 이상 자랑이 되지 못하며, 심지어 가능한 이야기도 아니다. 의료는 우리의 일상 속에서 양방향으로 침투하고 있다.

오늘날 우리는 새로운 질병과 고통에 직면하고 있다. 퇴치된 줄 알았던 결핵이 다시 등장하고, 메르스나 조류독감과 같은 신종 감염병들이 흉흉하게 사회를 위협한다. 고령화의 축복 뒤에는 암, 심장병, 뇌혈관 질환 등 언제 들이닥칠지 모르는 지난한 죽음의 그림자가 드리워져 있다. 우울증, 공황 장애, 만성피로증후군 같은 정신 질환들은 어느새 우리에게 익숙한 단어가 되고 있다.

또한 과거에 '공동체 돌봄'의 영역이었던 것들이 조금씩 '의료'의 영역으로 변화해 가고 있다. 선거철마다 노인 복지는 인기 있는 공약 아이템이지만, 노인들은 언제 가족과 이웃의 손길에서 멀어져 요양병원의 신세가 될지 불안감을 감출 수 없다. 학교에서 주변 아이들과 좀 달라 보이는 아이의 부모는 교사로부터 정신과 상담을 받아 보라는 조언을 듣기가 일쑤이고, 갑작스러운 사고로 가족을 잃고 분노와 슬픔을 이기기 힘든 이들은 어느새 트라우마 치료의 대상이 되고 만다.

의료 전문화와 기술의 발달은 의심할 바 없는 인류의 성과이고 그로 인해 우리는 많은 혜택과 행복을 누리지만, 동시에 우리는 변화하는 세상 속에서 새로운 인류학적 질문에 봉착하고 있다. 우리의 삶에, 우리의 일상에 도대체 의료란 (또는 고통이란, 질병이란, 건강이란) 무엇이며, 또 우리는 변화하는 세상 속에서 이러한 문제를 어떻게 이해하고 적절히 관계 맺으며 살아가야 하는 것일까? 『의료, 아시아의 근대성을 읽는 창』은 이러한 의문 속에서 우리 자신을 되돌아보고, 또 국경과 지역적 특수성을 가로질러 우리가 다양한 의료 및 삶의 현장에서 만나 온 사람들을 공존하는 삶의 이웃으로 사고해 보고자 하는 마음에서 기획되었다.

이 책이 나오기까지 여러 소중한 인연들과 도움들이 있었다. 2009년 늦가을, 미국 필라델피아에서 학회를 마치고 우연히 만나게 된 김태우 선생님과의 인연은 이 책의 기획부터 출간까지 지치지 않는 힘이 되었다. 의료인류학이 아직 한국 사회에 잘 알려져 있지 않던 당시에, 김태우 선생님과 나는 의료인류학이라는 학문의 필요성과 가치를 공감하는 것만으로도 금세 '동지'(同志)가 될 수 있었다. 2013년 서울대학교 아시아연구소에서 본 연구를 아시아 기초연구 지원과제로 선정해 주지 않았더라면, 한국 사회에 의료인류학을 소개하는 책을 출간해 보겠다는 엄두를 내지 못했을 것이다. 무엇보다, 2014년 3월부터 매달 대학로 한국방송통신대학교 건물에서 진행된 '의료인류학 세미나'의 멤버들은 이 책이 나오기까지 가장 든든하고도 강력한 지원군이었다. 이 책에서 다루고 있는 여러 가지 주제들—동아시아 식민지 경험과 몸의 인식론, 국가 통치와 사회적 고통의 의료화, 고령화 시대의 노인 복지와 죽음의 문제, 이주의 정치경제학과 출산의 관료제적 경험, 젠더화된 노동 훈육과 약물 의존성, 국제 보건 의료의 정책 구상과 현지화 실태—은 세미나에서 함께 고민하고 토론했던 여러 가지 주제들의 일부이다.

관심 분야는 각자 다르지만, 저자들은 의료인류학자로서 적어도 세 가지 점에서 공감해 왔다. 첫째, 저자들은 건강, 질병, 고통, 의료가—정치, 경제, 법, 교육 등등에 못지않으며, 또한 이들 영역과 밀접하게 연관되어 있는 방식으로—인간의 삶과 일상을 이해하는 데 중요한 문제이며, 학문적이고 실천적인 관심의 대상이 되어야 한다는 것에 동의한다. 둘째, 저자들은 건강, 질병, 고통, 의료가 결코 의료진이나 정부의 정책 입안자들만의 관심 주제라고 보지 않으며, 인문사회과학을 비롯하여 다양한 학문 및 삶의 공동체가 함께 고민해 가야 하는 사안이라고 생각한다. 셋째, 저자들은 의료인류학이 사회적 역할을 충실하게 수행하기 위해서는, 무엇보다 건강, 질병, 고통, 의료에 대한 연구를 다각도로 발전시키고 학문 분야의 체계화에 힘써야 한다고 생각한다.

『의료, 아시아의 근대성을 읽는 창』이 이러한 저자들의 공감과 지향을 실행해 가는 첫 출발로서 자리매김하기를 기대한다.

저자들을 대표하여

이현정

차례

제6장 공순이에서 콜순이로: 여성 노동자의 몸을 통해 본 한국의 근대

김관욱

제7장 국제 보건의 시간: 에티오피아에서 상상된 아시아의 근대화

박영수

의료, 아시아의 근대성을 읽는 창

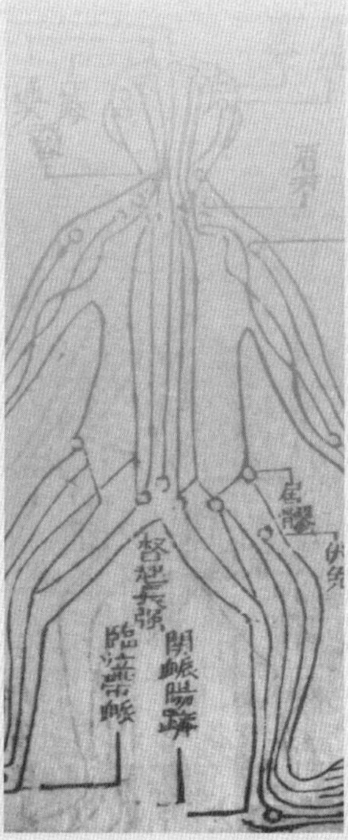
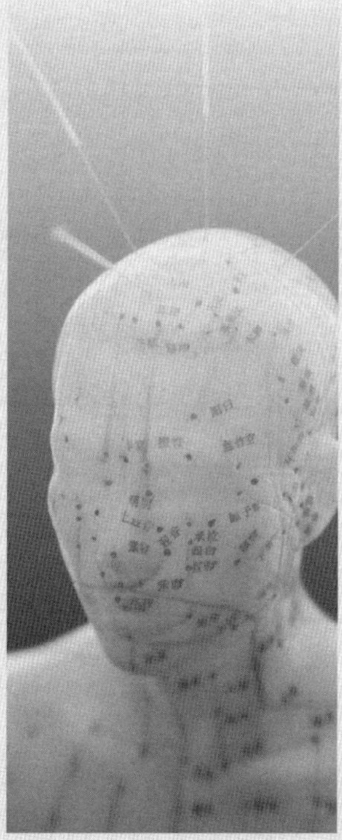

제1장 서장: 근대성, 아시아, 그리고 의료인류학

이현정(서울대학교 인류학과), 김태우(경희대학교 한의과대학)

1. 질문으로서의 근대성과 세 가지 역설

사회과학에서 근대성의 문제는 크게 다음 세 가지 관점에서 다루어져 왔다. 첫째, 베버의 전통 속에서, 근대성은 자본주의 체제를 유럽 사회에 가능하게 했던 합리성의 정신, 그리고 그러한 정신에 바탕을 둔 관료제에 기초한 유럽의 국민국가 건설 및 시민사회의 성장과 공공 영역의 존재로서 개념화되어 왔다(Weber 2012[1958]). 둘째, 마르크스의 전통 속에서, 근대성은 역사 유물론적 단계 속에서 가장 발전된 형태인 자본주의의 생산 양식과 분리되지 않으며, 자본의 원시 축적을 가능하게 하는 상부 구조로서 국민국가라는 정치 지배 체제 및 자본의 국제적 네트워크라는 물적 조건을 전제로 한다(Marx 2011[1867]). 셋째, 하버마스(Habermas 1985)에 따르면, 근대성은 무엇보다 계몽 운동의 철학적 전통에 기인한 이성주의 및 합리성의 가치를 지속적으로 추구하는 지적 기획이자 사회적 진화 과정 그 자체이다. 이러한 개념에 근거해 본다면, 근대성은 인간 사회가 궁극적으로 추구해야 할 방향을 가르쳐 주기는 하지만 늘 미완의 기획일 수밖에 없다.

베버, 마르크스, 하버마스가 제시한 근대성 개념은 상이하지만, 근본적으로 어떤 사회 집단이 궁극적으로 추구하고 달성해야 하는 이상화된 특성(idealized characteristics)으로 그것을 바라보고 있다는 점에서는 동일하다. 또 근대성을 개념화하는 '특성'의 내용—계몽주의에 근원한 이성주의, 관료제, 국민국가, 자본주의, 시민사회 및 공공 영역의 발원 등—이 서구 유럽의 역사적 경험에 전적으로 기초하고 있다는 점에서, 근대성이라는 개념은 그 기원에서부터 본질적으로 서구 중심적이라고 할 수 있다.

지금까지 아시아의 근대성을 논의하는 방식은, 설령 서구의 근대성을 비판하고자 하더라도 적어도 다음 세 가지 측면에서 서구 근대성의 인식론적 틀에 갇혀 버리는 역설을 반복해 왔다. 첫째, 실증주의적 전통 속에서, 아시아의 근대화 정도는 서구 유럽에서 발현한 근대성의 지표들에 의해 평가되어 왔다. 예를 들어 근대화가 시민사회나 공공 영역의 발전이라는 측면에서 다루어질 때, 서구 유럽 사회는 자연스럽게 그 판단의 기준으로 제시되어 왔다. 물론 이러한 논의 속에서 서구 유럽 사회를 기준으로 하는 근대화의 지표들이 과연 적절한가, 나아가 어떠한 항목들이 아시아의 맥락에서 근대화의 지표로 간주되어야 하는가에 대한 고민이 이루어졌지만, 그러한 논의 역시 결과적으로 서구 유럽이 경험한 근대성의 특성들을 의식하거나 염두에 두는 방식일 수밖에 없었다.

둘째, 서구의 근대성에 대비되는 것으로서, 혹은 서구의 근대성을 비판하는 특성으로서 아시아의 근대성을 사유하고자 하는 욕망은 아시아의 근대성을 무작정 서구 근대성의 한계를 극복하거나 문제를 해결하는 대안으로서 개념화하는 성급한 이론적 경향을 이끌어 왔다. 예컨대 동아시아의 근대를 재조명하려는 움직임들 중에는 동양의 정신문화가 인류 미래의 새로운 비전으로 작동할 것이라는 막연한 문화결정론을 내세우거나, 유교자본주의론처럼 서구와 구별된 동아시아 근대성의 근원적이고 보편적인 차이를 선험적으로 규정하기도 했다(Tu 1996). 이러한 이론적 경향들은 무엇보다 동아시아 사회가 겪어 온 근대성의 역사적 경험에 대한 충분한 파악이 이루어지지 못한 상태에서 제시되었다는 점에서, 아시아의 근대성에 대한 이해를 높이기보다는 도리어 "내재화된 오리엔탈리즘"(internalized orientalism)을 강화해 온 측면이 있었다(Said 1979).

셋째, 근대성의 주요한 특성으로 간주되고 있는 국민국가의 성립 및 발전 과정은 지역별로 매우 다른 물적 조건과 사회문화적 과정 속에서 진행되어 왔음에도 불구하고, 근대성을 사유하는 데 있어서 '국민국가'(nation-state)는 의심할 수 없는 정치적인 기본 단위로서 간주되어 왔다. 그러나 앤더슨이 지적한 바와 같이, 국민(nation)은 원초적으로 구성되는 자연적 집단이 아니며, 인쇄자본주의의 발전 및 자국어의 확산과 같은 구체적이고 지역적으로 특수한 근대성의 기획 속에서 만들어진 "상상된 공동체"(imagined community)라는 점이 다시 한 번 강조될 필요가 있다(Anderson 1991).

국민국가의 성립이 근대성을 추구하고자 하는 정치적 기획의 중요한 목표였다는 것은 아시아 국가에서도 예외적이지 않다. 예컨대 중국의 경우 이미 쑨원의 중화민국 설립 과정에서부터 서구 열강으로부터 자유로운 '강력한 국민국가 건설'의 이상과 다민족 사회라는 복잡한 현실은 끊임없는 딜레마로 등장했다. 마오쩌둥의 사회주의 국가 건설에서도 56개의 다민족을 어떻게 하나의 국민국가에 포섭시킬 것인가 하는 문제가 핵심적인 과제였다. 20세기 중반 이후, 한반도에서의 국민국가 건설 또한 특수한 역사적 조건과 궤적 속에서만 존재했다. 특히 한국의 경우, 국민국가의 건설이 '분단 이데올로기'의 강화와 존속을 통해서 배타적인 국민 정서를 형성함으로써 이루어졌다는 특징을 보인다. 이처럼 아시아 지역의 경험들은 과연 국민국가를 근대성을 사유하는 기본 정치 단위로서 당연시해야 하는가에 대한 의문을 제기하고 있을 뿐만 아니라, 오히려 서구 유럽의 경험을 넘어 국가와 사회의 역할과 성격에 대해 본질적으로 다시 탐구해야 할 필요가 있음을 드러내고 있다.

근대성 논의에 있어서의 이와 같은 세 가지 역설적 문제—서구 유럽 중심적인 근대화의 지표 설정, 원초적이고 근원적 차이로서의 아시아의 근대성에 대한 개념화, 정치적 기본 단위로서 당연시되는 국민국가—는 궁극적으로 근대성을 서구 유럽의 역사적 경험에서 시작되고 확산된 어떤 이상화된 특성으로 바라보는 접근과 긴밀하게 연관되어 있다. 즉, 아시아가 서구 사회가 경험한 근대적 특성을 '미발전의 형태'로 보유하고 있는 것으로 바라보거나, 서구적 특성과 대비되는 '근본적으로 다른' 종류의 근대성을 가지고 있다고 사고하는 방식은 결과적으로 모두 서구의 근대성을 기준 축으로 사고하는 인식론적 패러다임인 것이다. '국민국가'라는 설정 또한 서구 유럽의 정치 공동체를 보편적인 지향으로 바라보는 서구 중심적인 시각의 산물이다. 물론 이때의 '서구' 또한 그 자체로 어떤 구체적인 지역 내지 사람들이 아닌 '상상의 공동체'인 측면이 없지 않지만, 어쨌든 아시아의 경험들은 그 자체의 역사적 맥락에서 분석되기보다는 늘 서구 사회를 준거점으로 비교되고 해석되었다는 한계가 있었다.

이 책의 저자들은 지금까지 근대성 논의가 직면해 온 세 가지 역설적 문제를 비판적으로 바라보고, 기존의 틀이 갖는 한계에 매몰되지 않으면서 아시아의 근대성을 바라볼 수 있는 관점과 방법론이 무엇인가에 대해 지속적으로 고민해 왔다. 우선적으로 그것은 서구를 한쪽 저울 위에 올려놓은 뒤 그 반대편에 아시아를 올려놓고 비교하며 평가하는, '서구 vs. 아시아'의 개념적 구분 자체에 대한 문제 제기로부터 출발한다. 또한 저자들은 아시아를 어떤 지정학적 공간에 존재하는 국민국가들의 합으로서 바라보는 관점을 탈피하고자 노력해 왔다. 인류학자 울프가 일찍부터 강조해 온 바와 같이, 서구 유럽이 추구한 근대 기획의 정치경제적 과정은 맨 처음부터 아시아를 포함한 비서구 사회와의 동시다발적인 상호 연관과 위계적 공존 속에서만 가능한 사안이었다. 따라서 아시아는 근대성에 있어서 후발 주자 혹은 홀로 떨어져 존재했던 대안적 독립체로 사고되기보다는, 이미 유럽에서 근대성이 발흥하기 시작한 그 순간부터 불평등한 동반자로서 관계 맺어지고 포섭되어 온 현실적인 역사적 경험의 장으로서 사유될 필요가 있다(Wolf 1982; Wallerstein 1983).

근대성이란 무엇인가? 이 책의 저자들은 아시아의 근대성을 보다 잘 이해하기 위해서는 무엇보다 다양한 공동체의 구체적인 역사적·현재적 경험에 대한 기술 및 분석이 먼저 필요하다는 데 동의한다. 이에 저자들은 근대성의 개념 자체에 대한 사변적 논의에서 벗어나서 역사적 경험으로서 근대성이 발현되는 양상을 현장연구를 통해 탐색하고자 한다. 인류학은 다른 어떤 학문보다도 경험과 현상을 분석함에 있어 미시적 사실과 거시적 맥락의 상호 관계를 파악하는 일이 중요하다는 점을 늘 강조해 왔다. 이 책의 저자들이 근대성에 접근하는 방식도 마찬가지이다.

'의료, 아시아의 근대성을 읽는 창'이라는 제목에서 알 수 있듯이, 저자들은 근대성 논의의 장으로서 특별히 '의료'라는 영역에 주목한다. 의료란 고통과 질병의 진단, 치료, 예방에 관한 지식과 실천을 포괄하는 것으로서, 개인의 신체적 경험과 내밀한 감정에서부터, 개인이 거주하는 공동체의 생태적 환경과 사회적 관계, 나아가 국가의 통치와 세계 자본주의 등에 이르기까지 다양한 층위의 인간 사회의 이슈들과 맞닿아 있다. 저자들은 한국, 일본, 중국, 태국, 그리고 에티오피아에서 나타나는 전통의학, 자살과 정신 보건, 임신과 출산, 고령화와 노인 복지, 약물 사용, 국제 보건과 같은 의료적 문제들을 통해 어떻게 아시아의 근대성이 경험되고 상상되며 또 변화되고 있는가를 살펴보고 분석한다. 각 장에서 보다 구체적으로 드러나겠지만, 물론 이러한 '의료적' 문제들은 결코 의료만의 독자적 문제에 국한되지 않으며, 국가 통치, 지식 사회 및 당대 지식인들의 사상, NGO 거버넌스, 이주 정책, 인구학적 변화, 도시 계획, 식민 지배에 관한 역사적 기억과 같은 '비의료적' 문제와 긴밀하게 결합되어 나타난다. 따라서 저자들은 다양한 의료의 영역과 복잡한 지역적 맥락이 씨줄과 날줄처럼 교차되는 이 책의 논의를 통해, 아시아의 근대성이 어떠한 모양의 직물로서 각기 서로 다른 삶의 공간 속에 작동하며 동시대인들에게 경험되는가를 살펴보는 데 기여할 수 있을 것이다.

2. 질문으로서의 아시아와 재현의 문제

아시아란 무엇인가? 누군가 이러한 질문을 던진다면, 적어도 한국에 거주하는 상당수의 사람들은 쉽게 '한국, 중국, 일본 등등이 아시아가 아니냐'고 대답할 것이다. 혹자는 위의 세 나라는 아시아에서도 동쪽에 치우친 나라들이기 때문에 '동아시아' 또는 '극동'이라고 불린다고 부연 설명을 덧붙일 수도 있다. 그러나 엄밀히 말해, 이러한 설명 방식은 아시아가 무엇인가를 말해 주지는 않는다. '식물이 무엇인가?'라는 질문에 '소나무, 단풍나무, 은행나무가 식물'이라는 답변이 충분하지 않듯이, '한국, 중국, 일본이 아시아'라는 대답은 '아시아란 무엇인가'에 대해 여전히 납득할 만한 설명을 제공해 주지 못한다. 그렇다면 아시아는 개념적으로 '빈 구멍'에 불과한 것인가. 학문적으로 아시아가 무엇인지를 이해하기 위해서는 먼저 발생사적으로 그 개념을 추적해 볼 필요가 있다.

우리는 미국이나 유럽의 백인들과 스스로를 구별 짓기 위해 혹은 중국인이나 일본인들과 동류 의식을 드러내기 위해 스스로를 '아시아인'이라고 명명하는 데 익숙하지만, '아시아'는 우리가 스스로에게 붙인 이름이 결코 아니다. '아시아'라는 단어가 어떻게 맨 처음 등장했는가에 대해서는 아직까지 분명하게 밝혀진 바가 없다. 그러나 하나의 이름을 넘어 '대륙'을 뜻하는 아시아(Asia)라는 개념은 그리스어 어원을 가지고 있으며, 기원전 440년경 그리스인 역사가인 헤로도토스에 의해 처음으로 사용되었다. 세계가 세 개의 대륙 — 유럽, 아시아, 리비아(아프리카) — 으로 이루어져 있다고 생각하고 있었던 그리스인들의 사유 속에서, 헤로도토스는 '아시아'란 그리스 및 이집트와 구별된 페르시아 제국 및 아나톨리아 지방(오늘날 터키에 해당되는 영토)을 가리킨다고 설명하였다. 당시 페르시아 전쟁에서 페르시아 제국과 아나톨리아 지방이 그리스의 적진이었다는 것을 생각해 본다면, 이미 대륙으로서의 아시아 개념은 그 시작부터 '전쟁'의 산물이자 서구 세계의 '지배의 욕망'을 함축하고 있었던 것이라고 할 수 있다.

이처럼 처음부터 특수한 역사적 상황 속에서 배태된 문화적 구성물이었던 아시아라는 개념은 그 이후에도 어떤 고정된 지역을 뜻하지 않았으며, 국제적인 정세 변동에 따라 매우 모호하고 유동적인 의미를 지녀 왔다. 유럽 중심주의적인 시각이 팽배하던 20세기 초까지 아시아는 여전히 그리스 전통 속에서 유럽·아프리카와 구분된 또 다른 대륙 일반으로 간주되었으며, 유럽과 아시아 대륙 구분의 근거나 '아시아'라고 일컬어지는 지역 내부의 다양성에 대한 고려가 전혀 없이 모든 땅덩어리를 포괄하는 개념이었다. 그 이후 점차적으로 남아시아, 서남아시아, 중앙아시아, 동남아시아, 동아시아, 북아시아 등 유럽 지배 사회의 필요에 따라 아시아 내부의 차이가 인지되고 지리적인 구획이 이루어졌지만, 아시아라는 개념은 언제나 '결코 유럽이 될 수 없는 외지(外地)'로서 굳건히 존재했다.

이러한 유럽 중심주의적 사고는 제2차 세계 대전 이후 새로운 국제 질서와 전쟁 논리 속에서 변화되었다. 유럽이 아닌 미국의 패권 장악 속에서 아시아는 점차 터키, 중동, 중앙아시아, 러시아로부터 개념적으로 멀어지게 되었으며, 반대로 미국의 주요 관심인 '아시아-퍼시픽'(Asia-Pacific)이라는 새로운 지정학적 범주가 등장했다. 아시아-퍼시픽은 태평양과 가까운 동아시아, 동남아시아 및 인도 아대륙을 일컫는 단어가 되었다. 이와 관련하여, 오늘날 국제 정치 담론에서 아시아의 구획 및 범주화가 이루어지는 양상은 그 자체로 매우 흥미로운 문제가 아닐 수 없다. 예컨대 세계보건기구(World Health Organization; WHO)의 지역 구분에 따르면, 필리핀과 말레이시아는 서태평양 지역(Western Pacific Region)인 반면, 이웃 국가인 인도네시아는 남동아시아 지역(South-East Asia Region)에 속해 있다. 서태평양 지역에 속한 한국과 달리, 한국과 휴전 상태에 있는 북한은 남동아시아 지역으로 분류된다. 이처럼 아시아는 단 한 번도 '거기 그곳에 있기에' 명명되어 온 지역 개념이 결코 아니며, 당대의 국제 정치와 무역, 그리고 세계 금융의 관심을 반영해 온 "상상된 공동체"(Anderson 1991), 나아가 '상상된 타자의 공동체'였던 것이다.

그러나 서구와 아시아(라고 일컬어지는 지역에 거주하는 사람들) 간의 관계가 언제나 서구의 주도 속에서 일방적으로 이루어지지는 않았다는 사실이 강조될 필요가 있다. 물론 그들의 만남이 평등하거나 권력과 위계로부터 자유로웠던 것은 결코 아니다. 그러나 서로 다른 역사적·문화적 경험을 가진 집단 간의 조우 속에서, 그 흐름이 한 방향으로만 이루어지지는 않았다. 잘 알려진 바와 같이, 아시아 지역의 지식인들은 예수회 선교사들이 전달해 준 책자와 물품을 통해 유럽의 종교와 과학기술을 수용하고자 했다(스케히로 2002). 그러나 아시아 지역의 다채로운 경험과 실천 양상들은 선교사들의 보고서나 견문록, 그리고 해상 무역을 통해 거꾸로 서구 사회로 전달되어 적지 않은 여파로 작용했다. 예컨대 동아시아의학의 주된 치료법 중 하나인 침법은 18세기에 유럽으로 건너가 서구 사회의 진료에서 응용되었다(Wu 2013; 마리 외 2013).

폭력과 전쟁을 수반한 서구 열강의 식민주의는 어쩌면 상호 영향과 교류라는 평화롭고 호혜적인 관계가 가능했을 수도 있는 서구와 아시아의 관계를 착취와 개조의 양상으로 완전히 뒤바꾸었다. 식민(植民)은 단어 그대로 아시아에 새로운 것을 '심는'(植) 과정을 수반하고 있었으며, 이 과정 속에서 무엇보다 서구 사회를 인류사적 진보의 정점에 놓는 사회진화론(Social Darwinism)적 시각과 열망이 가장 먼저 피식민지에 이식되었다. 물질적·군사적 번영과 경쟁적인 세력 확장을 추구하는 유럽 국가의 탐욕과 야심은 자신들의 식민주의적 착취와 지배가 더 나은 인류 사회로 나아가는 진보의 길이라는 믿음을 폭력적으로 정당화했다. 이러한 거대한 믿음 속에서, 유럽의 지배자들은 이제 아시아를 정복하고 지도해야 할 '타자'로 바라보기를 도덕적으로도 거리끼지 않았으며, 나아가 스스로를 '구원자'로 자칭했다. '타자 만들기'의 기획은 무엇보다 아시아에 속한 것들을 비합리적이고, 부도덕하며, 불건강하고, 미발전적인 요소들로 간주하는 문화적인 담론을 통해 이루어졌으며, 아시아의 '후진적 결함들'을 해결한다는 명분 속에서 서구 모델의 지배와 이식이 정당화되었다. 이와 같은 전면적인 정치적·경제적·문화적 변화 과정 속에서, 서구는 사회적 진보를 대변하는 장소로, 그리고 아시아에서 이루어지는 시도들은 곧 그러한 진보를 향한 '근대화' 또는 '서구화'의 질주로 이해되었다.

서구와 아시아를 바라보는 이러한 위계적 관점은 아시아 지역에도 확산되었다. 이와 관련하여 특히 사회진화론의 아시아적 수용은 고찰해 볼 만한 흥미로운 사례이다. 다윈의 진화론을 사회와 문화의 발전 단계론으로 변용시킨 사회진화론은 사회 간의 위계와 발전의 일방향성을 역사적 진리로서 바라보는 19세기 서구 식민주의의 교리이자 굳건한 신앙이었다. 사회진화론에 따르면, 미개한 사회에서 저발전 사회로, 또 저발전 사회에서 문명화된 사회로의 발전은 모든 사회가 겪어 나갈 결정된 역사적 과정이었으며, 그 흐름 속에서 사회나 개인 간에 발생하는 착취와 차별은 어쩔 수 없는 부산물이었다. 식민주의는 그러한 '필연적'인 역사적 발전을 이끌어 주는 하나의 방식이었다.

아시아 지식인들의 사회진화론 수용은 피식민지에서 서구 식민주의에 대한 이해와 대응 방식을 구축하는 데 지대한 영향을 끼쳤다. 개항기 중국의 량치차오(梁啓超)나 조선 말기 신채호와 같은 지식인들은 국가 침탈 속에서 손상된 자존심을 회복할 수 있는 방안을 모색하는 사유의 틀로서 사회진화론을 적극적으로 받아들였다(Cho 2000). 비록 그 시작은 부국강병의 열망에서 출발하였다고 하더라도, 사회진화론적 인식 틀 속에서 자국의 '결핍'은 피식민적 상황의 이유로서 수용되었고, 식민주의적 관계 방식은 비판되기보다는 정당화되었다.

그렇지만 아시아 국가에서 추구된 근대화의 노력이 '서구화'에 대한 열망과 강제만으로 이루어졌다고 말한다면, 일본 식민주의가 다른 아시아 국가에 끼친 영향을 과소평가하는 일일 것이다. 아시아 국가들 중 가장 먼저 산업화를 이룬 일본은 적어도 조선과 중국 지식인들의 근대화 추진 과정에 있어서 맨 처음부터 유럽보다 더 친숙한 근대화의 모델로서 고려되었다. 일제에 의해 강제된 근대화의 방식들은 조선과 중국의 근대화가 자국의 상황에 대한 고려 없이 일본 식민 지배자들의 필요에 따라 항목이 정해지고 진행되는 왜곡을 낳았다.

'서구적 산업화'가 '근대화'로 곧잘 대체되는 아시아의 상황은 식민주의 종식 이후에도 지속되었다. 식민 체제로부터의 독립을 획득한 이후에도, 많은 아시아의 국가들은 서구 유럽의 사회 체제를 모델로 하는 국가 재편을 지속하고자 했으며, 이러한 움직임은 '냉전'이라는 새로운 질서 속에서 틀 지워졌다. 한국의 경우, 분단국가라는 현실 및 북한과의 경쟁 속에서, 폭압적 국가와 일제 이후 청산되지 않은 정치 세력에 의한 근대화가 또 다른 강국을 열망하는 '미국화'와 동일시되었다.

사회주의라는 체제를 선택했던 마오쩌둥 지배하의 중국은, 설령 일제에 대해서는 보다 비판적 태도를 취했다고 하더라도, 미국이 되었든 소비에트 연방이 되었든 서구를 근대화의 경쟁 상대로 의식해야 했다는 점에서 마찬가지로 '서구화'의 논리로부터 자유로울 수 없었다.

결국 아시아의 근대화 과정에서 나타나는 일본 식민주의 및 이후 냉전의 문제는 서로 다른 역사적이고 지역적인 맥락 속에서 '근대성'이 어떻게 상상되고 경험되는가에 관한 매우 복잡한 질문을 제기하고 있다. 무엇보다 근대성 개념의 뿌리가 서구 유럽에 있고 근대화가 종종 서구화와 동일하게 사고된다 하더라도, 실제로 근대성이 아시아의 각 지역에 등장하고 경험되는 양상은 반드시 서구를 통해서 이루어진 것은 아니며, 일본 식민주의의 경험 또한 지역과 집단별로 상당히 다르게 나타나기 때문이다.

이러한 복잡성은 한편으로 일본 식민주의라는 역사적 경험이 존재하는 아시아—피지배 국가들뿐 아니라 식민 지배를 수행한 일본까지 포함하여—에서 근대화가 어떻게 다르게 경험되었느냐를 질문하는 것이기도 하지만, 다른 한편으로 '아시아의 근대성'이 다양한 집단과 상황 속에서 어떻게 재현되고 다루어지고 있는가를 묻는 것이기도 하다. 단적으로 오늘날 동남아시아와 아프리카의 국가들에서 일본뿐 아니라 한국과 중국이 유럽의 어느 나라보다 근대화의 우선적인 모델로서 다루어지고 있다는 사실을 우리는 주목해 볼 필요가 있다. 아시아에서 상상되고 경험되는 근대화의 복잡성과 다양성은 아시아의 근대성이 서구 및 비서구의 다양한 집단들에게 어떻게 상상되고 경험되는가 하는 질문을 통해 더욱더 복잡하고 역동적인 문제로 나타난다.

이와 같은 지정학적 상황과 그에 따른 역사적 경험은 아시아의 근대성을 논하는 작업을 매우 어렵고 복잡하게 만드는 요인임에는 틀림없다. 저자들은 이 책에서 그러한 복잡성을 단순하게 정리하려는 시도를 하기보다는, 우선 각 지역적 사례들을 충실히 드러내는 작업에 집중하기로 하였다. 저자들 중 누구도 이론적 일반화가 불필요하다고 생각하는 것은 아니지만, 아시아 근대성의 경험과 상황들에 대한 자료와 고민이 아직은 우리에게 충분히 숙성되지 않았다는 것을 인정했기 때문이다.

나아가 아시아 근대성의 논의에 뿌리 깊게 배태되어 있는 서구 중심주의에 대한 비판으로부터, 저자들은 '그렇다면 우리는 어떻게 아시아를 다르게 재현할 수 있을 것인가' 하는 근본적인 질문과 씨름해 왔다. 서구 중심적인 근대 학문의 관성적 태도로 인해, 아시아 근대성을 기존과 달리 논하려는 시도는 성찰적 태도를 견지하려는 저자들에게도 매우 어려운 과제였다. 이는 단지 근대 학문의 관성적 태도 때문이라기보다는, 이 과제가 인류학의 핵심적인 문제의식인 타자에 대한 '관점'과 '재현'의 문제를 본질적으로 건드리고 있다는 점 때문이다. 근대 학문의 계보는 저자들의 의도와 상관없이 늘 '스스로 재현할 수 없고, 누군가에 의해서 재현되어야만 하는' 주체들을 생성해 왔다. 마르크스(Marx 1994[1869])에게 그들은 "노동자 계급"(proletariat)이었으며, 사이드(Said 1979)에게는 "동양"(The Orient)이었고, 스피박(Spivak 1988)에게는 "하위집단"(subaltern)으로 등장했다. 이들 학자들은 '재현'의 문제를 학문적일 뿐만 아니라 실천적인 과업으로서 누구보다도 뼈저리게 인식하고 있었다. 심지어 스피박(Spivak 1988)은 잘 알려진 「하위주체는 말할 수 있는가(Can the Subaltern Speak?)」라는 글에서, 이미 특정한 시선으로 바라보기를 욕망할 수밖에 없는 지식인 주체에게 타자에 대한 진실 어린 재현이란 근본적으로 불가능하다고 주장할 수밖에 없었다.

아시아인 정체성을 주장하는 학자들에 의해 수행되었다고 해서 아시아가 저절로 '재현의 진실성'을 담보할 수 있다고 볼 수는 없다. 사이드가 묘사한 비서구 지식인들의 내재화된 오리엔탈리즘이나 스피박의 글에 등장한 인도 지식인 집단의 한계는 재현의 어려움이 단지 연구자의 국적이나 거주지의 문제만은 아니라는 것을 여실히 보여 준다. 프롤레타리아트 혁명을 지지했던 마르크스에게도 영국 프롤레타리아트는 다양한 실존적 경험과 욕망으로부터 탈각된 단순화된 집단적 타자에 불과했듯, 타자성은 국적이나 비서구성, 또는 정치적 입장의 문제만은 아니며 계급, 인종, 젠더, 국적 등 인간 사회 내의 위계를 만들어 내는 다양한 축에 따라 복잡하게 형성되는 것이기 때문이다. 오히려 국적이나 거주지에 근거하여 진실된 재현의 권리를 주장하는 것은 거꾸로 아시아를 서구와 대치되는 하나의 균질한 덩어리로 사고해 온 서구 중심적 시각과 닮아 있다.

그럼에도 불구하고 아시아라는 지역적 공간에 함몰된 존재적 낙인으로서가 아니라, 역사적 경험으로서의 아시아 정체성 속에서 '스스로 말하는 것'은 기존의 서구인 발화자 중심의 논의 구도에 비추어 볼 때 여전히 학문적으로 유효하며 의미가 있을 수 있다(백영서 2005; 왕후이 2003; 쑨거·윤여일 2013). 특히 현장연구를 수행하는 인류학자에게 있어, 연구자가 다루는 타자의 삶을 연구자가 똑같이 경험할 수는 없다고 하더라도 그것에 가까이 가려고 노력하는 것은 그 자체로 중요한 방법론적 기초이자 윤리적 가치이다. 1980년대 인류학에서 활발하게 진행되었던 비판적 논의를 상기하며, 이 책의 저자들은 아시아를 '인류학적 연구의 대상'이자 동시에 '인류학자 자신이 갖고 있는 경험적 조건이자 인식론적 자원'으로서 사고하고자 한다(Marcus and Fischer 1986).

따라서 이 책의 저자들은 아시아를 '사유와 경험의 관계적 거점'으로서 사고할 것을 제안한다. 아시아를 사유와 경험의 관계적 거점으로 사고한다는 것은 보다 구체적으로 다음 세 가지를 의미하고 있다. 첫째, '사유와 경험의 관계적 거점으로서의 아시아'란 아시아가 그 개념적 출발부터 서구 유럽과의 관계적 설정에 의한 것이었던 만큼 그 자체로 독립적으로 따로 떼어서 생각하기가 어렵다는 것을 함의한다. 서구와 비서구 지역 모두에게, 아시아라는 개념은 각자가 자신을 사유하는 거점으로 존재해 왔을 뿐만 아니라 그들의 경험을 구성하는 자원으로서 역할을 해 왔다. 비슷한 맥락에서, 저자들은 서구의 것과 분리되는 아시아만의 독자적인 근대성이 본래적으로 존재한다는 입장에 쉽게 동의할 수 없다. 오히려 저자들은 아시아의 근대성이란 비아시아 및 주변의 다른 아시아와의 관계 속에서만 사유될 수 있다고 생각한다. 마찬가지로 서구의 근대성 또한 서구의 독자적이고 선진적인 성취로 파악되기보다는 비서구 및 주변의 다른 서구와의 관계 속에서 새롭게 설정될 필요가 있다.

둘째, 저자들에게 아시아는 일상적 삶의 공간인 동시에 인류학자로서 현장연구를 축적해 나가기 위해 발을 디디고 서 있는 '지식생산의 관계적 거점'이라는 것을 고백한다. 저자들은 모두 '아시아'라고 일컬어지는 지역에서 또는 적어도 그와 관련된 주제를 가지고 현장연구를 수행해 왔으며, 또 연구자 이전에 수십 년간 '한국인'이라는 국적과 법적 규제 속에서 살아왔다. 또 이들은 모두 미국, 영국, 독일, 호주 등의 '서구' 국가에서 '한국 학생' 또는 '아시아인'으로 살아 본 경험이 있다. 이처럼 저자들의 아시아와의 관계성은 학문적일 뿐 아니라 개인적·정치적·법적으로 다양한 정도와 방식으로 맺어져 왔으며, 이들이 아시아를 연구지로서 경험하고 사유하고 분석하는 데 영향을 끼쳐 왔다. 이 책의 각 장은 저자들이 각기 다른 방식으로 아시아를 경험하고 살아가는 과정을 직간접적으로 드러내고 있으며, 이를 통해 지식생산자로서 인류학자가 가질 수 있는 다양한 위치성을 보여 준다.

셋째, '사유와 경험의 관계적 거점'이라는 것은 아시아가 연구의 출발점이자 질문이 될 수는 있을지언정, 결코 우리가 밝혀내야 할 궁극적인 목표 내지 도달할 지점이 아니라는 것을 역설적으로 함축하고 있다. 일찍이 사이드(Said 1979)가 『오리엔탈리즘(*Orientalism*)』에서 지적한 바와 같이, 아시아는 그 지리적 경계가 무엇이라고 주장되든지 간에, 문화적이고 정치적인 구성물이다. 아시아라는 담론적 체계는 여러 형태의 권력을 구성하는 데 핵심적인 역할을 해 왔으며, 이 과정 속에서 특정한 주체를 견인해 왔다. 이때 아시아란 손을 내밀면 잡을 수 있는 '거기 그곳에 있는' 고정불변의 실체는 분명 아니기에, '그것이 무엇인가'를 파고드는 본질주의적 접근은 결과적으로 개념 자체에 매몰되어 버리는 잘못된 길로 우리를 이끌 수밖에 없다.

이러한 문제의식 속에서 저자들은 각자 아시아의 '현장 속'에 살아가는 개인이자 연구자로서, 끊임없이 그 위치를 이동하고 성찰하며 아시아의 근대성에 관해 조심스럽게 대화를 시작하고자 한다.

3. 방법으로서의 의료인류학

의료인류학(medical anthropology)은 인류학의 한 분야로서, 인류학의 방법과 이론적 성취에 기대어 인간의 몸, 질병과 건강, 의료 체계 및 치유에 관해 연구하는 학문이다. 의료인류학은 실천적이면서도 동시에 이론적인 성격을 띤다. 한편으로는 임상적 치료 효과를 증진하고 공동체의 건강을 증진하고자 하는 응용적 성격을 가지고 있지만, 다른 한편으로는 새로운 의료 기술의 등장과 변화된 사회적 환경 속에서 '인간', '생명', '공동체'에 대한 인식론적이고 윤리적인 문제 제기를 해 왔다. 특히 인간의 사회 구조나 믿음 체계에 주로 관심을 기울였던 기존의 인류학자들과 달리, 의료인류학자들은 '몸'을 가진 존재로서의 인간의 경험과 활동에 특별히 관심을 기울여 왔다. 몸에 관한 인류학적 연구의 스펙트럼은 신체와 정신 간의 관계에서부터 몸의 현상학적 경험, 고통과 폭력, 임신과 출산, 섹슈얼리티, 노동, 장애, 인구 관리, 나아가 유전자 조작에 이르기까지 그 경계를 정할 수 없을 만큼 다양하다.

의료인류학이 하나의 독립적 학문 분야로서 자리매김하게 된 것은 1950년대에 들어와서이지만, 그 학문적 뿌리는 주술 치료, 신체에 관한 의례나 사회적 일탈자들에 대한 고전적인 연구 등 인류학의 태동에서부터 찾을 수 있다(Rivers 1924; Evans-Pritchard 1937; Benedict 1934). 오늘날 의료인류학은 전 지구적인 질병 문제 및 건강에 대한 관심의 증가, 그리고 의료 기술의 발전이라는 인류의 환경적 변화 속에서 많은 연구자들이 참여하고 여러 학문 분과들이 주목하는 분야로 급속하게 성장하고 있다(Helman 2006). 아직까지는 북미와 유럽이 논의의 중심이기는 하지만, 각국의 필요와 학문적 요구 속에서 점차 비서구 지역으로 확산되고 있는 실정이다.

포스터·앤더슨(1994)에 따르면 의료인류학은 특히 인류학 내의 네 가지 전통과의 연관성 속에서 발흥했다고 할 수 있는데, 그것은 각각 (1) 체질인류학자의 연구들, 예를 들면 진화, 적응, 비교해부학, 인종, 유전학, 혈청학과 관련된 연구들, (2) 주술과 마술을 포함한 비서구 의료에 대한 전통적인 민족지적(ethnographic) 관심, (3) 1930년대 후반 이후 정신의학자와 인류학자의 공동 연구에 의한 통문화적 정신의학(cross-cultural psychiatry), (4) 제2차 세계 대전 이후 인류학자들의 적극적인 국제 보건 운동 등이다. 그러나 시간 순서대로 나열된 이 네 가지 전통은 상호 간에 영향을 주면서 발전했다기보다는, 오히려 각각 독립적으로 존재하다가 의료인류학이 확립된 뒤에야 공동의 문제의식 속에 통합되었다. 따라서 오늘날의 의료인류학자들은 이 네 가지 전통 중 맨 마지막의 국제 보건 운동에 대한 인류학자들의 적극적 참여가 이 분야가 급성장하고 번성하게 되는 데 가장 결정적인 영향을 끼쳤다고 보고 있다.

네 가지 인류학 내의 전통들은 1950년대 이후 '의료인류학'이라는 이름 아래 통합되었으며, 인류학 이론의 발전에 따라 나름의 변화를 거치면서 성장해 왔다. 1970년대에 들어서면서 의료인류학 분야는 인류학 내에 보다 중심적인 하위 분야로서 자리를 잡았다. 의료인류학은 초창기에는 '의료 체계에 관한 비교 연구'로서의 성격이 강하였으나(Leslie 1976; Kleinman 1980; Lock 1980), 이후 해석인류학, 상징 연구, 그리고 현상학과 연결된 독특한 이론적 기초를 발전시켰다(Jackson 1996; Schper-Hughes and Lock 1987; Turner 1980). 1980년대에 이르러 의료인류학의 규모가 크게 확장되었는데, 이는 임상 경험을 다루는 학자들이 늘어나고, 또 몸과 질병에 관한 이론적 논쟁이 사회과학 전반에서 활발히 제기된 것과 관련이 깊다. 무엇보다도 건강 및 의료에 대한 관심이 그 어느 시대보다도 중요해진 오늘날의 상황은 자연스럽게 의료인류학의 발전을 이끌고 있다. 하루가 다르게 쏟아져 나오는 첨단 의료 과학 기술, 의료와 관련된 복지 담론, 역학에서의 괄목할 만한 전환(epidemiological transition), 고령화와 같은 변화된 조건 속에서, 의료화는 이제 많은 사람들의 일상과 떼려야 뗄 수 없는 현실이 되고 있다.

최근 인류학이 발전시켜 온 여러 개념들 중 상당수가 의료, 건강, 생명 문제와 밀접하게 연결되어 있다. 몇 가지만 소개하자면, "사회적 고통"(social suffering)(Kleinman, Das, and Lock 1997), "생명정치"(biopolitics)(Foucault 1990), "생물사회성"(biosociality)(Rabinow 1996), "생물학적 시민권"(biological citizenship)(Patryna 2002), "생의료화"(biomedicalization)(Clarke at al. 2010), "생명자본"(biocapital)(Sunder Rajan 2006) 등이 있다. 이러한 개념들은 의료인류학의 사안들이 결코 의료의 영역에 국한된 것이 아니며, 정치, 경제, 나아가 오늘날 인류 전반의 핵심적 문제이자 중요한 인식론적 과제임을 드러낸다.

또한 오늘날 의료인류학자들은 과학기술학(Science, Technology, and Society studies; STS)과의 밀접한 관련 속에서 생명과학기술에 대한 인류학적 연구를 통해 주제의 스펙트럼을 확장시키고 있다. 여기에는 유전학, 제약 회사, 최첨단 치료 요법(high-tech therapeutic regimens) 등에 대해 이루어지고 있는 다양한 연구들이 포함된다(Dumit 2012; Kaufman 2005; Lakoff 2005; Ong and Chen 2010; Petryna 2009; Prentice 2013). 또한 의료인류학자들은 의사, 환자, 그리고 생명윤리학자들과 함께 돌봄(care)과 관련된 정치경제적 조건 및 윤리적 실천에 대한 문제 제기를 하는 데 앞장서고 있다(Wilkinson and Kleinman 2016; Das 2015; Han 2012; Ticktin 2011; Fassin 2012; Brodwin 2013).

근대성 논의와 관련하여, 의료인류학은 지금까지 특히 다음 네 가지 주제를 중심으로 논의를 시도해 왔다. 첫째, 서양의학과 전통의학의 관계에 대한 연구이다. 의료인류학자들은 서구에서 발흥한 근대적 의학과 기존의 전통의학이 병존하는 양상에 주목함으로써, 근대성이 단순히 서구에 의한 일방적인 지배의 결과물로 파악될 수 있는 것이 아니라 보다 더 상호적인 관계성 속에서 이해되어야 하는 것임을 보여 주었다(Langford 2002; Langwick 2011; Scheid 2002).

둘째, 국제 보건 기구, 다국적 제약 회사 및 각종 의료 기관과 조직의 담론 및 실천 양상에 대한 연구이다. 의료인류학자들은 오늘날 자본주의적 정치경제가 의료 기술 개발, 약물 소비주의, 돌봄의 상업화, 나아가 국제 보건 정책에 끼치는 부정적 영향들을 면밀하게 드러내 왔으며, 궁극적으로 자본주의적 근대성이 인류 질병 문제의 해결 및 건강 증진에 어떠한 예기치 않은 결과를 양산하는가에 대해 비판적으로 고찰해 왔다(Sunder Rajan 2006; Dumit 2012; Petryna 2009).

셋째, 비서구 사회의 근대 국가 형성 과정 속에 등장한 보건 및 위생과 관련된 역사적 실천에 관한 연구이다. 특히 식민지적 경험에 주목하면서, 의료인류학자들은 비서구 사회에서 근대 국민국가를 형성하는 데 보건과 위생의 문제가 어떻게 적극적으로 근대성의 지표로서 강조되어 왔는지, 나아가 식민 국가와 피식민 국가 사이의 위계적 관계를 구축하는 데 그것이 어떻게 활용되었는지에 관해 연구해 왔다(Comaroff and Comaroff 1991; Fullwiley 2011).

넷째, 푸코의 생명정치 논의를 바탕으로 개인의 신체 및 인구군 전체가 통치의 영역으로 포섭되는 과정에 대한 관심이다. 의료인류학자들은 근대적 주체가 형성되는 여러 지역적 맥락에서 인간의 신체와 생명에 개입하기 위한 다양한 통치의 기술 및 전략을 분석해 왔다(Greenhalgh 2012; Nguyen 2010).

저자들은 지금까지 의료인류학에서 이루어져 온 근대성 논의의 성과들에 상당히 의존하고 있다. 위의 네 가지 주제를 간단히 (1) 서구의 인식론에 대한 문제 제기, (2) 정치경제학적 접근, (3) 식민주의 연구, (4) 생명정치와 통치성에 대한 분석이라고 구별해 본다면, 아시아의 근대성에 초점을 맞추고 있는 이 책의 글들은 네 가지 주제에 다양한 방식으로 관여하고 있다. 아시아의 경험은 근본적으로 식민주의의 역사적 궤적과 분리될 수 없으며, 오늘날 전 세계 자본주의 체제 내의 의료기술 발전 및 산업의 영향 속에 깊게 배태되어 있고, 생명정치를 둘러싼 통치성의 문제이자, 근본적으로 생의학적 의료 담론과 인간 신체에 대한 서구 중심의 인식론에서 자유롭지 않기 때문이다.

마지막으로 이 책의 저자들은 단지 학문적 전통의 관점에서뿐 아니라 인류 사회에 관여하는 태도로서 의료인류학자의 정체성을 사고해 왔다는 것을 언급할 필요가 있다. 의료인류학은 그 출발부터 세상에 대한 사유를 넘어 참여와 실천의 학문이었을 뿐 아니라, 최근에는 사회적 고통과 폭력의 일상성, 제약 기업의 헤게모니, 돌봄의 위기, 그리고 유전자 기술 및 의료 관광의 확산 속에서, 근대 이후 인간의 존재 방식에 대해 비판적이고도 의미심장한 질문을 던져 왔다. 다시 말해 저자들에게 의료인류학자의 정체성이 남다른 것은 의료인류학이 가지고 있는 실천적인 입장에 대한 동의—즉, 학문적인 작업을 통해 궁극적으로 세상을 변화시키고 인간의 삶을 좀 더 건강하고 의미 있게 만들고자 하는 근본적 방향성에 대한 동의 때문이다. 저자들은 '학문을 위한 학문'이 아닌 '인류를 위한 학문'을 해야 할 필요성에 조심스럽게 공감하고 있다(Wilkinson and Kleinman 2016). 물론 이를 실천하는 일은 구호를 크게 외치는 것만으로 되지 않으며, 몹시 어렵고 어쩌면 종종 실패와 좌절을 낳을 것이다. 그렇지만 의료인류학이 추구해 온 학문적이고 실천적인 관점과 방향성에 십분 공감하는 저자들은 의료인류학을 단지 하나의 '분야'나 '관점'이 아닌, 세상과 대화하는 인식론적이고 실천적인 '방법'으로서 사고하고자 한다.

4. 아시아의 근대성을 바라보는 여섯 개의 창: 각 장의 개요

이 책은 한국, 중국, 일본, 태국, 에티오피아 등 다양한 현장에서 아시아의 의료 체계 및 의료 실천 양상에 관한 민족지적 사례들을 수집하고 분석함으로써, 지금까지 이루어져 왔던 것과는 조금 다른 주제와 접근 속에서 아시아의 근대성에 관한 논의를 전개하고 확장하는 것을 목표로 한다. '근대성'에 관한 정의는 그 자체로 학문적 논쟁 거리일 뿐만 아니라, 서구의 기존 개념을 비판적으로 바라보는 본 연구에서 '질문'이 될 수는 있을지언정 결코 '전제'가 될 수 없다고 저자들은 생각해 왔다. 따라서 이 책에서는 근대성에 대한 개념을 미리 정의하고 출발하기보다는, 각각의 특수한 지역적 맥락 속에서 아시아의 근대성이 어떻게 경험되고 재현되는가를 살펴보는 데 초점을 맞추고 있다. 또한 '아시아' 역시 그간의 역사적이고 정치적인 개념사적 궤적을 고려할 때 어떤 객관적으로 정의 내릴 수 있는 지정학적인 공간이라고 쉽게 단정 지을 수 없으며, 오히려 실제로 살아가고 있는 사람들에게 어떻게 상상되고 경험되는 장소인가에 주목하는 것이 아시아를 이해하는 데 우선적으로 필요하다고 생각하였다.

먼저 제2장 김태우의 「동아시아의학, 동아시아 근대성을 읽는 창」은 동아시아의 여러 현장에서 수행된 풍부한 민족지적 연구를 바탕으로 중국, 일본, 그리고 한국의 전통의학의 실천 양상을 비교한다. 세 나라의 전통의학의 차이는 아시아에서의 의료의 근대화 과정이 국가 통치의 문제와 뗄 수 없는 관계에 놓여 있다는 사실을 드러낸다. 사회주의 정부의 강력한 주도권 속에서 중국의 중의학은 생의학과 병존할 뿐 아니라 표준화된 처방과 진료의 형태로 수행되며, 오늘날에는 현대화된 병원의 일원화된 구조 속에 병합된다. 일본의 경우에는 일찍이 메이지 유신과 더불어 의사가 서양의학과 전통의학에 대한 진료 자격을 동시에 갖게 되지만, 서양의학의 팽창 속에서 전통의학은 폐지의 위험에 직면한다. 그 결과, 일본의 전통의학인 캄포의학은 몇몇 관심 있는 의사들에 의해서만 다루어질 뿐, 침과 뜸 등을 전문적으로 시술하는 곳은 온전한 의료 기관의 지위를 얻지 못하며 동네 안마시술소와 비슷한 처지에 머무를 뿐이다. 한국은 중국이나 일본과 또 다른 양상을 보인다. 일본의 식민 지배 속에서 한의학은 전근대적 유산으로서 일본의 캄포의학과 마찬가지로 무시되지만, 열등한 피식민지 백성들에게는 그나마 허락될 수 있는 것으로 남겨진다. 이러한 상황은 역설적으로 한국에서 한의학이 효능 개선을 위한 각종 실험과 토론을 통해 다양한 학파로 번성할 수 있는 조건으로 작용해 왔다. 그러나 안타깝게도 오늘날 한의학은 이와 같은 독특한 역사적 경험을 활용하지 못한 채, 국가 발전의 틀 속에서 경제 논리에 의해 다루어지고 있는 상황에 놓여 있다.

우리가 김태우의 글을 통해 가장 먼저 확인할 수 있는 바는, 소위 '동아시아의학'(East Asian medicine) 또는 '전통의학'(traditional medicine)이라는 개념 자체가 얼마나 서구 중심적이고 서양의학을 중심에 놓는 사고에 불과한 것인가 하는 점이다. 서양의학의 관점에서 한국, 일본, 중국의 의학은 '전통의학'이라는 이름으로 쉽게 일갈되지만, 사실상 전통의학이 실천되는 양상은 각 나라의 역사적 조건과 국가의 상이한 정책적 개입 속에서 서로 상이한 모습으로 나타난다. 또한 그러한 차이들은 오늘날 전 지구적인 정치경제적 흐름과 국가 및 기업의 이윤 추구 논리 속에서 다시금 변형과 위기에 직면해 있다. 따라서 저자가 지적하듯이, 동아시아의학은 그 자체로 동아시아 근대성을 이해할 수 있는 창으로 생각될 수 있다. 동아시아의학은 아시아가 겪어야 했던 식민주의, 국가 주도적인 통치 방식, 그리고 정치경제적 변화 속에서 근대성이 추구되는 방식에 따라 지속적으로 그 범주와 효용이 재단되거나 왜곡되어 왔으며, 그 결과 오늘날까지도 질병과 고통을 해결하고자 하는 본연의 역할을 수행하는 데 어려움을 겪고 있기 때문이다.

제3장 이현정의 「중국 근대화와 사회적 고통: 개혁시기 자살 예방 프로그램의 사례」는 중국 농촌 여성의 자살 현상 및 이에 대한 국가와 NGO의 개입 방식에 대한 분석을 통해, 오늘날 중국 사회주의 근대화가 사회적 약자들의 고통에 적절하게 대응하지 못하며 도리어 이들의 사회적 고통이 강화되는 데 기여하고 있다고 주장한다. 1979년 개혁개방 이후 중국 공산당 지도부는 마오쩌둥 지배 시기의 전제적이고 이상주의적인 통치를 인민들의 고통의 원인으로서 비판하고 각종 정책적 변화를 꾀해 왔다. 그러나 높은 농민과 노동자들의 자살률이 드러내듯, 개혁 정부가 추구해 온 변화가 반드시 인민의 삶에 긍정적인 효과를 불러일으켰다고 보기는 어렵다. 국가 정책, 의료 전문가들의 태도, NGO의 자살 예방 프로그램, 마을 주민들의 경험 등 다채로운 민족지 자료를 통해 이현정은 중국에서의 근대화가 드러내는 다음 세 가지 특징을 발견해 낸다. 첫째, 중국 사회주의 근대화는 서구와의 경쟁을 의식한 채

강력한 부국강병의 열망을 실천하고자 하는 엘리트들의 정치적 기획이며, 진보의 보편적 척도이자 국제적 압력으로서 서구의 경험과 관점이 꾸준히 개입되는 과정이다. 둘째, 중국 사회주의 근대화를 표방하는 엘리트들의 담론 속에서, 농촌 여성은 처음부터 중국의 사회 발전을 저해하는 전통의 담지자이자 역사적 진보의 장애물로서 선별적으로 인식된다. 셋째, 중국 근대화의 장애물로 간주되는 농촌 여성들에게 국가는 더 많은 기회와 자원을 제공하기보다는 오히려 계몽과 도덕적 훈육이라는 개발주의 국가의 통치 전략을 활용한다. 이러한 발견에 근거하여, 저자는 중국 사회주의 근대화는 개혁개방이 만들어낸 새로운 정치경제적 환경 속에서 사회적 약자들을 고통으로부터 보호하기보다는 궁극적으로 그들을 사회적 고통 속에 방치하고 피해자로 고착시키는 기능을 수행한다고 주장한다.

나아가 저자는 수 세기 동안 근대성이 함축해 온 '진보'에 대한 믿음에도 불구하고 과연 근대화를 '사회적 진보'로서 간주할 수 있는지, 만일 그것이 진보라면 '누구의, 누구를 위한 진보'인지 하는 질문을 제기한다. 저자에 따르면 적어도 중국의 사회적 약자 집단인 농촌 여성들에게 근대화란 고통을 줄이고 삶을 개선하는 진보의 경험이라기보다는 오히려 타자화를 통해 더 많은 소외와 차별에 노출되는 '사회적 고통'의 과정이다(Kleinman, Das, and Lock 1997). 높은 자살률로 드러나는 중국 농촌 여성들의 삶의 고통과 대응 양상들은 서구의 보건 담론이나 중국 내 엘리트들에 의해 이해되고 공감되기보다는 도리어 근대화의 장애물이자 개조의 대상으로 간주된다. 이 과정에서 서구와의 경쟁을 의식하는 국가(중국)는 약자들의 무지와 비도덕을 고통의 원인으로 규정하며 스스로를 정당화한다. 또한 계몽주의적 훈육과 서구 보건 정책의 적극적인 수용을 통해 진보의 대열에 스스로를 위치시키고자 하지만, 고통의 당사자들에게 국가의 해결책들은 문제 해결과는 사실상 거리가 멀다. 결국 중국의 사례는 아시아의 근대성이 서구 중심적인 담론의 지배와 자국의 인민들을 통치하고자 하는 국가의 지배 논리 속에서, 오로지 차별적이고 한계적인 진보를 함축할 뿐임을 드러낸다.

제4장 서보경의 「경계에서 낳다: 태국 샨 이주 여성의 출산 경험과 출생등록의 정치학」은 '국민 됨'이 너무나도 당연시되는 근대성의 공간에서 사실상 '무국적'의 상태로 살아가는 사람들이 무수히 많다는 사실을 지적하는 것으로 문제 제기를 시작한다. 그렇다면 국가가 없는 사람들의 돌봄은 어떠한 방식으로 이루어지는 것인가? 미얀마에서 태국으로 이주해 간 샨 이주 여성들의 임신과 출산 과정을 살펴봄으로써, 저자는 국가와의 관계가 불확실한 존재들이야말로 근대적 삶의 예외적 형태가 아닌 그 본질을 드러내는 형상이라고 주장한다. 이 장에서 저자가 특별히 주목하는 것은 '관료제적 문서화'의 문제이다. 미얀마에서 태국으로 국경을 넘는 사람들의 이주는 정치적 박해를 피해 어쩔 수 없이 떠나는 난민과 경제적 기회를 찾아 자발적으로 이동하는 이주 노동자의 구분을 모호하게 만들며, 모호성은 무려 18개의 비시민권자를 위한 신분증으로 형상화된다. 같은 지역 출신으로 같은 종족에 속하며 무엇보다 현재 같이 살고 있는 한 가족의 성원들이 모두 다른 신분증을 가지고 있는 사례를 통해, 저자는 주권 권력이라는 것이 얼마나 임의적이고 불연속적인가를 보여 준다. 다른 한편, 가난한 사람들을 위한 태국의 공공병원은 무국적자에게도 국가의 돌봄을 받을 수 있는 자격을 부여하지만, 임신한 샨 이주 여성들에게 있어 공공 병원의 산전 검사는 무엇보다 아이의 출생증명서를 받을 수 있는 사전 절차로서 가장 중요한 의미를 지닌다. 병원에서 받은 출생증명서가 있어야 아이가 태국에서 법적 시민으로 살 수 있기 때문이다. 그러나 저자는 사회적 약자들을 소외시키고 통치하는 관료제적 문서화의 권력을 강조하면서도, 이주 여성들이 기입되는 대상을 넘어 기입하는 주체로서 적극적으로 참여하고 있음을

강조한다. 간호사의 권고에 따라 57일간 태동 기록을 꼼꼼히 적어 제출한 17세 샨 이주 여성의 사례는, 미숙아로 태어나 결국 짧은 생을 마감해야 했던 그녀의 아기의 삶만큼 슬프지만, 의심할 바 없이 샨 이주 여성의 주체성을 드러낸다.

서보경의 글은 태국 국경에 거주하는 샨 이주민의 사례를 통해, 근대성의 핵심 요건이자 중요한 특성으로 간주되어 온 '국민국가'에 대한 우리의 뿌리 깊은 가정에 균열을 낸다. 과연 근대란 사람들에게 '국민'이라는 정체성을 우선적으로 부여하는 시공간이라고 할 수 있는가? 저자는 국민 됨이란 많은 아시아인의 삶에서 당연한 것이 결코 아니며, 오히려 특혜받은 자들만의 것이라는 의미심장한 비판을 제기한다. 각종 정치적 탄압과 경제적 곤란 속에서, 다른 나라로의 이주를 반강제적으로 선택하는 숱한 아시아의 이주민들은 국적이 없으며, 언제나 정책 변화에 따라 유동적인 신분증에 의존해 불안한 하루를 살아야 하기 때문이다. 나아가 저자는 근대 국가의 이중성을 지적하는데, 국가는 이주민들에게 시민권과 법적 권리를 부여하기를 매우 거리끼지만 동시에 관료제적 실천 속에서 끊임없이 이러한 권리 없는 자들의 존재를 환기하고 있기 때문이다. 국민국가의 존재가 이주민에게 하나의 커다란 난국으로 존재할 때, 소속의 권리는 단순히 부여받는 것이 아니라 끊임없는 전유와 실천의 장으로 탈바꿈한다.

제5장 김희경의 「유령 고령자 사건과 한여름 밤의 시취(屍臭): 일본의 근대화와 노인 복지 체제의 모순」은 2010년 도쿄의 고령자 시체 은닉 사건(무려 32년 동안 시신을 방치한 채 딸과 손자가 연금을 부정하게 받아 온 사건)으로부터 모티브를 얻어, 일본의 노인 복지 체제의 문제를 일본 근대화의 특징과 관련하여 분석한다. 일본은 다른 아시아 국가와는 달리 서구 열강의 외압에 대항해 성공적인 산업화를 이루었지만, 그 과정에서 발생한 국민들의 불만을 잠재우기 위해 효와 같은 전통적인 가치를

강조해 왔다. 노인 돌봄에 있어서도 일본 정부는 처음에는 서구식 복지 국가를 목표로 하였지만, 제1, 2차 석유 파동과 같은 경제적 압박을 경험하면서 전통적인 가족의 역할을 강조하는 방향으로 입장을 전환하였다. 이러한 가족 중심의 노인 복지 체제는 '일본형 복지', '유교 복지 국가' 혹은 '동아시아 복지 모델'로 불리며 일본 혹은 아시아적 특성이 반영된 것으로 격찬되기도 했지만, 사실상 노인 부양 부담을 여성(며느리 혹은 딸)에게 전가하는 방식을 취하고 있었다. 또한 복지 대상자와 행정기관은 여전히 수직적이고 일방적인 관계를 맺고 있었다. 2000년, 그때까지의 문제를 해결하고자 개호 보험 제도가 새로 도입되었다. 그러나 개호 보험 제도 역시 돌봄을 제공하는 주체가 다양해지고 있는 현실에 제대로 대응하지 못하고 있었고, '소비자'로서 동등한 관계를 맺기 어려운 처지에 놓여 있는 저소득 가족에 대한 배려 역시 부족한 한계를 노정하고 있었다. 결국 병든 부모를 돌보느라 직장을 그만두어야 했던 자식들은 경제적 곤란 속에서 어쩔 수 없이 시체를 은닉할 수밖에 없는 처지에 이르게 되었다. 저자는 이처럼 근대 가족이 붕괴하는 상황 속에서, 일본 정부의 대응 방식에서 나타나는 모순을 다시 한 번 강조한다. 시체 은닉 사건이 연달아 발생하자, 정부는 사회 시스템의 변화를 꾀하기는커녕 '문제 가족'을 적발하기 위한 감시 체제를 강화했을 뿐 아니라, 일본 사회의 도덕성을 회복시켜 나가야 한다는 입장을 취했다.

김희경의 글은 아시아의 근대성이 과연 '전통'으로부터의 탈피 내지 단절이라고 할 수 있는지, 아시아의 근대성과 전통 간의 관계에 대해서 다시금 생각하도록 우리를 이끈다. 아시아에서 가장 먼저 산업화에 성공한 일본, 특히 서구가 부러워할 만큼 '노인들이 살기 가장 좋은 나라'라고 불리던 일본 근대화 성공의 배경에는 저자가 지적하듯 무엇보다 효 이데올로기와 젠더 역할이라는 '전통'적인 가치 및 그러한 가치를 부흥시키려고 하는 국가의 정치적 시도가 놓여 있다. 국가 통치의 관점에서 전통적 가치와 같은 이데올로기적 요소들은 하층 계급의 희생을 정당화하는 데 효과적인 수단으로 나타난다. 결국 서구 못지않은 복지 국가 설립의 꿈은 정부의 경제 논리 속에서 여성의 돌봄 역할을 강조하는 방향으로 회귀하고, 변화하는 사회 구조를 반영하지 못하는 복지 체제는 결국 고령자 시체 은닉이 상징하듯 전 사회적 위기를 가져온다. 만일 아시아에서 가장 '성공적'인 근대화를 이룬 일본에서 상황이 이렇다면, 과연 근대가 전통의 소멸이거나 전통의 반대편에 위치한다는 가정이 여전히 유효하다고 할 수 있을까? 혹시 근대와 전통은 우리가 생각해 온 것보다 훨씬 더 상호 공존적이거나 특성들이 서로 혼재되어 있는 것은 아닐까? 비록 저자는 이 글에서 이러한 질문을 직접적으로 던지고 답하지는 않지만, 아시아에서 전통과 근대성 간의 관계에 보다 깊이 천착할 필요성을 제기하고 있다.

제6장 김관욱의 「공순이에서 콜순이로: 여성 노동자의 몸을 통해 본 한국의 근대」는 1960년대부터 현재에 이르기까지 단지 주된 산업 분야가 바뀌었을 뿐 지속적으로 한국 경제 발전의 희생양이 되고 있는 여성 노동자들의 삶과 그들의 몸에 각인된 한국의 근대성을 탐구한다. 오늘날 '서울디지털산업단지' 혹은 'G밸리'라는 현대식 명칭을 갖게 된 과거의 구로 공단 지역은 이제 10대의 여공이 아니라 '텔레마케터'라는 도시적이고 세련되어 보이는 직종으로 벌이를 찾아 헤매는 여성들을 끌어모은다. 그러나 저자의 꼼꼼한 관찰과 분석에 따르면, 화려한 겉보기 이미지와 달리 복잡한 하청 관계로 '보이지 않는' 이들 여성의 삶은 현대성은커녕 실제로는 구로 공단의 여공들 못지않은 열악한 업무 환경과 이윤 논리에 종속되어 있다. 일터는 현대식이지만 창문도 가습기도 정수기도 구비되어 있지 않으며, 화장실에 다녀오는 시간마저도 통제된다. 또한 포드주의적 강제 규율 아래 프레스에 손이 눌릴 것을 두려워하며 각성제를 먹어야 했던 공단의 여공들과 마찬가지로, 텔레마케

터들은 고객과 관리자의 감정의 쓰레기통으로서 자신의 몸을 내맡기고 고통을 견디며 노동을 이어 가기 위해 적지 않은 이들이 흡연을 선택한다. 흡연은 이들에게 각성제와 같은 노동 강화제이지만, '흡연이냐 아니면 뛰어내리느냐'는 고통의 순간마다 결정해야 하는 실존적 문제이기도 하다. 저자는 이처럼 고립감 속에서 오로지 이윤을 위해 착취와 폭력에 노출되어 있는 여성들의 몸이 한국 사회에서는 기억조차 되지 않는 '사라진 몸'이라는 점을 애도한다. 구로 공단의 여성들의 희생은 강조되어도 저항과 모멸의 시간들은 다루어지지 않듯이, 텔레마케터들의 절실함도 번쩍거리는 한국 사회에서는 보이지도 들리지도 않는다. 그리고 이것이 바로 한국의 근대가 숨기고 있는 맨얼굴일 수도 있다.

앞서 제5장에서 주부의 삶을 사는 일본의 여성들이 경제 성장 중심의 근대화 논리 속에서 노인 복지의 부담을 강요당하는 모습을 살펴본 것처럼, 제6장에서 김관욱은 가정 바깥의 서비스 영역에서 또 다른 형태의 돌봄노동을 수행하고 있는 아시아의 여성들에 주목한다. 육체노동과 감정노동을 분리해서 다루어 온 서구의 논의와 달리, 연령과 상관없이 여성의 몸을 어린아이와 같이 훈육의 대상으로 보는 한국의 노동 현장에서, 여성의 노동은 결코 감정노동으로만 분류될 수 없다. 번쩍이는 고층 빌딩 안에 단정한 화이트칼라 복장을 하고 있는 3차 서비스 산업의 텔레마케터들이지만, 이들의 노동은 감정노동이기 이전에 고된 육체노동이고, 여성들은 흡연이 건강에 나쁘다는 것을 알면서도 현재의 노동을 위해 미래의 건강을 '선뜻' 포기하고 만다. 하루하루 생계를 꾸리는 일이 급박한 이들에게 미래란 올지 안 올지조차 확신할 수 없는 머나먼 사정일 뿐이기 때문이다. 구로 공단의 10대 여공과 오늘날 여성 텔레마케터들의 유사성은 과연 서구의 전근대, 근대, 후기 근대라는 구분 자체가 아시아에 그대로 적용될 수 있는 것인가 하는 질문을 제기한다.

우연의 일치라고 하기에는 놀랍게도, 제3장에서 제6장까지 등장하는 아시아 근대화의 주체들은 모두 남성이 아닌 여성이다. 중국의 농촌 여성, 태국의 샨 이주 여성, 일본의 주부, 그리고 한국의 여성 텔레마케터들에 이르기까지, 이들은 아시아의 곳곳에서 스스로의 잘못이라고 할 수 없는 감당하기 힘든 삶의 조건에 직면하여 하루하루를 열심과 헌신 속에서 살아가고 있다. 그리고 그들의 희생을 양분 삼아, 국가는 화려한 근대화의 성공을 꿈꾸며 더 빠른 속도로 달려가기를 재촉하고 있다. 한편 제2장과 제7장에서 다루어지는 주체들은 '여성'은 아니지만 그들 또한 사회에서 '여성화'된 주변적 존재라는 점에서, 아시아의 근대성이 그 지역 거주민들의 관점에서 어떠한 기능을 수행해 왔는지 다시금 주목해 볼 필요가 있다. 서양의학의 도입 속에서 순식간에 의료의 영역에서 사라져야 했거나 혹은 이차적인 존재가 되어 버린 동아시아 의학의 의료 행위자들이나, 지배 민족인 암하라 족과 티그라이 족에 의해 통치를 받아야 했던 에티오피아의 오로모 족은 근대화의 성격을 가장 또렷이 드러내 주는 주체들이지만, 동시에 현실의 삶 속에서는 근대화의 희생양들이었던 것이다.

제7장 박영수의 「국제 보건의 시간: 에티오피아에서 상상된 아시아의 근대화」는 아시아의 근대성을 에티오피아라는 이질적인 시공간의 맥락 속에서 바라보는 흥미롭고 비판적인 시각을 제공한다. 에티오피아의 근현대사에서 근대화는 경제 발전에 성공한 아시아의 국가들—순서대로 일본, 중국, 한국—과는 다른 모델로서, 그리고 식민주의, 공산 혁명, 개발 독재라는 상이한 통치 양식으로서 시기적으로 다르게 상상되고 경험된다. 특히 에티오피아가 경험해 온 뿌리 깊은 민족 간 갈등은 피지배 민족 오로모 족이 거주하는 아르시 지역에서 아시아를 모델로 삼아 온 근대성이 더욱더 복잡하고 혼란스러운 의미로 나타나는 데 기여한다. 1990년대 이후 에티오피아의 근대화 모델로서 한국이 선택됨에 따라, '성공한' 근대화 사업인 새마을운동과 가족계획이 국제

보건 사업의 일환으로 에티오피아로 수출된다. 그러나 공동 번영의 미래를 보장하는 듯 보이는 한국식 근대화 정책의 후면에는 오로지 경제 발전을 위해 폭력과 훈육을 사용했던 박정희 정권의 개발 독재 통치성이 갖는 어두운 그림자가 드리워져 있으며, 마찬가지로 에티오피아에 수출된 새마을운동과 가족계획 사업은 지배 민족인 티그라이 족과 암하라 족이 피지배 민족인 오로모 족을 차별하고 인구 증가를 억압하는 식민지적 통치 전략으로 나타난다. 또한 한국의 국제 보건 사업은 오로모 족의 한국전쟁 참전의 기억을 불러일으키며, 공산주의 정권 시절 차별받아야 했던 이들이 반공 의식을 되새기도록 자극한다. 결국 에티오피아의 사례는 한국의 국제 보건 사업, 나아가 한국의 근대화가 수여국의 역사적 시간과 맥락 속에서 어떻게 달리 이해되고 해석되는가를 분명하게 보여 준다.

박영수의 글은 식민주의, 공산 혁명, 개발 독재라는, 아시아인들에게 어찌 보면 가장 폭력적이고 고통스러웠던 과거의 역사적 '불행'들이 에티오피아라는 다른 맥락 속에서는 어떻게 '성공'한 근대화의 이야기로 각색되어 나타나는지를 보여 준다. 이러한 변형은 무엇보다 에티오피아 지배 세력의 필요와 열망을 반영하고 있다. 즉 에티오피아의 식민 통치자들에게 일본의 식민 지배는 성공한 근대화의 지표로 사용되며, 이후 공산주의 지배 집단에게는 중국의 공산 혁명이 가장 성공한 모습으로 활용된다. 그렇지만 아시아 근대화에 대한 에티오피아 인들의 상상은 한국전쟁 참전이나 반공 의식 교육과 같은 자신들의 역사적 경험과 맥락에 의해 색깔이 칠해질 뿐, 그들이 모델로 삼는 아시아 근대화의 주역들인 일본, 중국, 한국인들의 삶의 내용과는 무관하며 시공간적 차이 속에서 서로 간의 연관성조차 극히 희미할 뿐이다.

그렇다면 박영수의 연구가 발견해 낸 사실들을 우리도 거꾸로 서구의 근대성에 대해 적용해 볼 수 있지 않을까? 다시 말해, 아시아인들은 근대화를 먼저 이룩한 서구 사회의 성공과 발전을 열망하도록 기대되어 왔지만, 사실상 서구 사회의 거주민들에게 그 과정은 성공과 번영뿐 아니라 많은 희생과 고통을 야기한 과정이었던 것은 아닐까? 만일 그렇다면, 어째서 우리에게 서구인들이 근대화 속에서 경험한 고통과 희생은 별반 강조되지 않았던 것일까? 그것은 혹시 근대성이 상상되는 특정한 방식과 형태 때문인가? 아시아에서 서구의 근대화를 우리가 당연히 도달해야 할 지점으로 상정하고 열망하도록 한 주체들은 누구이며, 그 까닭은 무엇일까?

정해진 답이 아니라 더 새로운 질문을 던지는 것, 바로 이 지점에서부터 이 책은 출발한다. 이 공동 작업이 하나의 작은 출발이 되어, 앞으로 아시아의 근대성에 대한 보다 풍부한 논의를 끌어낼 수 있기를 기대한다.

제2장 동아시아의학, 동아시아 근대성을 읽는 창

김태우(경희대학교 한의과대학)

1. 들어가며: 광저우중의약대학으로 가는 길

지하철 산위안리(三元里) 역에 하차한 후 선택을 해야 했다. 광저우중의약대학(廣州中醫藥大學)으로 가는 길은 두 갈래로 나뉘어져 있었다. 지하철역에서 도로변을 따라서 가는 길은 조금 돌아가지만 확실한 길이었다. ㄴ 자로 꺾인 도로변 길을 대각선으로 연결하는 또 하나의 길은 지름길이지만 약간의 리스크가 있었다. 하나의 길로 광저우중의약대학까지 연결된 것이 아니라, 민가들이 빼곡히 밀집해 있는 주거 지역 안의 좁은 골목들을 연결해서 목적지까지 찾아가야 했기 때문이다. 나는 두 번째 길을 선택했다(다른 인류학자들도 그러했을 것이다). 골목을 따라 걸으며 광저우중의약대학이라는 의료 체계의 주요 행위자인 광저우 사람들과 그들의 삶을 조금이라도 더 접해 보기 위해서였다. 제법 넓은 동네 입구 길은, 들어서자마자 다시 좁은 골목으로 분지하기 시작했다. 골목마다에 이정표가 따로 있는 것은 아니었다. 내가 의지할 수 있는 것은 방향감각뿐이었다. 마음속 지도 위에 광저우중의약대학의 위치를 계속해서 고정시키며, 골목골목들을 이어서 그쪽을 향해 길을 가기 시작했다.

골목길은 집들의 연속이었다. 또한 주거지의 곳곳에서 조그만 가게들이 계속해서 나타나고 있었다. 무엇보다 눈에 띄는 것은 자주 등장하는 소규모 식당들이었다. 점심시간을 제법 지난 시간, 식사를 하는 손님은 거의 눈에 띄지 않았다. 시간대가 그렇다고 해도 식당들이 많다는 생각이 들었다. 거주지 내에 위치한 이렇게 많은 식당들이 다 장사가 될까 하는 의문을 가지고 걷다가, 어쩌면 이렇게 많은 주택가의 식당들은 한국의 식당가에서 통용되는 경쟁의 개념을 가지고는 설명되지 않는다는 생각이 들었다. 가게는 열려 있었지만 주거지인 이곳에서 점심, 저녁 시간이라고 사람들이 몰려올 것 같지는 않았다. 열려 있는 식당은, 손님이 들어오면 좋지만 꼭 대박에 대한 꿈을 꿀 필요는 없다는 분위기를 풍기고 있었다. 요란하게 자신들의 존재를 손님들에게 내세우기보다는 지나가는 손님들에 수동적으로 열려 있었다. 요식 비즈니스를 한다기보다는 주거 공간 한쪽에 식당의 공간을 할애해 둔 인상이었다. 그것은 중국이 경험하고 있는 자본주의와 한국이 경험하고 있는 자본주의의 상이함과 관련이 있을 것이다. 또한 중국과 한국의 경제 활동 인구에게 허락된 경제 활동의 정도와 방식의 차이와도 관련이 있을 것이다. 가게와 연결된 집들은 오래되었고 사람들은 풍족해 보이지 않았다. 이 손님 없는 식당의 주인들은 몸이 아플 때 어떤 의료 서비스를 구할까? 시장경제가 도입된 후 공적 의료 영역이 심하게 흔들리는 중국에서 이 사람들은 어떻게 몸과 마음의 고통을 극복하는 방식을 구할까? 이러한 질문들을 떠올리며 광저우중의약대학 방향으로 향했다.

줄지어 늘어선 집들과 조그만 가게들의 행렬 속에서, 필자의 시각과 후각이 자꾸 환기되는 지점은 곳곳에서 보이는 조그만 제단들이었다. 시각적으로는, 촛불 밝힌 붉은색, 금색의 제단에 수염 긴 사람들이 모셔져 있는, 조금은 생경한 모습이 필자의 주의를 끌어당겼다. 어떤 이는 삼국지 관우의 모습을 하고 있었고, 어떤 이는 도교풍의 그림에서 접할 수 있는 도인들의 모습을 하고 있었다. 제단들은 가게 안에 있는 경우도 있었고 가게 밖에 있는 경우도 있었다. 어떤 제단은 가게 앞 길 건너편 벽 쪽에 모셔져 있기도 했다. 후각적으로는, 그 제단에 피워져 있는 향내가 주의를 환기시켰다. 향들이 꺼지지 않고 계속해서 불붙어 있는 것을 통해서 누군가 계속해서 그 제단에 공을 들이고 있음을 알 수 있었다. 그 누군가의 바람이 지속적으로 향내를 발산하게 하면서 골목 안 분위기를 조금은 신비롭게 하고 있었다. 나의 공감각을 자극하는 조그만 제단들의 단속(斷續)적인 행렬은, 공산주의 혁명 정부도 중단시킬 수 없었던 비유물론적 믿음과 바람의 지속을 표현하고 있었다.

식당들과 제단들, 또한 그 주변의 사람들에 너무 많은 시선을 둔 까닭이었을까, 이쯤에서 모습을 드러내야 하는 광저우중의약대학이 보이지 않았다. 염두에 두던 방향감각을 놓쳐 버린 것이었다. 길 잃음도 현지조사에서 의미 있는 실천(practice)이라고 생각하며 별 동요 없이 다시 오던 길을 되짚어 나아갔다. 되돌아 나오면서 방향감각이 분명했던 지점을 찾으려 했다. 하지만 돌아오는 길이 처음 가는 길같이 생소했다. 미로 같은 주택가에서 길을 잃은 것이었다. 길 잃음의 실천이 제공하는 고무적인 기회 중의 하나는, 그것이 현지 사람들과의 접촉으로 이어진다는 것이다. 길을 묻는 방식에 대해 나는 잠깐 생각했다. 서투른 중국어 발음으로 광저우중의약대학을 마음속으로 연습하다 말고, 조금 색다른 길 묻기의 방법을 생각해 보았다. 주디스 파쿼(Judith Farquahr)의 저서 『노잉 프랙티스(*Knowing Practice*)』(1994)가 가방 속에 있다는 사실을 상기했기 때문이다.

파쿼는 필자가 존경하는 인류학자 중 한 사람이다. 사실 그녀가 광저우중의약대학 부속병원에서 장기간의 현지조사를 진행했다는 것이 나를 그 병원으로 이끌었다. 파쿼는 미국과 중국 간의 관계 정상화 이후 중의학에 대한 인류학적 심층연구를 진행한 최초의 인류학자이다. 현재 미국 시카고대학(University of Chicago) 인류학과에 재직 중이다. 그녀가 18개월간의 현지조사를 바탕으로 기술한 중의학에 대한 에스노그래피는, 동아시아의학에 대한 필자의 인류학적 연구에 깊은 영향을 주었다. 무엇보다도 미국인인 파쿼가 현지조사를 통해 성취한 동아시아의학에 대한 깊은 이해와 그것을 서구의 독자들을 향해 표현해 내는 방식에 감동을 받았다. 나도 그런 작업을 해 보고 싶었다.[1] 영향을 준 인류학자의 현지를 다시 방문하는 것은 인류학자인 나에게 하나의 의례(ritual)였다. 그리고 그녀의 책은 그 의례에 필요한 제의 도구였기에 필자는 그 책을 지참하고 그녀의 현지로 향하던 중이었다. 자신 없는 중국어의 사성을 되뇌기보다는 나는 파쿼의 책을 보여 주기로 했다. 그 책에 광저우중의약대학 정문 사진이 있었기 때문이다. 기다란 빗자루로 가게 주변을 청소하던 나이 많은 한 중국인에게 다가가서 조용히 책을 펼쳤다. 사진을 들여다보다가 알았다는 듯(내가 그 사진을 보여 준 이유까지도 알았다는 듯) "[아하!] 광저우쫑이(廣州中醫)."라는 그의 혼잣말이, 수긍이 느껴지는 목소리 속에서 들려왔다. 그리고 오른쪽 왼쪽을 손으로 가리키며 내가 방향 전환을 해야 하는 골목들을 알려 주었다. 미로 같은 골목길에서 찾아가는 길의 방향에 대해 구체적으로 알아들을 수는 없었지만 나는 다시 방향감각을 회복할 수 있었다. 약간의 우여곡절 후에 결국 광저우중의약대학을 찾을 수 있었다. 멀리서 보이는 광저우중의약대학과 그 부속병원의 모습은 파쿼의 책에서와는 다른 모습을 하고 있었다. 그만큼 시간이 흘렀고 또 중국의 중의학은 변화했던 것이다. 뒤에 이어질 광

1 전통의학은 인류학적 연구가 기본적으로 전제하는 '문화적 번역'이 특히 요구되는 분야이다. 한 문화의 의료 개념과 질병 현상에 대한 설명은 그 문화의 컨텍스트를 떠나면 쉽게 받아들여지지 않는다. 동아시아의학의 기(氣), 음양(陰陽), 오행(五行) 개념이 동아시아 밖의 사람들에게 쉽게 이해되지 못하는 것이 비근한 예이다. 전통의학을 연구하는 인류학자들은 문화적 내용을 체화하고 있는 의료를 현지조사를 통해 심층연구하여, 그 문화 밖의 사람들도 그 의료를 이해할 수 있도록 하는 데 기여하고 있다. 타 문화의 의료를 이해하는 것은 그 의료를 사용하는 사람들을 이해하는 중요한 출발점이라고 할 수 있다. 이러한 방식으로 전통의학을 연구하는 의료인류학자들은 다양한 인류 문화에 대한 이해라는 인류학의 존재 이유에 기여하고 있다.

저우중의약대학의 사진은, 이러한 길 위에서의 경험을 통해 도달한 광경이었다. 인류학자에게 연구의 현지는, 곧잘 본격적인 연구의 현장으로 가는 길까지 포함하는 광의의 사이트(site)이다.

2. 현지에서 걷기

현지에서의 '걷기'를 들여다보면 인류학이 어떤 학문인지를 고찰할 수 있다. 인류학적 '현지조사'는 수많은 걷기를 수반한다. 하지만 인류학에서 걷기는 현장조사에서 동반되는 일차적인 이동 수단 이상의 의미를 가진다. 인류학에서 걷기의 의미를 이해하기 위해서는 현지조사의 의미에 대해 먼저 생각해 볼 필요가 있다. 현지조사는 인류학을 대표하는 방법론으로 알려져 있지만, 방법론을 넘어 인류학이 생각하는 인간 존재와 그들의 문화에 대한 관점이 '현지조사'에는 내재해 있다. 인류학자들이 '문화'를 이해하는 데 현지조사가 최적의 접근법을 제공한다고 말할 때, 그 말 속에는 이미 문화에 대한 인류학적 관점이 전제되어 있다. 인류학적 현지조사가 전제하는 문화는 중층의 조건 속에서 존재한다는 것이다. 한국 사회의 거리에서 관찰되는 곡예-오토바이-배달 문화[2]를 생각해 보자. 외부인들의 시선을 끌기에 충분한 이러한 실천

2 인류학에서 문화는 민족 문화, 한류 문화 등으로 이름 붙일 수 있는 어떤 표현의 형태만을 의미하지는 않는다. 일상에서 발견되는 지속되는 실천(practice)들을 포괄하는 개념이다. 그러한 실천들이 문화인 것은 그 안에 그 실천들을 가능하게 하는 공유하는 경험, 관점, 감성 등이 내재해 있기 때문이다. 곡예-오토바이-배달 문화도 그 내부에 그러한 경험, 관점, 감성이 포함되어 있는 괄목할 만한(한국 사회에서 눈에 띄게 관찰되는) 실천이기 때문에 문화라고 칭하기에 충분하다.

(practice)은 한국 사회의 경제 구조(특히 높은 자영업자 비율, 또한 그것을 가능하게 하는 대기업 주도의 경제), 그러한 구조를 형성한 해방 이후 근현대화의 역사, 또한 미성년과 관련된 사회 이슈들, 교육의 문제 등 중층적 조건 위에 존재한다. 당대 인류학의 중층 조건에 대한 천착은, 어떤 사회에서 관찰되는 문화는 한 마디로 정의하기 어려운 현상이며, 그러므로 문화 현상을 드러내기 위해서는 장기간의 현지조사와 그 중층의 조건에 대한 인류학적 기술(記述)(thick description)이 수반되어야 함을 의미한다(Geertz 1973). 현지조사는 중층 조건의 장(場) 내부에 인류학자 스스로를 위치시키는 방법론이다. 그리고 그것은 문화가 중층의 조건 위에 있다는 '관점'을 전제한 방법론이기에, 방법론 이상의 의미를 가진다. 이러한 중층의 조건에 대한 강조가 인류학에서의 걷기를 의미심장하게 하는 것이다.

걷기는 현지에서 중층의 조건을 접해 볼 수 있는 최적의 이동 수단이다. 본격적인 조사의 현장에 이르기까지 그 현장의 컨텍스트를 드러내 보이는 것이 걷기라는 방법론이다. 차를 타고 조사 현장의 입구에 내려서 바로 현장조사를 진행할 수도 있을 것이다. 하지만 그러한 방식이 놓칠 수 있는 현장의 컨텍스트를 인류학자들은 염려한다. 걷기는 현장의 컨텍스트를 짚어 보는 데 최적의 방법론이다. 이것이 의례를 연구하는 인류학자가 의례의 현장만을 관찰하지 않는 이유이다. 의례라는 특정 행위를 이해하기 위해서는 의례 없는 일상을 이해해야 하기 때문이다. 걷기는 컨텍스트의 중요성을 강조하는 인류학의 관점을 드러낸다. 걸어가면서 현장 주변의 사물과 행위들에 충분한 시선을 던진다. 연구 대상의 세계에 충분한 관심을 표명한다. 그러므로 인류학적 관찰을 그냥 관찰이라고 하지 않고 '참여관찰'이라고 이름한다. 인류학의 관찰은 현지의 사물과 행위자, 그리고 그들의 행위와의 충분한 상호 작용('참여')을 전제로 한다. 그래야 중층의 조건을 드러낼 '관찰'이 가능하기 때문이다. 걷기는 주변과 현장은(즉, 중층의 조건과 실천은) 불가분의 관계를 가진다는 인류학적 관점을 전제로 한, 빼놓을 수 없는 현지조사의 한 방법이라고 할 수 있다.

3. 인류학, 미시적 현상에 체화된 것들에 대한 현지에서의 독해

다음에 나오는 사진들은, 필자가 현지에서 걷기를 통해 다다른 의료 현장들을 담고 있다. [그림 2-1]은 중국의 광저우를 방문했을 때 찍은 광저우중의약대학 부속병원의 모습이다. [그림 2-2]는 일본 도쿄의 이케부쿠로에서 찍은 침술원 외부 입간판의 모습이다. [그림 2-3]는 한국 대도시에서 어렵지 않게 접할 수 있는, 한 건물에 복수의 한의원이 위치한 모습이다.

서두에서 언급한 바와 같이, 광저우중의약대학으로 가는 골목길에서 필자는 오래된 주거 지역과 풍요로워 보이지 않는 사람들을 만날 수 있었다. 헤매던 주거 지역 골목들을 벗어나 조우한 광저우중의약대학 부속병원의 모습은 놀람을 주기에 충분했다. 이전에 접했던, 조금은 어둡고 미로 같은 주거 지역과는 판이한 모습의 현대식, 고층 중의약병원이 서 있었기 때문이었다. 중국의 상황을 일본의 상황과 비교해 보면 더 흥미로워진다.

일본 도쿄에서는 또한 걷기의 인류학을 통해 [그림 2-2]의 침술원과 조우할 수 있었다. 우동집, 카페, 만화판매점 등 이케부쿠로의 수많은 영업점 사이에 침술원이 위치하고 있었다. 광저우의 중의약대학처럼 한눈에 들어오는 전경이라기보다는 수많은 영업점들 속에서 그 존재감이 미약해 보였다. 그리고 그 이름이 흥미로웠다. "침술원". 의료기관이라는 뉘앙스가 덜 느껴지는 이름을, 침 치료가 전달되는 일본의

[그림 2-1] 광저우중의약대학 부속병원

[그림 2-2] 일본 도쿄 시내에 위치한 침술원의 입간판

[그림 2-3] 복수의 한의원이 위치한 한국 대도시의 건물

장소는 가지고 있었다. 눈에 크게 띄지 않는 이케부쿠로의 한 상가 건물 3층에 위치한 일본의 '침술원'과 멀리서도 위압감을 주는 고층 건물의 '중의약대학 부속병원'은 일본과 중국의 동아시아의학의 상이한 존재 방식을 표상하고 있었다. 일본 도심의 상가 건물에서 조우한 침술원에서 관찰되는 또 하나의 흥미로운 지점은 치료 가격과 치료 시간을 표시하고 있는 입간판이었다. "약 50분 소요되는 침과 뜸 치료(鍼灸治療)에 5,770엔"을 받는다고 명시하고 있었다([그림 2-2] 참고). 한국과 중국에서 현지조사를 진행해 왔던 필자에게 입간판의 광고 내용은 생소한 것이었다. 침 치료는 환자의 상황에 따라서 치료 시간이 차이 나게 마련이다. 또한 환자의 상태에 따라 치료 시간과 그에 투여되는 의료 행위가 다르기 때문에 치료비 또한 때에 따라 달라진다. 하지만 일본의 침술원은 시간과 가격을 미리 명시하고 있었다. 입간판 위쪽의 또 다른 공지 내용을 보고 침 치료 가격을 명시하는 이유를 조금은 이해할 수 있었다.

그 위에는 "45분 소요되는 전신지압(全身指壓)에 4,720엔"을 받는다고 적혀 있었다([그림 2-2] 참고). 그랬다. 마치 지압 시술과 비슷한 시술로 침 치료는 생각되고 있었다. 그제야 '의원', '병원' 등의 용어를 사용하지 않고 '침술원'이라고 명명한 이유를 조금 이해할 수 있었다.

한국 도심의 지하철역 근처에서는 복수의 한의원이 위치한 건물들을 어렵지 않게 발견할 수 있다. 그리고 그 의료 기관들은 한'의원'이라고 칭해지고 있다. 중국의 '중의약대학 부속병원', 일본의 '침술원', 그리고 한국의 '한의원'이라는 명칭이 각각의 동아시아의학의 존재 방식을 기표하고 있다. 또한 그 기관들이 존재하는 공간 또한 각각 동아시아의학의 상황을 나타내고 있다. 이 장에서는 한국, 중국, 일본 세 나라에서 관찰되는 이러한 의료 관련 현상의 차이를 읽어 보고자 한다.[3]

광저우에서 조우한 주거 지역과 중의약병원의 대조는 인류학적 읽을거리를 제시한다. 인류학은 현지에서 조우하는 이와 같은 읽을거리에 대한 고찰이라고 할 수 있다. 그것이 또한 인류학자들이 마다 않고 현지를 찾는 이유이기도 하다. 읽어야 하는 이유는 문화 현상들이 그냥 주어지지 않기 때문이다. 현지에서의 현상은 어떤 존재 방식, 어떤 행위 등의 미시적인 형태로 주어진다. 미시적인 것들은 역사, 근대성, 세계화와 같은 거시적인 것들과의 관계 속에서 형성된 것이며 그러한 미시와

3 동아시아의학이 한국, 중국, 일본에서만 진행되는 것은 물론 아니다. 동아시아의학의 현상을 전체적으로 아우르기 위해서는 대만, 북한, 베트남, 그리고 홍콩의 동아시아의학을 함께 논해야 할 것이다(홍콩은 현재 중국의 일부이지만, 중국에 포함되기 이전의 상이한 역사적·사회적 경험이, 홍콩의 동아시아의학을 중국의 중의학과는 조금은 다른 방식으로 존재하게 한다). 하지만 이 장의 지면상의 제한을 고려하여 이러한 총체적인 고찰은 별도의 지면에서 다루고자 한다. 여기서는 다만, 필자가 진행한 대만에서의 현지조사와 국내에서 진행한 탈북 한의사와의 인터뷰 등이 한국, 중국, 일본의 동아시아의학을 이해하는 데 적지 않은 도움이 되었다는 것을 밝혀 두고자 한다.

거시의 연관을 읽어 내는 것이 인류학적 작업의 중요한 부분이다. 이런 맥락에서, 당대 인류학에 심대한 영향을 미친 기어츠는 '에스노그래피는 미시적'이라는 것을 다음과 같이 설명하고 있다. "미시적이라는 말은 다름 아니라 인류학자들은 자신이 지극히 밀접하게 파악하고 있는 작은 일들로부터 시작해서 점차 보다 더 넓은 해석으로, 보다 더 추상적인 분석으로 나아가는 특징이 있다는 의미"(Geertz 1973: 21)라는 것이다. 중국 광저우에서 조우한 주거 지역과 중의약병원의 대조는 미시적인 공간의 현상이지만 거시적인 것들과의 관계 속에서 읽어야 할 과제이다. 이 장에서는 이러한 미시적인 것들에 체화된 거시적인 것들을 읽는 작업을 해 보고자 한다. 그러한 작업을 통해서 동아시아의학의 건물, 진료 차트, 처방 매뉴얼에 내재해 있는 동아시아 근대성을 논해 보고자 한다. 미시적인 의료 현상이라는 창을 통해서 근대성을 읽는 작업을 해 보고자 하는 것이다. 특히 동아시아 각 국민국가의 중층적 조건에 의해 생겨난, 근대화 이후의 의료·사회 현상을 인류학적 고찰을 통해서 논해 보고자 한다.

4. 근대성과 동아시아의학의 존재 방식

누구에 의해, 어디에서, 어떻게 진료가 진행되는지를 고찰해 보면 지금 한·중·일 동아시아의학의 존재 방식이 드러난다. 그리고 그 존재 방식을 통해서 근대성을 논할 수 있는 창을 우리는 확보하게 된다. 앞의 사진들을 가지고 논의를 풀어 보자. 중국의 중의학은 중의약대학 부속병원에서 중의사에 의해 진행된다. 일본의 동아시아의학은 이분화되어 있다. 일본에서 한약의 처방권은 서양의학을 전공한 의사가 가지고 있다. 침술원의 행위자인 침(鍼)사, 구(灸)사, 안마(按摩)사는 한약에 대한 처방권을 가지고 있지 않다.[4] 한국의 한의사와 같은 전통의학을 전담하는 의료인이 따로 없기 때문에 일본은 중국, 한국과 차이를 보인다. 한국은 전통의학의 진료가 한의사에 의해서만 진행되도록 하고 있다. 그리고 대부분의 진료는 개별 한의사가 운영하는 한의원에서 진행된다.[5] 중국과 일본, 그리고 한국의 상황에 대해서 구체적으로 언급하기 전에 동아시아의학이 각각 국민국가에서의 존재 방식이 왜 근대성을 논하는 데 중요한지를 먼저 고찰해 볼 필요가 있다. 이 책의 제목처럼 의료가 근대성을 읽는 창이라면 전통의료는 어떠한 창을 제공하는지에 대해 논할 필요가 있다는 것이다.

이 책의 서장에서 언급한 바와 같이 근대의료체계를 수립하기 위해 적극적인 노력을 한다는 점이 국민국가를 이전의 정치 체계와 차별화하는 중요한 요인이다. 인구의 개념이 대두되고, 인구의 관리가 근대 권력의 존재 이유가 된 상황에서(Foucault 1990), 의료에 대한 국가적 개입은 필수적이었기 때문이다. 서구 국민국가와는 달리 비서구 국가들은 의료 체계의 근대화에 있어 하나의 중요한 이슈에 봉착하게 된다. 서구의 모델을 통해 국민국가의 의료 체계를 갖추려는 근대의료체계화의 와중에, 전통의학을 그 체계에 어떻게 포함시킬 것인가라는 문제가 대두된 것이다. 서구 국가들은 서구의 근대서양의학을 그대로 사용하면 될 터이지만, 비서구 국가에서는 기존에 존재해 온 전통의학과 서구에

4 일본은 한약을 처방할 수 있는 의사 면허 외에 전통의학을 시술할 수 있는 면허를 4개 더 두고 있다. 침사, 구사, 안마사, 그리고 정골사 면허이다. 일본의 면허 제도에 대해서는 뒤에서 구체적으로 언급할 것이다.

5 한의과대학 부속 한방병원이나 사설 한방병원이 차지하는 비율은 개별 한의원에 비해 크지 않다. 건강보험심사평가원의 통계 자료에 따르면 병원이 아닌 개별 한의원에 약 90%의 보험 급여가 지급되고 있고, 이를 통해 대부분의 한의학 진료가 개별 한의원에서 진행된다는 것을 알 수 있다.

서 들여온 서양의학을 어떻게 근대의료체계에서 위치 지우고 관계 지울 것인가의 문제가 대두되는 것이다. 여기가 전통의료가 근대성을 읽을 수 있는 창을 제공하는 지점이다. 아시아와 같은 비서구 사회가 공히 직면한 전통의료의 근대체계화의 문제(즉, 어느 정도로 또한 어떠한 방식으로 근대의료체계에 포함시킬 것인가)가 각각 아시아 국민국가의 근대성에 대한 의지와 상상력을 읽을 수 있는 대목이기 때문이다.

비서구 국민국가들은 그들의 전통의학을 중심으로 의료를 근대체계화함으로써 근대의료체계를 갖출 수도 있었을 것이다. 하지만 그러한 방향성은 거의 관찰되지 않는다.[6] 동아시아의 국민국가들처럼, 대부분의 경우 서양의학을 열성적으로 받아들인다. 또는 식민지 정책에 의해 적극적 수용이 강제된다. 그리하여 서양의학을 중심에 두고 전통의학의 위치를 정하는 방식으로 근대의료체계화는 진행된다. 이러한 공통점이 있지만 또한 각각의 국민국가에서 서양의학과 동아시아의학을 관계 짓는 방식들은 다르게 나타났다. 또한 서양의학의 수입 양상도 다르게 전개된다. 이러한 개별성을 통해서 동아시아 국가들의 각각의 근대성을 읽을 수 있는 창이 열린다. 또한 의료의 영역에서 동아시아 국가들이 공유하고 있는 근대 경험들을 통해서 동아시아 근대성에 대해 조망할 수 있는 창을 또한 우리는 확보하게 되는 것이다. 지금의 동아시아의학이 어떻게 존재하는지, 각각의 국민국가에서의 차별성은 무엇이며 또한 공통점은 무엇이가에 대한 논의는 근대성을 읽는 창으로서 의료의 가능성을 예시할 것이다. 이 장에서는 필자가 가장 많은 시간을 할애

6 동아시아 국가들이 왜 전통의학을 중심으로 의료를 체계화하는 노력은 하지 않았는가는 흥미로운 질문이다. 전통의학에 대한 당시 국민국가들의 관점, 동아시아의학과 서양의학의 차이 등에 대해 짚어 볼 수 있는 연구의 지점인 것이다. 이 장의 논의는 이러한 질문에 대한 제한적인 답변만 제공하게 될 것이다. 나머지는 앞으로의 연구에 남겨 두기로 한다.

해서 현지조사 하고 있는 한국의 상황을 가운데에 두고 중국과 일본의 의료사회 현상을 그와 병치시켜 논하고자 한다. 이러한 비교 문화의 관점은 한국, 중국, 일본의 의료사회 현상 조명에 기여하면서, 또한 근대성이라는 주제의 논의에 기여할 것이다.

5. 중국의 중의학과 한국의 한의학: 진료 차트, 표준화, 그리고 다양성

중국은 국가 병원인 중의학 병원에서 대부분의 전통의료가 진행된다. 개혁개방 이후 한국의 한의원과 같은 형태의 개별 의원이 등장했지만, 아직은 그 존재감이 미미하다.[7] 중의학 병원에서 진료하는 중의사는 5년제 중의학대학에서 양성된다. 중의학대학 또한 사회주의 체계 속 국가 관리 아래에 있다. 지하철역에서 광저우중의약대학 부속병원까지의 여정을 통해 마주한 주거 지역과 병원의 대조를 통해 읽을 수 있는 것 중의 하나가 바로 중국의 국가 주도 의료 체계이다. 풍족해 보이지 않는 주거 지역과는 다른 모습으로 서 있는 현대식 고층 건물에 자리한 중의약대학 부속병원의 모습은 '국가'에 의해 하나의 장소에 모아진 의료 제공을 위한 인력과 자본과 에너지를 형용하고 있는 것이다. 여기서 '국가 주도'라는 말의 의미에 대해 다시 한 번 더 언급할 필요가 있다. 의료 체계의 성립에 있어 국가의 영향력은 어느 국민국가에서나 심대하기 때문이다. 중국식 '국가 주도'를 이해하기 위해서는 근현대 역사를 조망해 볼 필요가 있다. 특히 포스트-1949의 역사를 주시할 필요가

7 중국이 시장경제를 보다 적극적으로 받아들이면서 이러한 의원은 증가 추세이지만, 급격한 증가 추세의 증후는 아직 관찰되지 않고 있다.

있다.

사회주의 정부가 중국 본토에 세워진 후, 중국공산당은 의료 영역에서의 자본주의식 거래를 금지시킨다. 전국의 중의사들에게 개별 진료를 금지시키고 국가가 세운 중의학병원에 모여서 국가의 관리 아래 진료를 진행하게 한다. 여기에 중의학의 '병원화'라는 현상이 발생한다(Shao 1999). 병원화는 중국 동아시아의학의 변화를 읽을 수 있는 중요한 키워드이다. 병원화는 이전에 개별 중의사에 의해 진행되던 진료가 집단적으로 진행된다는 것을 의미한다. 이에 따라 집단 진료를 매개할 수 있는 표준화된 진료와 용어에 대한 요구가 발생하게 된다. 병원화는 또한, 입원 체계를 중국의 동아시아의학 내부로 유입되게 한다. 동아시아의학은 기본적으로 외래 위주의 의료 체계이다. 병원화되면서 서양의학의 방식인 입원 체계가 들어오고 그에 따라 서양의학의 환자 관리 체계가 함께 유입된다. 중의학과 서양의학이 보다 근거리에 상호 위치하도록 병원화가 영향력을 행사하게 되는 것이다. 또한 그 가까워진 거리를 통해, 서양의학의 중의학에 대한 영향력이 심화된다.

1949년 이후 사회주의 정부의 전통의료에 대한 개입은 '표준화'의 전체주의적 추진에서 가시화된다. 집단 진료를 위한 표준화의 필요성을 넘어 하나의 체계로 동아시아의학을 묶을 수 있는 국가 프로젝트를 진행한다(Scheid 2002; Taylor 2005). 동아시아의학은 그 역사 속에서 수많은 의가(醫家)들과 의론(醫論)들이 존재하는 비균질적(heterogeneous)인 의료 체계이다. 비위를 강조한 의가가 있었는가 하면, 심장을 중심에 둔 의가가 있었고, 또한 신장의 중요성을 주장한 의가가 있었다. 도가에 가까운 『동의보감(東醫寶鑑)』이 있는가 하면, 유학을 바탕으로 하는 『동의수세보원(東醫壽世保元)』이 있다. 이러한 다양성의 의학이 동아시아의학이다. 또한 '패러다임 전환'(paradigm shift)이 존재하지 않는 동아시아의학에서는 하나의 의론이 다른 의론을 대체하는 것이 아니라 여러 의론이 공존한다. 수천 년간 그러한 공존이 동아시아의학의 다양한 학파 현상에는 내재해 있다. 이것이 또한 2천 년 전에 편집되었다고 하는『황제내경(黃帝內經)』이 지금도 동아시아의학에 강력한 영향력을 행사하는 이유이다. 1949년 이후 중국에서는 이러한 다양성을 균질화된 하나의 체계로 바꾸는 표준화 프로젝트가 국가 주도로 시행된다. 전국에 중의학대학을 설립하고 표준화된 교과서를 사용하게 한다. 중의학병원에서는 '변증론치'(辨證論治)를 중심으로 한 표준화된 진료가 실천된다 (Scheid 2002). 중국의 동아시아의학 표준화는 '국가 주도'에 의한 것이라는 사실을 강조할 필요가 있다. 그리고 그 국가는 혁명 이후의 사회주의 국가라는 것을 염두에 둘 필요가 있다. 즉, 중의학의 표준화는 혁명이 막 완수된 사회주의 정부에 의해 전체주의적으로 진행된 것이다. 의료는 기본적으로 다양성을 전제로 한다. 사람마다 질병을 앓는 방식이 다르기 때문에 치료의 방식도 다를 수밖에 없다. 환자의 상태를 파악하는 의사들의 방식에도 다양성이 존재하기 때문이다. 또한 여러 가지 치료 방법 중에 선택을 해야 하는 처방 또한 다양성을 전제로 한다. 여기에 동아시아의학이 수천 년의 역사 속에서 견지해 온 다양성을 더해서 고려해 본다면 동아시아의학의 표준화는 결코 호락호락한 프로젝트가 아니다. 하지만 1949년 이후의 중국 정부는 혁명의 분위기 속에서 이를 추진한다. 사회주의 정부 성립 이후 중국이 경험한 표준화는 그 급격함에서 유례가 없는 세계 의료사의 괄목할 만한 사건이라고 할 수 있다.

중국 중의학의 표준화는 체계화(systemization)와 과학화(scientization)라는 깊은 연관을 가진 두 축 위에서 진행된다. 체계화와 과학화는 의료의 변화를 통한 근대성 읽기에 의미 있는 창을 제공한다. '표준', '체계', '과학' 등의 근대적인 내용이 어떤 방식으로 어떤 과정을 통해서 비서구에 자리 잡게 되는지를 고찰할 수 있기 때문이다. 중의학은 서양의학의 유입 이후 곧잘 비과학적인 의료라는 비판에 직면해 왔다. 그리고 그러한 비판은 사회주의 정부 성립 이후에도 유효한 비판이었다. 정부는 비록 중의학을 적극적으로 지원했지만, 중의학이 사회주의 '근대화'에 기여하도록 요구했다. 사회주의 정부가 꿈꾸는 근대성에 기여하기 위해서 중의학은 비과학적, 봉건적이라는 혐의를 탈색시킬 필요가 있었다. 중의학 커뮤니티는 "중의학을 과학적으로 보이게 시도하면서 이와 같은 요구에 응대했다. … 그 첫걸음은 중의학 내부의 일관성을 성취하는 것이었다. … 다른 의학 고전들이 가진 상충되는 의견들을 가리면서, 짧은 문장들만을 인용하면서, 새로운 중의학 교과서를 편집했다." (Andrews 2013: 222)

또한 생의학과의 통합(integration)을 통해서 보다 생의료화(bio-medicalization)한 중의학이 탄생한다.[8] 통합에는 중심이 필요하다.[9] 중국의 경우 중의학과 생의학의 통합에서 중심은 생의학이었다. 생의학의 인식론과 준거 틀을 바탕으로 중의학과 생의학의 통합이 진행된 것이다(Unschuld 2009). 필자의 중국 현지조사에서도 중의학의 병원화, 표준화, 생의학화는 가시적인 현상으로 드러났다. 앞의 [그림 2-1]과 같은 중의약대학 부속병원에 들어서면 서양의학 병원과 차이가 없다는 느낌

8 여기서 생의료화는, 기존에 의료에 관해 사회과학에서 사용하는 개념과는 조금은 다르게 사용되고 있다. 클라크 등(Clarke et al. 2010)은 의료화라는 느슨한 개념을 지금의 의료사회 현상에 맞게 적용하기 위해서 '생-'(bio-)이라는 접두어 붙이기를 제안하였다. 의료 영역 밖의 사회문화적 내용들이 의료의 영역으로 접수되는 '의료화'는 생의학의 발전과 함께 새로운 국면을 맞고 있으며, 이러한 상황을 드러내기 위해서는 새로운 개념이 필요하다는 것이다. 이 글에서는 클라크 등의 개념과는 조금 다른 의미에서, 동아시아의학적 관점과 내용이 생의학적인 것으로 대체 또는 혼종되는 현상을 지시하기 위해 중의학의 '생의학화'라고 표현하였다. 다소 상이한 의미를 가지고 있지만, 생의학의 영역이 확장되면서 기존의 생의학 밖의 영역이 생의학의 논리에 의해 포섭되고 전유되는 지금의 상황을 드러내기 위한 개념이라는 의미에서는 클라크 등의 논의와 맥을 같이한다.

을 받는다. 특히 눈길을 끄는 것은 생의학 진료와 동아시아의학 진료가 함께 진행되는 현장이다. 광저우중의약대학 부속병원과 함께 필자가 중국에서 방문한 베이징, 상하이, 허베이의 중의약병원에서 필자의 눈길을 특히 끌었던 것은 링거를 맞는 방들이었다. 주로 접근이 용이한 병원 1층에 위치하고 있는 수액실에서는 사람들이 줄지어 앉아 링거를 맞고 있었다. 한의사의 주사기 사용이 진료 영역의 침범인가 아닌가를 가지고 법정 다툼이 벌어지는 한국의 경우를 염두에 둔다면, 중의약병원의 링거를 맞는 방은 생경한 장면이라고 할 수 있다. 링거를 맞는 중의약병원의 방이 표상하고 있는 것과 같이 중국의 중의학은 서양의학과 근접한 거리를 유지하고 있다. 진단에서도 마찬가지다. 중의학병원에서는 중의사들이 서양의학의 진단 기계를 직접 사용할 수 있다. 서양의학 약물의 처방도 가능하다. 이와 같은 근거리의 중의학과 서양의학의 관계는 두 의료 사이의 선을 분명히 하려는 한국의 체계와 분명한 차이를 보인다.

중의학을 연구한 인류학자들의 에스노그래피는 중의학과 생의학의 근접한 거리를 확인시켜 준다. 그것을 시각적으로 드러내 주는 것이 진료 차트이다. [그림 2-4]는 중의학에서 사용하고 있는 진료 차트이다. 중상단의 표를 보면 중의학과 서양의학 양쪽의 진단(診斷) 내용을 병기하도록 되어 있다. 그림에서는 '中医'(중의학), '西医'(서양의학)라고 표기되어 있다.[10] 이러한 상황은 생의학적 내용이 거의 배제되어 있는

9 최근 융합 논의와 함께 회자되고 있는 '통섭', '학제 간', '초학제' 등의 용어는 중심 없는 융합에 대한 고민의 산물이라고 할 수 있다.

10 중국에서 사용하고 있는 중의/서의의 구분 자체가 흥미로운 근대 현상이다. 근대 이전에 동아시아의학은 '중(中)-', '한(韓)-', '전통(傳統)-' 등의 접두어가 필요 없었다. 통상 '의'(醫)라고 했다. 하지만 서양의학이 유입되기 시작한 후 구분을 해야 했다. 그래서 '중의학', '한의학', '전통의학', '한방' 등

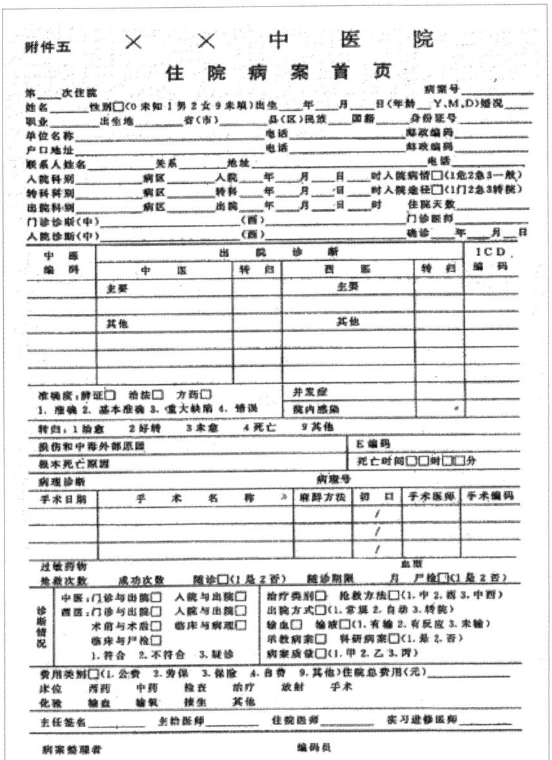

附件五 ×× 中医院

住院病案首页

第___次住院 病案号___
姓名___性别□(0 未知 1 男 2 女 9 未填)出生___年___月___日(年龄___Y.M.D)婚况___
职业___出生地___省(市)___县(区)民族___国籍___身份证号___
单位名称___电话___邮政编码___
户口地址___电话___邮政编码___
联系人姓名___关系___地址___电话___
入院科别___病区___入院___年___月___日___时 入院病情□(1危 2急 3一般)
转科科别___病区___转科___年___月___日___时 入院途径□(1门 2急 3转院)
出院科别___病区___出院___年___月___日___时 住院天数___
门诊诊断(中)___(西)___门诊医师___
入院诊断(中)___(西)___确诊___年___月___日

中医编码	出院诊断 中医	转归	西医	转归	ICD编码
	主要		主要		
	其他		其他		

准确度：辨证□ 治法□ 方药□
1. 准确 2. 基本准确 3. 重大缺陷 4. 错误
并发症
院内感染
转归：1 治愈 2 好转 3 未愈 4 死亡 9 其他
损伤和中毒外部原因 E编码
根本死亡原因 死亡时间□□时□□分
病理诊断 病理号

手术日期	手术名称	麻醉方法	切口	手术医师	手术编码
			/		
			/		
			/		

过敏药物 血型
抢救次数 成功次数 随诊□(1 是 2 否) 随诊期限 月 尸检□(1 是 2 否)

诊断情况
中医：门诊与出院□ 入院与出院□
西医：门诊与出院□ 入院与出院□
术前与术后□ 临床与病理□
临床与尸检□
1. 符合 2. 不符合 3. 疑诊
治疗类别□ 抢救方法□(1. 中 2. 西 3. 中西)
出院方式□(1. 常规 2. 自动 3. 转院)
输血□ 输液□(1. 有输 2. 有反应 3. 未输)
示教病案□ 科研病案□(1. 是 2. 否)
病案质量□(1. 甲 2. 乙 3. 丙)

费用类别□(1. 公费 2. 劳保 3. 保险 4. 自费 9. 其他)住院总费用(元)___
床位 西药 中药 检查 治疗 放射 手术
化验 输血 输氧 接生 其他
主任签名___ 主治医师___ 住院医师___ 实习进修医师___
病案整理者 编码员

[그림 2-4] 중의학의 진료 차트

출처: Scheid(2002)

한국 한의학의 진료 차트와 차이가 난다([그림 2-5] 참고).[11] [그림 2-4]에서 또한 중의학의 진료 차트에 체화되어 있는 국가 주도의 표준화를 읽을 수 있다. 중국의 경우 중의학적 내용과 생의학적 내용의 병치를 국

으로 이름하고 있다. 이제는 통상 '의학'이라고 하면 서양의학을 지칭하고, 전통의학을 지칭하기 위해서는 어떤 접두어가 필요하게 되었다.

11 [그림 2-5]의 진료 차트들은 내가 현지조사를 진행한 한의원에서 사용하고 있는 차트들이다.

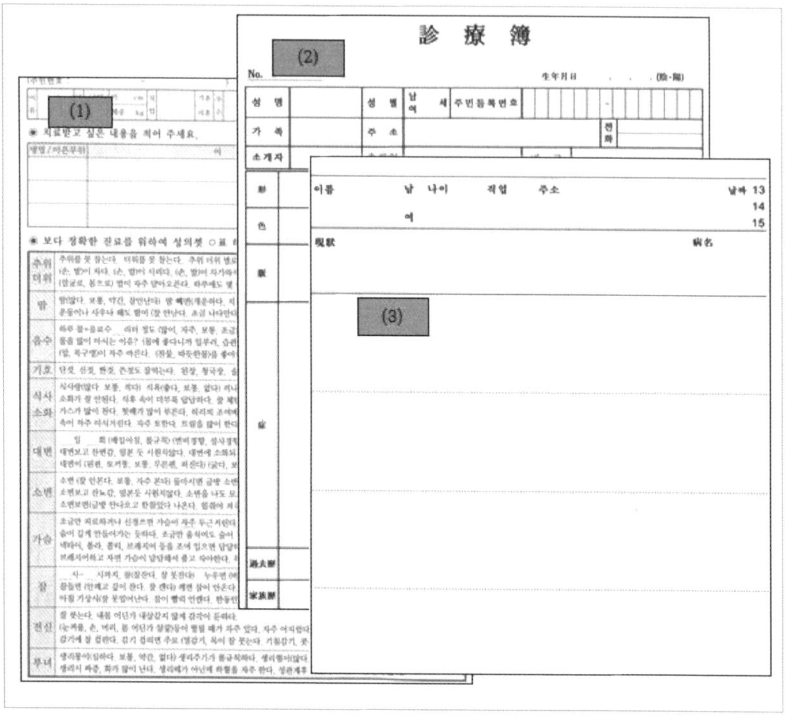

[그림 2-5] 한국 한의학의 진료 차트

가 차원에서 관리하기 때문이다(Scheid 2002).

의료인류학자 칼커머(Karchmer 2010)는 중의학과 서양의학의 근거리를 현장 자료를 통해서 분명하게 드러내고 있다. 그는 진료 차트에 병치되어 있는 중의학과 서양의학이, 실제 진료 현장에서 어떻게 혼종되어 실천되는지를 환자의 사례를 통해서 드러낸다. 그는 중의학병원을 방문한 둥(Dong)이라는 환자에 대한 진단과 치료 예를 그의 에스노그래피에 사용하고 있다. 중의학과 서양의학의 병치는 단지 진단에서만 그치지 않는다([그림 2-6] 참고). 칼커머가 제시하고 있는 것과 같이 치료 또한 중의학과 서양의학이 같이 진행된다. [그림 2-7]에서 볼 수 있듯이 '시호', '황금', '백작약', '백출' 등의 한약재와 함께 'benazapril',

Initial Diagnosis for Dong Chunhua

Chinese Medicine Diagnosis:
1. Chronic Kidney Heat 慢肾热
   Damp Heat pouring down, Qi and Blood exhaustion 湿热下注 气血亏虚
2. Abdominal Fullness 痞满
   Liver Qi stagnation, Spleen and Stomach depletion 肝郁气滞 脾胃虚弱
3. Fire Rash Encircling the Waist 缠腰火丹
   Damp Heat accumulating internally, Qi and Yin exhaustion 湿热内蕴 气阴亏虚
4. Goiter 瘿瘤
   Phlegm and Blood stasis obstructing the Collaterals 痰瘀阻络

Western Medicine Diagnosis:
1. Chronic renal insufficiency, non-compensatory stage 慢性肾功能不全失代偿期
   Pyelonephritis? 肾盂肾炎
   Acute glomerulonephritis? 急性肾小球肾炎
2. Idiopathic anemia 贫血原因待查
   Anemia due to malnourishment? 营养不良性贫血
   Anemia of renal origin? 肾性贫血
3. Shingles 带状疱疹
4. Simple goiter? 单纯甲状腺肿

[그림 2-6] 환자 둥(Dong)에 대한 중의학과 생의학의 진단

출처: Karchmer(2010)

Initial Treatment for Dong Chunhua

Dr. Feng's Western Medicine Prescription:
1. 10 mg of benazapril, once daily (an ACE inhibitor for high blood pressure);
2. 500 ml of glucose 5% in water with 10 ml of 15% potassium chloride and 6 units of insulin, infused daily (to address the patient's electrolyte imbalance);
3. 500 ml of Hartmann's solution with 0.1 g of Vitamin B_6, infused daily (for nutritional purposes and electrolyte regulation);
4. 1.5 g of cefuroxime, administered intravenously twice a day (a second-generation cephalosporin).

Dr. Feng's Chinese Medicine Prescription:

Chaihu 柴胡 10 g	Huangqin 黄芩 10 g	Baishao 白芍 10 g	Baizhu 白术 15 g
Fuling 茯苓 30 g	Baimaogen 白茅根 10 g	Lugen 芦根 10 g	Banxia 半夏 10 g
Chenpi 陈皮 10 g	Shenggancao 生甘草 6 g	Zhishi 枳实 10 g	Sharen 砂仁 10 g

[그림 2-7] 환자 둥(Dong)에 대한 생의학과 중의학의 처방

출처: Karchmer(2010)

'cefuroxime' 등의 생의학 처방이 동시에 환자 둥에게 투여되고 있다. 중의학과 생의학의 병치가 고무적인 면이 있을 수 있다. 하지만 인류학자들은 이러한 병치가 중의사들의 중의학에 대한 깊이 있는 이해를 저해할 수 있다고 우려한다(Shao 1999). 무엇보다도 통합의 문제에서는 권

력 관계에 대한 고려가 필수적이다. 권력이 불균형할 때, 두 체계의 통합은 항상 권력 강한 쪽의 담론에 의해, 그쪽의 편재로 재구성된다. 그러므로 통합은 곧잘 일대일 통합이 아니다. 이러한 맥락에서 중의학과 생의학의 통합을 통한 중의학의 변화는 근대성에 대한 흥미로운 읽을거리를 제공하고 있다. 그리고 이러한 중의학의 상황을 한국의 한의학과 비교해 보면 근대성 논의에 대한 흥미로운 지점을 확보할 수 있다.

중국의 중의학의 표준화에 대한 지향은 한국의 개별 한의원에서 관찰되는 다양성에 대비된다. 중국에서 표준화가 추진된다고 해서 다양성이 관찰되지 않는 것은 물론 아니다. 중의사들마다 선호하는 치료법이 있을 것이며, 많이 처방하는 약재가 있을 것이다. 하지만 사회주의 정부 주도의 강력한 표준화의 힘은 중국 중의학의 다양성을 옅게 만드는 데 충분한 힘을 발휘하고 있다. 중의학에 관한 영향력 있는 의료인류학자 샤이드(Scheid 2007)가 표준화된 중의학의 세계화를 맥도날드의 세계화에 빗댈 정도로, 표준화는 지금의 중의학을 규정하는 중요한 키워드이다. 이러한 상황은 한국의 한의학과 차이가 있다.

한의학의 경우 표준화를 강력하게 추진하는, 중국 사회주의 정부 같은 주체가 존재하지 않는다. 이에 따라 한국에서는 다양한 학파가 존재하며, 이러한 학파 현상은 한국의 한의학을 다른 동아시아의학과 차별화하는 특징이다. 근(현)대라는 시대에 존재하는 전통의학인 한의학에 표준화에 대한 논의가 없을 리 없다. 한의학 내부에서도 한의학연구원, 한의사협회, 한의과대학, 한방병원 등의 기관들이 표준화에 관한 목소리를 내고 있다. 하지만 그 영향력은 전체주의적 사회주의 정부만큼 강력하지 않다. 무엇보다도 중국에서는 대부분의 중의학이 '병원화'한 국가 병원에서 진행되는 반면, 한국에서는 대부분의 한의학이 1인 한의사가 운영하는 한의원에서 진행된다는 사실이 중국과 한국에서의 표준화 담론 영향력의 차이를 만들어 낸다. 중국에서는 국가 주도의 표준화 담론이 국가 병원의 체계를 통해 일사불란하게 전달이 되지만, 한국에서는 표준화에 대한 목소리를 상위의 기관들이 낸다고 하더라도 그 담론이 개별 한의원에까지 가시적인 것은 아니다. 한의학의 다양한 학파는 표준화 담론의 영향력이 한국에서는 비교적 크지 않다는 것을 표현한다.

한의학에는 동아시아의학의 대표적 고전을 따르는 학파들(동의보감학파, 사상의학학파, 황제내경학파, 의학입문학파, 상한론학파)과 다양한 침법학파(사암침학파, 체질침학파, 내경침학파)가 존재하며, 하나의 학파(예를 들면 사상의학학파)에도 복수의 학파(체형사상학회, 성정사상학회, 동무학회)가 존재한다. 이러한 다양성이 진료 차트에 체화되어 있다. [그림 2-5]의 다양한 차트가 한의학의 다양한 학파 현상을 대변한다. 개별 한의원의 경우 진료 차트 양식은 각 한의사가 임의로 만든다. 대부분의 한의학이 개별 한의원에서 진행된다는 점을 고려한다면 한국 한의학에는 수많은 종류의 차트 양식이 존재할 것이다. 스스로 차트를 만들기 때문에, 각 한의원에서 사용하고 있는 차트에는 각 한의사의 진단에 대한 관점이 포함되어 있다. 또한 차트를 들여다보면 각 한의사가 소속되어 있는 학파들의 관점이 제시되어 있는 경우가 있다. [그림 2-5-(1)]의 진료 차트는 한의학의 사진(四診)[12] 중 문진(問診)에 강조점이 있는 학파 소속 한의원의 차트이다. 땀, 소변, 대변, 잠 등 문진의 테마들이 나열되어 있다. [그림 2-5-(2)]를 자세히 보면 형(形)-색(色)-맥(脈)-증(症)의 순서로 진단의 단계가 명시되어 있다는 것을 발견할 수 있다. 이 차트는 형색의 망진(望診)을 강조하는 학파 소속 한의원의 진료 차트이다. 그 학파의 스승이 형-색-맥-증의 순서에 따라 진단하기를 가르쳤고 그 가르

12 한의학의 진단은 봐서 아는 진단(望), 들어서 아는 진단(聞), 물어서 아는 진단(問), 촉진해서 아는 진단(切)의 사진(四診)을 기본으로 한다.

침이 그 한의원의 차트에 드러나 있는 것이다. [그림 2-5-(3)]에는 환자의 개인 정보를 적는 란 외에 현상(現狀)과 병명란만 있고 나머지는 비어 있다. 이것은 보다 자유로운 진단을 추구하는 학파 소속 한의원의 차트이다. 어떤 특정 틀에 얽매이지 않고 환자의 몸에서 드러나는 기의 '현상'을 읽고 그에 따라 처방하는 학파의 방향성이 [그림 2-5-(3)]에 드러나고 있다. 이와 같이 정부 주도의 표준화가, 또한 중의학과 생의학의 근거리가 중의학의 차트에 체화되어 있다면, 한의학의 다양성이 한의원에서 사용하는 차트에는 체화되어 있는 것이다. 진료 차트와 같은 미시적인 부분이 각 동아시아의학의 거시적 경향성을 읽는 단초가 되는 것이다.

한의학의 다양한 학파는 좀 더 구체적으로 고찰해 볼 필요가 있다. 그것이 근대성을 논하는 데 있어 중요한 단서가 될 수 있기 때문이다. 흥미롭게도 한국의 한의학은 개항 이후에 다양성이 가시화되는 현상을 보여 왔다. 서양의학의 유입과 일본 제국주의의 한의학 차별에 대한 반응으로 다양한 학술 유파에 대한 논의들이 일제 강점기에 활성화되었던 것이다(김남일 2006). 이러한 현상은 해방 후 한의사 제도가 정착된 이후 더욱 강화된다. 여기에는 한의학과 생의학의 영역을 확실히 구분하려 의도했던 해방 이후 의료법의 영향도 적지 않다. 중국과 다르게 한국에서는 한의학적 진료만이 한의사들에게 허락된다. 이러한 상황에서 생존 전략의 한 방식으로 다양한 의론(醫論)에 대한 숙고와 효능 있는 방법론에 대한 다양한 연구가 진행되어 왔던 것이다. 통상 근대 이후의 시대는 다양성이 축소되는 방향성이 농후한 시대이다. 예외적인 경향을 보이는 한의학은 이러한 면에서 흥미로운 의료·사회·역사 현상이라고 할 수 있다. 이제 일본의 경우를 살펴본 후 동아시아의학의 다양한 방향성을 통해서 근대성의 문제를 논하고자 한다.

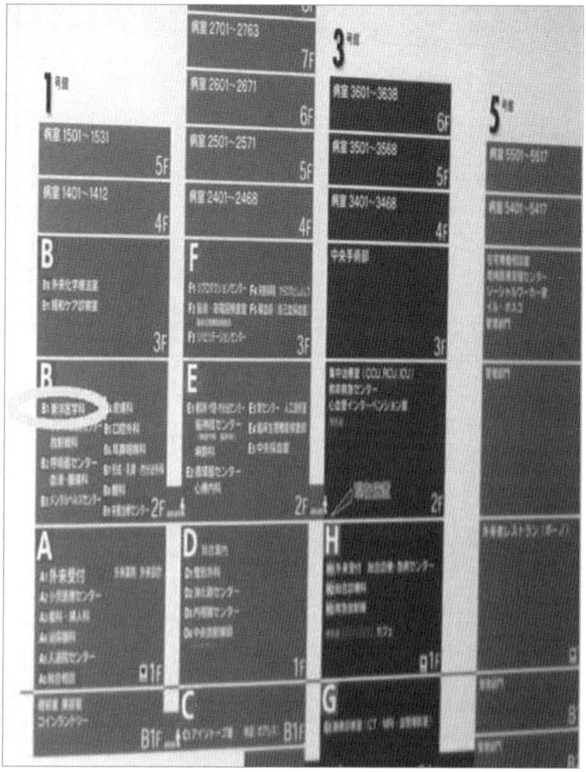

[그림 2-8] 일본 도쿄 소재 모 병원의 안내판

6. 일본의 캄포의학과 한국의 한의학: 처방 매뉴얼과 작방

일본 동아시아의학의 존재 방식은 [그림 2-8]에 표현되어 있다. 사진은 일본 도쿄 소재 모 병원의 진료과를 표시한 안내판이다. 여기서 일본의 동아시아의학은 동그라미 친 영역(동양의학과)으로만 존재한다([그림 2-8] 참고). 동그라미의 영역만 동아시아의학의 영역이고 나머지는 모두 생의학의 영역이다. 사진이 표현하는 것과 같이 일본에서 동아시아의학의 존재감은 가시적이지 않다. [그림 2-8]의 병원과 같이 동양의학과라고 동아시아의학의 진료 과목을 내세우는 병원은 일본에서는 드문 경우라고 필자가 인터뷰한 그 병원의 한 일본인 의료인은 언급하고 있었다. 일본 동아시아의학의 특징은 생의학을 교육받은 의사가 한약 처방을 한다는 것이다. 일본에는 '한방 병원'이라는 의료 기관이 존재하지 않는다. 캄포(漢方)의학을 내세운 개별 의원들은 있지만, 그 의원에서도 서양의학을 전공한 의사가 진료를 한다. 일본의 의사들에게는 한약을 포함한 동아시아의학의 모든 진단 치료에 대한 면허가 주어져 있다. 하지만 침, 뜸, 안마 등의 방법론은 대부분 사용하지 않는다. 생의학의 방법론이 있기 때문이다. 하지만 캄포 처방은 많은 의사들의 고려 대상이다. 특히 생의학 처방이 효과가 없을 때 캄포가 보완 의료로서 선택되고 있다.

앞에서 언급한 바와 같이, 침과 뜸, 안마를 시술하는 곳이 따로 있지만 그곳은 '침구안마원' 등으로 불리면서 온전한 의료 기관의 지위를 얻지 못하고 있다. 침, 뜸, 안마, 정골 요법에 대한 면허는 일본에서 별도로 취급된다. 서양의학 의과대학을 나온 의사들에게 주어지는 의사 면허와는 달리 이들 면허에는 한약 처방 권한이 포함되어 있지 않다. 또한 주로 교육 기간이 짧은 전문대에서 교육된다.[13] 의사와 차이가 나는 교육 기간은 바로 그 전문인이 가진 권위와도 직결된다. 일본은 이렇게 한약을 처방하는 의사와 나머지 방법론을 사용하는 동아시아의학 전문인 사이에 차별을 둔 이원화의 형태를 가지고 있다.

일본의 의료 체계는 근대 역사 속에서 형성되었다. 일본의 의사에게 서양의학, 동아시아의학 구분 없이 모든 의료 행위를 할 수 있는 면허가 주어진 것은 메이지 유신 시대로 거슬러 올라간다. 일본에는 난학

13 최근에 침구안마 등을 교육하는 4년제 대학이 생겨나고 있다. 필자가 2013년에 진행한 인터뷰에서 한 침구대학 교수는 현재 일본에는 두 곳의 4년제 침구대학이 있다고 하였다.

(蘭學)이라는 이름으로 오래전부터 서양의학이 유입되고 있었다. 17세기에 이미 네덜란드 의사들이 일본에 들어와 진료를 한다. 1774년에는 일본인 스기타 겐파쿠에 의해 동아시아 최초로 『해체신서』라는 해부학 서적이 번역 출간된다(스기타 2014; 여인석·황상익 1994). 이와 같이 서양의학의 저변이 충분히 확대되어 있었기 때문에 메이지 유신 시기 서양의학 중심의 의료 체계가 성립될 수 있었다. 서양의학 팽창의 반대급부로 당시 동아시아의학은 거의 폐지 수준으로 격하된다.[14] 메이지 유신 이후, 사후 조치로 침사, 구사, 안마사 등에 대해 면허를 따로 주는 법이 입법된다. 이러한 역사가 [그림 2-8]에 동아시아의학의 제한된 영역으로 나타나는 것이다. 또한 [그림 2-2]의 침 치료의 시간과 가격이 명시되어 있는 침구안마원 '시술'을 공지하는 입간판에 체화되어 있는 것이다.

일본에서 진행되는 동아시아의학을 고찰하기 위해서는 의사들 사이에서 실천되는 캄포의학에 대해 논할 필요가 있다. 병원, 의원이라는 주요 의료 기관에서 진행되는 캄포의학의 상황은 [그림 2-9]에 체화되어 있다. [그림 2-9]은 일본의 최대 한방 제약 회사인 쓰무라 제약에서 제공하는 캄포의학 매뉴얼의 일부이다. 필자는 2013년 일본에서 현지조사를 하면서 도쿄 근교에 위치한 쓰무라 제약을 방문할 기회를 가질 수 있었다. 쓰무라 제약은 미래의 고객인 의과대학생들을 초대해서 회사를 견학시키는 투어를 지속적으로 진행하고 있었는데, 필자의 키 인포먼트(key informant)의 주선으로 일본 의과대학생들과 함께 그 투어에 참여할 수 있었다. 캄포 약은 제약 회사가 생산한다고 하더라도 환자가 복용하기 위해서는 의사의 처방이 필요하기 때문에 쓰무라와 같은 한

14 당시 메이지 정부는 동아시아의학을 금지하지는 않았지만, 의료 면허 시험을 서양의학 내용으로 일원화함으로써 동아시아의학을 공부한 사람이 면허를 받을 수 없게 하는 간접적인 방식을 취했다.

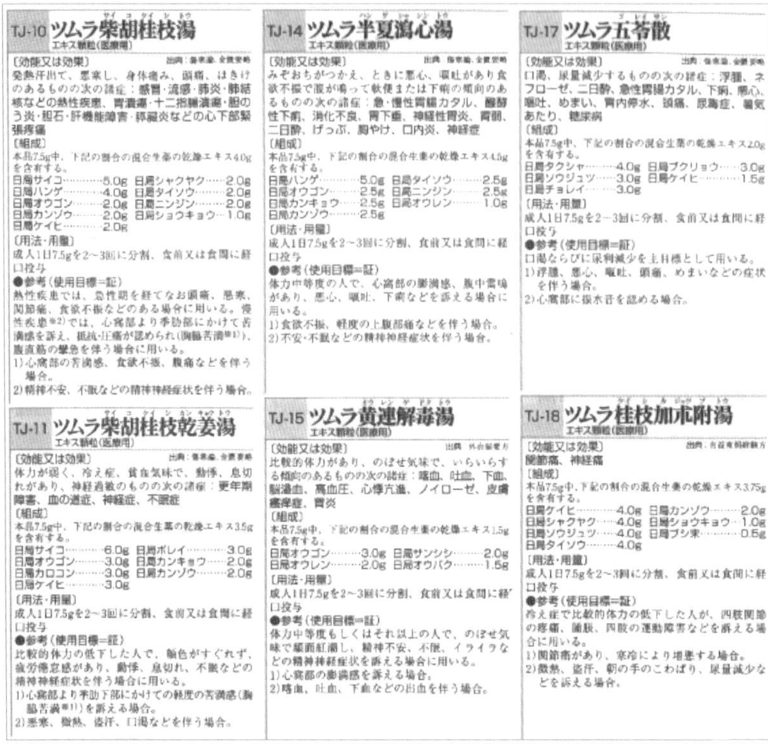
TJ-10 ツムラ柴胡桂枝湯（サイコケイシトウ）
エキス顆粒（医療用）

〔効能又は効果〕 出典：傷寒論、金匱要略
発熱汗出て、悪寒し、身体痛み、頭痛、はきけのあるものの次の諸症：感冒・流感・肺炎・肺結核などの熱性疾患、胃潰瘍・十二指腸潰瘍・胆のう炎・胆石・肝機能障害・膵臓炎などの心下部緊張疼痛
〔組成〕
本品7.5g中、下記の割合の混合生薬の乾燥エキス4.0gを含有する。
日局サイコ……5.0g 日局シャクヤク……2.0g
日局ハンゲ……4.0g 日局タイソウ……2.0g
日局オウゴン……2.0g 日局ニンジン……2.0g
日局カンゾウ……2.0g 日局ショウキョウ…1.0g
日局ケイヒ……2.0g
〔用法・用量〕
成人1日7.5gを2～3回に分割、食前又は食間に経口投与
●参考（使用目標＝証）
熱性疾患では、急性期を経てなお頭痛、悪寒、関節痛、食欲不振などのある場合に用いる。慢性疾患※2)では、心窩部より季肋部にかけて苦満感を訴え、抵抗・圧痛が認められ（胸脇苦満※1)）、腹直筋の攣急を伴う場合に用いる。
1）心窩部の苦満感、食欲不振、腹痛などを伴う場合。
2）精神不安、不眠などの精神神経症状を伴う場合。

TJ-11 ツムラ柴胡桂枝乾姜湯（サイコケイシカンキョウトウ）
エキス顆粒（医療用）

〔効能又は効果〕 出典：傷寒論、金匱要略
体力が弱く、冷え症、貧血気味で、動悸、息切れがあり、神経過敏のものの次の諸症：更年期障害、血の道症、神経症、不眠症
〔組成〕
本品7.5g中、下記の割合の混合生薬の乾燥エキス3.5gを含有する。
日局サイコ……6.0g 日局ボレイ……3.0g
日局オウゴン……3.0g 日局カンキョウ……2.0g
日局カロコン……3.0g 日局カンゾウ……2.0g
日局ケイヒ……3.0g
〔用法・用量〕
成人1日7.5gを2～3回に分割、食前又は食間に経口投与
●参考（使用目標＝証）
比較的体力の低下した人で、顔色がすぐれず、疲労倦怠感があり、動悸、息切れ、不眠などの精神神経症状を伴う場合に用いる。
1）心窩部より季肋下部にかけての軽度の苦満感（胸脇苦満※1)）を訴える場合。
2）悪寒、微熱、盗汗、口渇などを伴う場合。

TJ-14 ツムラ半夏瀉心湯（ハンゲシャシントウ）
エキス顆粒（医療用）

〔効能又は効果〕 出典：傷寒論、金匱要略
みぞおちがつかえ、ときに悪心、嘔吐があり食欲不振で腹が鳴って軟便または下痢の傾向のあるものの次の諸症：急・慢性胃腸カタル、醗酵性下痢、消化不良、胃下垂、神経性胃炎、胃弱、二日酔、げっぷ、胸やけ、口内炎、神経症
〔組成〕
本品7.5g中、下記の割合の混合生薬の乾燥エキス4.5gを含有する。
日局ハンゲ……5.0g 日局タイソウ……2.5g
日局オウゴン……2.5g 日局ニンジン……2.5g
日局カンキョウ……2.5g 日局オウレン……1.0g
日局カンゾウ……2.5g
〔用法・用量〕
成人1日7.5gを2～3回に分割、食前又は食間に経口投与
●参考（使用目標＝証）
体力中等度の人で、心窩部の膨満感、腹中雷鳴があり、悪心、嘔吐、下痢などを訴える場合に用いる。
1）食欲不振、軽度の上腹部痛などを伴う場合。
2）不安・不眠などの精神神経症状を伴う場合。

TJ-15 ツムラ黄連解毒湯（オウレンゲドクトウ）
エキス顆粒（医療用）

〔効能又は効果〕 出典：外台秘要方
比較的体力があり、のぼせ気味で、いらいらする傾向のあるものの次の諸症：喀血、吐血、下血、脳溢血、高血圧、心悸亢進、ノイローゼ、皮膚瘙痒症、胃炎
〔組成〕
本品7.5g中、下記の割合の混合生薬の乾燥エキス1.5gを含有する。
日局オウゴン……3.0g 日局サンシシ……2.0g
日局オウレン……2.0g 日局オウバク……1.5g
〔用法・用量〕
成人1日7.5gを2～3回に分割、食前又は食間に経口投与
●参考（使用目標＝証）
体力中等度もしくはそれ以上の人で、のぼせ気味で顔面紅潮し、精神不安、不眠、イライラなどの精神神経症状を訴える場合に用いる。
1）心窩部の膨満感を訴える場合。
2）喀血、吐血、下血などの出血を伴う場合。

TJ-17 ツムラ五苓散（ゴレイサン）
エキス顆粒（医療用）

〔効能又は効果〕 出典：傷寒論、金匱要略
口渇、尿量減少するものの次の諸症：浮腫、ネフローゼ、二日酔、急性胃腸カタル、下痢、悪心、嘔吐、めまい、胃内停水、頭痛、尿毒症、暑気あたり、糖尿病
〔組成〕
本品7.5g中、下記の割合の混合生薬の乾燥エキス2.0gを含有する。
日局タクシャ……4.0g 日局ブクリョウ……3.0g
日局ソウジュツ……3.0g 日局ケイヒ……1.5g
日局チョレイ……3.0g
〔用法・用量〕
成人1日7.5gを2～3回に分割、食前又は食間に経口投与
●参考（使用目標＝証）
口渇ならびに尿利減少を主目標として用いる。
1）浮腫、悪心、嘔吐、頭痛、めまいなどの症状を伴う場合。
2）心窩部に振水音を認める場合。

TJ-18 ツムラ桂枝加朮附湯（ケイシカジュツブトウ）
エキス顆粒（医療用）

〔効能又は効果〕 出典：吉益東洞経験方
関節痛、神経痛
〔組成〕
本品7.5g中、下記の割合の混合生薬の乾燥エキス3.75gを含有する。
日局ケイヒ……4.0g 日局カンゾウ……2.0g
日局シャクヤク……4.0g 日局ショウキョウ…1.0g
日局ソウジュツ……4.0g 日局ブシ末……0.5g
日局タイソウ……4.0g
〔用法・用量〕
成人1日7.5gを2～3回に分割、食前又は食間に経口投与
●参考（使用目標＝証）
冷え症で比較的体力の低下した人が、四肢関節の疼痛、腫脹、四肢の運動障害などを訴える場合に用いる。
1）関節痛があり、寒冷により増悪する場合。
2）微熱、盗汗、朝の手のこわばり、尿量減少などを訴える場合。

[그림 2-9] 쓰무라 제약에서 제공하는 캄포의학 매뉴얼

방 제약 회사들은 의사들에 대한 투자를 아끼지 않고 있었고, 투어 경비를 지불하는 것은 그 투자의 일부였다. 투어의 내용은 쓰무라에서 얼마나 위생적으로, 그리고 과학적으로 한방약들을 생산하는지에 초점이 맞춰져 있었다. 투어를 시작하면서 나누어 준 캄포의학 매뉴얼에는 쓰무라 제약 제품들의 효능뿐만 아니라 캄포의학에 익숙하지 않은 의과대학생과 의사를 위한 친절한 설명이 제시되어 있었다. 거기에는 서양의학과 캄포의학의 차이, 음양과 오장 개념에 대한 설명, 진단법 등 캄포의학의 핵심적 내용이 포함되어 있었다. 그리고 그 설명의 말미에는 쓰무라에서 출시하는 141개 기성약의 사용법이 연이어 제공되고 있었다.

쓰무라 제약이 투어에 참여한 의과대학생들에게 나누어 준 매뉴얼은 일본의 캄포의학에서 제약 회사의 강력한 영향력을 지시하고 있었다. 일본에서 대부분의 한약은 제약 회사에서 출시하는 기성약의 형태로 처방된다. 일본에도 약초 등의 한약재를 직접 사용하여 처방을 하는 캄포 클리닉도 존재한다. 하지만 대부분의 의사들이 사용하는 기성약 제재에 비하면 그 존재감이 미약하다. 필자가 인터뷰한 한 의학사 전공 교수는, 일본의 캄포는 '마니아'라고 할 수 있는 일부 의사들에 의해서만 본격적으로 진행되고 있을 뿐이라고 단언했다. 캄포를 사용하는 의사의 비율은 높지만 대부분은 제약 회사의 매뉴얼을 통해 서양의학의 보완으로 사용되고 있다는 것이다.

제약 회사에서 대량 생산하는 한방 제재의 장점이 있을 것이다. 필자가 방문했을 때 쓰무라 제약이 내세우던 높은 수준의 위생 관리가 그러한 장점이 될 수 있을 것이다. 제약 회사에 의한 대량 생산은 장점과 함께, 또한 여러 가지 논의의 지점들을 제시한다. 그중에서 빼놓을 수 없는 것이 산업화에 의한 의학 지식의 '표준화' 이슈이다. 투어를 하면서 필자가 쓰무라 제약에서 목격한 것은, 약재를 보관하는 약장에서부터 탕약이 담긴 약사발까지의 전통적 과정이 컨베이어 벨트 위에서 진행되고 있는 흥미로운 장면들이었다. 의사의 손이 아닌 지게차에 의해 약재들이 준비되고 있었고, 손잡이 달린 약탕기가 아니라 거대한 철제 용기에서 탕액이 만들어지고 있었다. 탕약은 다시 고화되는 과정을 거친 후 수많은 용기에 나뉘어 포장되었다. 수백, 수천 인분의 약재가 표준화된 공정을 통해 대량 생산되고 있었다. 이러한 과정을 통해 다수의 사람들이 질 좋은 한약을 접할 수 있는 장점이 있겠지만, 산업화를 위한 표준화에 의해 배제되고 있는 동아시아의학의 내용들도 있었다. 그중의 하나가 동아시아의학의 특징 중 하나인 가감(加減)과 작방(作方)이다. 동아시아의학은 환자에게 꼭 맞는 약을 처방하기 위해 과거의 유명 처방에서 빼고 더하는 가감을 실천한다. 더욱이 새롭게 처방을 구성하는 작방을 하기도 한다. 제약 회사에서 생산하는 제재는 이미 구성이 갖추어져 있어서 가감과 작방의 가능성이 차단된다. 또한 가감과 작방을 위해서는 동아시아의학에 대한 깊은 이해가 필요하다. 캄포의 처방권이 있는 일본 의사의 경우 전공이 생의학이기 때문에 이러한 깊이 있는 이해를 일부 '마니아'를 제외하고는 기대하기가 쉽지 않다. 캄포의학의 진료 주체인 의사들의 동아시아의학에 대한 관심이 낮은 상황에서, 제약 회사의 영향력은 상대적으로 크게 작용하기 마련이다.

이러한 상황은 한국의 한의학의 경우와 차이가 있다. 한국의 한의학 학파 중 작방을 실천하는 한 학파에 대한 현장 자료는 이러한 차이를 분명하게 드러낸다. 필자는 현지조사 중 약초의 기미(氣味)에 대해 한의사들이 공부하는 장면을 목격한 적이 있다. 전국의 회원들이 토요일 대전에 모여 공부를 하는 이 모임에서 특징적인 점은 약재를 맛보는 것이었다. 한의사들이 돌아가며 약재 하나씩을 달여 와서 같이 맛을 보며 공부를 하고 있었다. 공부를 가르치는 스승은 약재의 기미를 알아야 작방을 할 수 있다는 것을 수시로 강조하였다. 그러한 몸의 경험을 통해서 약을 제대로 처방할 수 있다는 것이다. 다음은 약재의 분류 중 화약(和藥)에 속하는 약재들에 대한 공부를 시작하며 스승이 강조한 내용이다.

> 약미(藥味)를 가지고 보약(補藥)이다, 화약(和藥)이다, 한약(寒藥)이다, 열약(熱藥)이다, 이렇게 쭉 나눠 놓습니다. [그런데] 이것이 칼로 물 베듯이 딱, 이렇게 잘라 가지고 '여기 속한다' 이렇게 할 수 없는 경우가 있어요. 맛을 봤을 때 그렇게 자극적이지 않고 담담하게 우리 몸에 다가오는 약재들도 있고. 화약 가운데서도 약을 먹어 보면 (얼굴을 찌푸리며) 이런 약[자극적인 약]도 있어요. 이렇게 나눌 수가 없는 성질들 때문에 이렇게 편의상 '[꼭 구분하자면] 이쪽으로 넣는 것이 좋겠다' 이런 거지

딱 부러지게 해 가지고 요거는 보약이다, 화약이다 나눌 수는 없는 그런 약재도 있다는 겁니다. 그래서 우리가 약을 [제대로 쓰기] 위해서 약의 맛을 보는 겁니다.([ ]는 필자 삽입)

한의사들은 약재의 맛을 직접 체험하면서 그 약미를 몸이 기억하도록 하는 공부를 하고 있었다. 이러한 몸의 기억을 통해서 환자에게 꼭 맞는 약재의 조합을 성취할 수 있다는 것이 이 학파에서 작방을 필수적으로 생각하는 이유였다. 위의 현지 데이터는 학파 활동을 통해 한의학에 대한 깊이 있는 이해를 추구하는 활동들을 보여 준다. 부산, 광주, 서울 등에 흩어져 있는 한의사들이 토요일 진료 후 끓인 약재를 가지고 저녁 8시쯤에 대전에 모인다. 대전에서 스승의 강의를 10시 30분까지 듣고 다시 본인들이 사는 지방으로 돌아가면 대부분 밤 12시가 넘은 시간이 된다. 힘든 일정이지만 한의학을 이해하기 위한 필수 과정이라고 인터뷰에 응한 한의사들은 입을 모았다. 중요한 것은, 동아시아의학에 대한 깊이 있는 이해가 한의사들에게 자율권을 부여한다는 것이다. 약을 처방하는 데 있어 다른 영향력에 좌지우지되지 않고, 의료인 본인들의 직접적 선택권을 유지하게 되는 것이다. 일본의 경우, 처방권을 가지고 있지만 생의학을 전공하는 의사들이 한약의 용약에 대해 깊이 있게 고찰할 여지는 제한적으로만 제공되고 있었다. 이러한 구조적 제한성 위에서 제약 회사는 일본의 전통의학을 좌지우지하는 행위자로서 자리매김하고 있었다. 동아시아의학에 심대한 영향력을 행사하는 주체로서 중국에는 국가가 있다면, 일본에서는 그 역할을 제약 회사들이 하고 있다고 할 수 있다(Lock 1990).

7. 나오며: 동아시아 근대성에 대한 고찰

표준화는 근대의 증후다. 표준화된 지식(예를 들면, 지식·권력의 견고한 융합으로서의 근대 학문들) 위에 근현대식 교육과 실천이 가능하다. 대량 생산의 산업화 또한 표준화를 전제로 한다. 표준화가 근대성을 담지하고 있기 때문에, 중국, 일본, 한국 동아시아의학의 근대 이후의 변화를 표준화의 정도와 방향성을 통해서 따져 볼 수 있는 길이 열린다. 또한 앞에서 살펴본 바와 같이, 동아시아의학의 표준화는 단지 의료 영역의 이슈만은 아닌 역사적·사회적·경제적 현상이기 때문에 의료의 표준화를 통해서 좀 더 광의의 근대성을 읽을 수 있는 창이 열린다. 구체적으로 표준화와 관련된 의료·사회·역사 현상을 통해, '표준'이라는 근대적 담론이 어떻게, 어느 정도로, 비균질적인 동아시아의학의 내부에 자리를 차지하는가를 보아 그 변화와 그것의 체화로서의 근대성을 읽을 수 있다. 이런 맥락에서, 지금까지의 논의는 표준화라는 근대적 관점이 어떠한 방식으로 진료의 공간, 진료 차트, 처방 매뉴얼 등의 미시적 의료 현상에 체화되는지에 대한 고찰이라고 정리할 수 있다. 중국에서는 국가라는 권력에 의한 중의학 지식 및 실천에 대한 표준화가 눈에 띄는 현상이며, 일본에서는 자본이라는 또 다른 권력에 의한, 표준화를 통한 동아시아의학 지식의 산업화가 진행되고 있는 것이 가시적이다.

표준화가 근대의 증후인 것은, 그 담론과 실천 속에 표준화 대상을 관리하고 통제하려는 관점이 내재해 있기 때문이다. 비균질적인 지식과 실천이 공존하는 동아시아의학은 다양성을 전제로 한 의학이다. 복수의 의론(醫論)이 공존하고 복수의 학파가 병존하면서 다양성이 지속되어 왔다. 의가들은 외래 위주의 개별 진료를 통해서 이러한 다양성을 증폭시켜 왔다. 가감과 작방의 실천은 그러한 다양성이 동아시아의학 효능의 중요한 바탕임을 예시한다. 근대라는 시대는, 특히 국민국가의 의료 체계화는 이러한 동아시아의학의 지향과 충돌해 왔다. 동아시아 국민국가들이 추진해 왔던 표준화 담론에는 근대 정신이 관통되어 있으며, 그 담론들은 동아시아의학의 다양성을 훈육하는 기제로 사용되어 왔다. 표준화를 통해 동아시아의학이 권력과 융합될 수 있는 지식으로 길들여지는 과정을 주시해 보면 근대성을 읽어 낼 수 있는 흥미로운 의료의 창이 열리게 된다.

동아시아의학에 대한 근대적인 것의 개입은 국가와 자본의 영향력이 강력한 중국과 일본에서 특히 가시적이지만, 다른 국가들에서도 예외적인 것은 아니다. 다만 각각의 역사적 맥락에 의해 그 시기와 정도에 있어 차이가 날 뿐이다. 화란의학을 일찍부터 받아들였던 일본에는 메이지 유신 시기에 이미 근대적 담론을 본격적으로 내세울 토대가 형성되어 있었다(김옥주·미야가와 2011). 육로와 해로를 통해 서구와 일찍부터 접촉해 온 중국 또한 근대적 담론의 존재감이 청나라 시대부터 관찰된다(Wu 2013). 한국의 경우에는 지리적 위치와 구한말의 쇄국 정책으로 인하여 일제 강점기에 와서야 본격적인 근대적 담론의 영향력이 발휘되기 시작한다(연세대학교 의사학연구소 2008). 근대적인 것에 대한 역사적 노출을 통해 중국과 일본의 국가와 자본은 동아시아의학에 적극적으로 개입할 수 있는 토대를 구축해 왔다. 한국의 경우, 동아시아의학에 있어 근대적 담론의 존재감이 최근 좀 더 가시적인 현상으로 나타나고 있는 것을 목격할 수 있다. 질병명을 표준화하려는 움직임은 이러한 경향에 적절한 예를 제시한다.

상이한 역사적 전개와 문화적 배경 속에서 발전해 오면서, 서양의학과 한의학에는 서로 다른 질병명들이 존재해 왔다. 그러한 상이함이 2010년 이전까지 한국의 의료 체계에도 분명하게 존재해 왔다. 서양의학 병명 체계와 한의학 병명 체계는 병립적으로 공존해 왔었다. 이에 따라 고지혈증, 역류성식도염, 추간판탈출증(디스크) 등의 서양의학 병명은 중풍(中風), 소갈(消渴), 기울(氣鬱) 등의 한의학 병명과 분리 기록되었고, 그 기록은 건강보험공단의 의료 급여 산정 기준 등으로 사용되어 왔다. 하지만 2010년부터 한국의 질병분류체계는 ICD(International Classification of Diseases)에 기반을 둔 KCD(Korean Classification of Diseases) 체계로 일원화된다. 이 서양의학을 기반으로 한 질병분류체계에서 이 장의 논의를 위해 주목할 부분은, 국가의 관리와 통제에 대한 관심과 한의학의 다양성이 충돌하는 지점이다. 해부병리학에 기반을 두지 않은 한의학에서는 서양의학과는 다른 관점에서 병명이 만들어지고 사용되어 왔다. 예를 들면 기울이나 중풍 등의 한의학 병명은 해부학적 바탕 없이, 기(氣)와 풍(風)과 같이 무형을 강조하는 한의학의 관점에 기반을 둔 병명들이다. 2010년 이후 병명의 일원화는 서양의학 질병분류체계를 중심으로 진행된 동아시아의학에 대한 표준화의 개입으로 규정할 수 있다. 복지가 중요한 과제로 떠오른 한국에서 정부는 의료 복지 체계에 대한 효율적 관리와 비용 절감에 주목하고 있고, 이러한 관심이 병명 체계에 대한 표준화로 나타나고 있다.

이러한 병명 체계의 예시는 여전히 진행형인 국가의 영향력을 예시한다. 동아시아 근대성에 있어 국가의 영향력은 이론의 여지가 없다. 하지만 각각의 경우 다른 양태로 나타난다. 동아시아의학들은 그러한 상이함을 표현한다. 포스트-1949 중국의 경우, 동아시아의학에 대해 국가는 지속적이고 적극적으로 개입해 왔다. 서양의학과의 관계, 진료의 공간, 진료 차트에까지 국가의 영향력은 구체적이고 또한 강력하다. 메이지 유신 이후 일본의 경우, 국가는 근대의료체계에서 동아시아의학을 배제하려는 방향성을 분명히 한다. 그리고 배제를 통해 멀어진 국가와 동아시아의학 사이의 간극에 기업들이 적극적으로 틈입하고 있는 상황이라고 할 수 있다. 1945년 이후 한국의 경우, 국가의 전통의학에 대한 개입은 중국처럼 적극적이지 않았다. 또한 일본과 같은 배제의 논리를 펴지도 않았다. 경제 발전을 근대화의 핵심 사항으로 상정한 한국에서, 경제 발전에 기여할 것 같지 않았던 한의학은 관심의 대상이 아니었다. 하지만 복지 논의가 대두되면서, 앞서 병명의 예시에서 제시되었듯이 보다 적극적인 국가의 개입이 최근에 목격되고 있다. 또한 '창조경제'라는 신조어가 예시하듯이, 한국의 동아시아의학 지식을 경제 발전의 원동력으로 삼으려는 국가와 자본의 관심이 어느 때보다도 높은 상황이다. 그에 따라 보다 적극적인 개입이 예견되고 있다.

지금까지 살펴본 바와 같이 동아시아의학의 당대 존재 방식들은 중국, 일본, 한국이라는 사회가 자신들의 상황에서 각각 꿈꾸어 왔던 근대성에 의미 있는 시사점을 제시한다. 또한 그 상상력들이 공유하고 있는 지점들을 통해서 동아시아 근대성에 대해 고찰해 볼 수 있다.

중국, 일본, 한국에서 공히 관찰되는 부분은, 비록 시기와 방식은 다르지만 표준화와 같은 근대 담론이 각 국민국가에서 적극적으로 수용되고 있다는 점이다. 표준화에 대한 환대는 그것이 반드시 추구해야 할 근대적 내용이라는 암묵적 전제가 동아시아에 팽배해 있다는 것을 의미한다. 이러한 표준화의 적극적 수용을 통한 동아시아의학에 대한 개입 시도는 동아시아 국가들의 근대에 대한 상상력을 형용한다. 근대에 대한 상이한 경험 속에서도 동아시아 국가들이 동의했던 것은 국경 내 모든 가능한 자원들을 동원한 적극적 근대화였으며, 그 자원들 중에는 동아시아의학이라는 전통의학도 포함되어 있었다. 여기서 주목할 부분은 동아시아의 근대에 대한 상상력에 깔려 있는 강력한 목적의식이다. 그것은 기존에 존재해 왔던 유용한 것들을 근대화를 위해 대상화하고 수단화하려는 목적의식이다. 제1장(서장)에서 언급되었던 서구 중심주의와 식민지 경험이 배태한 발전을 바라보는 특정한 관점으로서의 근대성을 여기서 우리는 목도하게 된다. 그러한 관점을 통해 기존의 것들(곧잘 전통이라고 불리는 것들)을 바라보는 특정 관성이 여전히 강력한 추동으로 남아 있는 동아시아 근대성을 목도하게 되는 것이다.

동아시아에서 다양한 근대성에 대한 상상력이 여전히 미약하다는 것은 그 '경도된 목적의식'을 통해 목격할 수 있다. 발전에 경도된 목적의식이 근대에 대한 상상력을 위축시키는 것은 무엇보다도 기존의 것들, 즉 전통이라고 불리는 것들에 대한 단절을 곧잘 전제로 하기 때문이다. 동아시아 국가들이 "전통의 발명"(invention of tradition)(Hobsbawm and Ranger 1983)을 통해 전통을 호출할 때도 마찬가지이다. 여전히 발전에 경도된 목적의식이 그 전통의 호출에도 내재해 있기 때문에 그것은 근대에 대한 다양한 상상력과는 거리가 멀다. 이와 같은 차단된 다양성의 동아시아 근대성은 중국, 일본, 한국의 진료 공간에, 제약 회사 처방 매뉴얼에, 그리고 질병분류체계에 체화되어 있다.

동아시아 근대성을 읽을 수 있는 창은 복수의 방향에서 구축될 수 있을 것이다. 각각의 창은 다양한 방향에서 동아시아 근대성을 조명하게 함으로써 그에 대한 입체적 이해에 기여할 수 있을 것이다. 동아시아 의학은 동아시아 근대성을 조명할 수 있는 흥미로운 접근법을 제시한다. 현지조사를 통한 미시적 의료 현상에 체화된 거시적인 것들에 대한 인류학적 읽기는 이러한 접근법의 가능성을 예시한다.

제3장 중국 근대화와 사회적 고통: 개혁시기 자살 예방 프로그램의 사례

이현정(서울대학교 인류학과)

1. 들어가며: 근대화와 사회적 고통

> 마오 주석이 살아 있었으면 상상도 못할 일이지. 어디 돈이 사람을 죽이고 살리고. 농사만 지어서는 먹고 살기도 힘든데, 농민 목숨이라고 다들 함부로 생각하니.

커다란 나무 등걸로 만든 도마에 칼질을 하면서 이 씨가 투덜거렸다. 앞집에 사는 남자 장 씨는 약 1년 전 50위안(2006년 당시 한화로 5천 원)을 벌기 위해 친구를 따라 근처 탄광에 일하러 갔다가 폭발 사고로 두 눈의 시력을 모두 잃었다. 계약서 한 장 없었던 장 씨는 탄광 회사로부터 한 푼도 보상을 받지 못했다. 그 이후, 그의 아내는 농사일뿐 아니라 재활용 쓰레기 수거를 하면서 남편 및 어린 두 아들과의 생계를 꾸려 나갔다. 그런데 며칠 전 옆집 여자가 장 씨네 집을 찾아 와서 욕을 하며 큰 소리를 내는 사건이 발생했다. 장 씨 아내가 자기 남편을 유혹해 바람나게 했다는 것이다. 아무것도 볼 수 없는 남편 장 씨는 방 안에 앉아 그 소동을 고스란히 듣고 있었다. 사실 장 씨 부인이 그간 밭일을 할 때마다 옆집 남자의 도움을 때때로 빌렸던 것은 이웃 사람들도 다 알고 있는 사실이었다. 좁은 토지 면적과 비싼 기계 값으로 인해 아직 사람의 손으로 농사를 지어야 하는 이곳 산골 농촌에서 남녀 간의 노동 분업은 뚜렷했고, 남편이 쟁기질을 하면 아내는 쫓아가며 씨를 뿌리는 식이었다. 그렇기 때문에 집안에 남자 없이 농사일을 하는 것은 몇몇 익숙한 여자들이 아니라면 쉽지 않았다. 게다가 일찍 부모를 잃고 형제자매와도 연락이 끊어진 장 씨 아내는 주변에 도움 청할 남자 친척도 없었다. 옆집 여자가 찾아오고 며칠이 채 지나지 않아 장 씨의 아내는 의자 위에 주검으로 발견되었다. 수면제 과다 복용이었다. 마을 의사는 그녀가 복용법을 잘 몰라서 생긴 실수라며 충격을 무마하려 했지만, 마을 사람들은 모두 알았다. 그녀가 모욕을 견디지 못하고 자살했다는 것을.

"그럼 차라리 개혁개방 이전이 더 나았다는 말씀이세요?" 마오 주석이 살아 있었을 때를 그리워하는 듯한 이 씨의 발언을 듣고 내가 물었다. 그 시대를 경험해 본 적은 없지만 1990년대 후반부터 지속적으로 2010년대에 중국 농촌을 관찰하면서, 이 정도의 혼란과 우울과 고통이라면 차라리 개혁개방을 안 하는 게 농민들에겐 낫지 않았을까 하는 생각을 안 해 본 것도 아니었다.

> 그건 모르지. 지금 사람들은 그래도 다들 그때보다는 지금이 낫다고들 하니까. 속으로 그때가 더 좋아도 그렇다고 말은 못할 거야. 텔레비전이건 어디건 마오 주석이 잘못해서 이렇게 되었다고 다들 난리인걸. 하긴 그때도 살기 어렵긴 했어. 먹을 게 없어서 풀뿌리(草根)건 나무줄기(樹干)건 뜯어 먹다가 죽은 사람이 한둘이 아니니까. 게다가 뭘 그렇게 비판(批評)할 게 많은지 맨날 비판하라고 해서, 밥 먹으면서도 비판, 일하면서도 비판, 애 젖 물리면서도 비판, 세 사람만 모이면 비판했으니까.

이 장에서 제기하고자 하는 나의 질문은 다음과 같다. 마오쩌둥의 사회주의를 넘어 개혁개방 이후의 사회주의에 이르기까지, 국가에 의해 줄기차게 시도되어 온 중국의 근대화 노력들은 과연 실제로 인민들의 사회적 고통을 줄이는 데 기여해 온 것일까? '진보'의 이름으로 수행되는 근대화는 늘 '고통의 해결'이라는 정치적 수사에 의존해 왔지만, 과연 고통의 해결이 얼마만큼 어떠한 집단에게 이루어졌는가에 대해서는 막상 논의된 바가 많지 않다. 마오시기(1946-1976)에서 개혁시기(1978-현재)에 이르기까지, 중국 사회주의 근대화의 성격 변화와 인민들의 삶은 어떠한 관계가 있는 것일까? 마오시기의 정치적 통제 속에서 굶주림으로 죽어 가던 인민들과 개혁시기의 '자유' 속에서 부당함과 차별, 기회의 상실로 목숨을 끊는 인민들의 고통의 차이는 무엇인가?

중국 근대화의 성격 변화와 인민들이 경험하는 고통 사이의 관계는 두 가지 측면에서 살펴볼 수 있다. 첫째, 이전 체제를 비판하며 등장한 사회주의 체제 속에서 인민들이 '새롭게' 경험하고 있는 사회적 고통의 내용이다. 개혁시기 공산당 지도부는 마오시기의 전제적이고 이상주의적인 통치를 고통의 원인으로서 비판하고 인민들의 더 나은 삶을 위해 다양한 정책적 변화를 꾀해 왔다. 그러나 개혁시기의 공산당이 추구해 온 변화가 실제로 인민의 삶에 고통을 덜어 주는 효과만을 불러일으켰다고 결론 내리기가 쉽지 않다. 개혁개방 이후 중국 곳곳에서 등장하고 있는 죽음의 장면들—노동자들의 자살 시위와 농촌 여성들의 높은 자살률은 어떻게 설명할 수 있을까?

둘째, 중국 근대화의 성격 변화는 인민들이 겪는 고통의 성격뿐 아니라 그에 대한 국가 및 사회의 설명 방식 또한 변화해 왔다는 것을 의미한다. 고통과 죽음의 원인으로 권력의 부당함과 폭력이 언급되고, 죽음에 대한 정치적이고 도덕적인 의미화가 사건을 해석함에 있어서 중요하게 다루어졌던 과거와는 달리 이제 인간의 죽음은 점점 개인적이고 생물학적인 이유로서 설명되고 의료적인 사안으로 해석된다. 물질주의와 개발 논리 외에는 어떠한 도덕도 보편적인 정당성을 확보하지 못하는 환경에서, 삶에 관한 윤리적 질문과 뗄 수 없었던 정치와 의료는 이제 오로지 전문가가 처리할 수 있는 삶으로부터 분리된 문제가 되어 버렸으며, 인민들의 일상 속에 편재되어 있는 권력과 고통의 문제는 정치 전문가나 의료 전문가들의 편협하고 추상적인 매뉴얼 속에서 해결 방법을 찾지 못한다.

이러한 두 가지 맥락을 고려하면서, 이 장에서는 1990년대 후반 이후에 중요한 사회적 현상으로 등장한 중국 농촌 여성(農村婦女)의 자살 문제 및 자살 예방을 위한 정신 보건 정책 사례를 살펴봄으로써 중국 사회주의 근대화의 성격을 분석해 보고자 한다.

먼저 결론부터 간단히 말하자면, 농촌 여성들의 자살 현상 및 정신 보건 정책에 관한 민족지적 자료들은 중국에서의 근대화의 경험이 특별히 다음 세 가지 특징을 보이고 있다는 것을 드러낸다. 첫째, 중국 국가에 의해 추진된 자살 예방 정책은 강력한 국민국가 및 부국강병에의 열망을 실현하고자 하는 중국 관료 및 지식인들의 근대화를 향한 정치적 기획으로 바라볼 수 있다. 특히 오늘날 중국의 근대화는 마오시기와 달리 '근대적 가치'에 대한 열망보다는 단순한 경제적인 동인과 국제관계의 역학에 의해 움직이는 경향이 있다. 따라서 자살 문제에 대한 국가적 대응에서도 국제적 기준으로 자리 잡은 '서구' 정신 보건 정책의 경험과 관점은 가장 신뢰할 수 있는 표준으로서 중국 사회로 포섭된다.

둘째, 중국에서의 근대화 기획은 관료 및 지식인들의 역사적 진보에 대한 절대적이고 무비판적인 믿음에 바탕을 두고 있는데, 이러한 믿음은 특히 중국 사회 내부에 존재하는 부정되어야 할 '전통'의 요소들을 끊임없이 선별하고 비판하는 방식을 통해서 실천되고 있다. 특히 농촌 여성은 그들이 처한 억압적인 사회적 조건과 더불어 중국 사회의 발전을 위해 부정되어야 할 '전통'으로서 상상되어 왔다.

셋째, 중국 사회에서 합리적 주체로서의 근대적 개인의 등장은 서구 유럽에서와 같이 국가에 대응하는 시민사회 및 공공 영역의 성장을 통해서 자발적으로 형성되었다기보다는, 변화하는 사회에 적합한 순응적 주체를 양성하고자 하는 개발주의적 국가의 강제를 통해 달성되어 왔다. 이 과정에서 농촌 여성들은 지식인들의 계몽과 도덕적 훈육의 대상으로 간주되며, 자신들의 삶의 맥락으로부터 분리된 채 '서구적 합리성'과 '경쟁적 시장 사회'에 적합한 소질(素質)을 자발적으로 양성할 것이 요구되고 있다.

그러면 이와 같은 세 가지 특징들이 각각 어떠한 맥락과 연관되어 있으며 또한 구체적인 양상을 띠고 있는지, 다음 절부터 민족지적 자료를 통해 하나씩 차례대로 살펴보도록 하자.

2. 중국 농촌의 여성 자살과 정신 보건 정책: 국제화, 의료화, 타자화

현대 중국의 여성 자살에 대한 해외의 학문적 관심은 이미 1970년대 인류학자 울프(Wolf 1975)나 역사학자 스펜스(Spence 1978)에게까지 거슬러 올라갈 수 있지만, 여성 자살이 세계적인 정신 보건 문제로서 다루어지기 시작한 것은 1990년대 들어와서라고 할 수 있다. 1999년 세계보건기구(WHO 1999)는 1950년부터 1990년대까지 각국의 자살률 변화에 대한 특별 보고서를 간행했는데, 보고서가 발간되자마자 중국의 자살은 두 가지 특징으로 인해 정신 보건 전문가들의 특별한 관심을 끌었다.[1] 먼저 중국은 전 세계 최다 자살자 배출 국가일 뿐 아니라, 인도와 더불

1 중국의 경우 1987년, 1990년, 1994년 세 차례에 걸친 자료만이 포함되었는데, 이는 전 세계적 냉전 체제 속에서 자살률이 사회주의에 대한 비난의 근거로 사용될 것을 두려워한 중국 정부가 1980년대 후반까지 국가의 자살 통계 자료를 외부에 공개하지 않았기 때문이다.

어 전 세계 자살자의 30%를 차지하는 국가로 등장했다. 이는 전 세계의 1/5에 이르는 13억에 이르는 중국의 인구 규모를 생각할 때 어느 정도 납득되는 측면이 있었다. 그러나 이와 동시에 보고서는 중국의 여러 인구 집단 중에서 특별히 농촌의 15-34세에 이르는 젊은 여성들의 자살률이 높다는 사실을 드러냈는데, 이는 기존의 자살에 대한 연구 결과들을 모두 뒤엎는 보고였다. 19세기 말 뒤르켐의 『자살론』 이후, 농촌보다는 도시에서, 그리고 여성보다는 남성의 자살률이 더 높다는 것은 전 세계적으로 반복되어 관찰된 사실로서, 자살에 대한 의심할 수 없는 이론으로 받아들여져 왔기 때문이다(Durkheim 1951).[2] 당연히 자살 연구자들은 중국의 자살 문제에 대해서 특별히 주목할 필요를 제기했다. 그리고 2001년, 세계보건기구(WHO 2001)는 그해 연차 보고서에서 중국 농촌의 자살을 세계가 주목해야 할 주요 정신 보건 문제 중 한 가지로 공표했다.

곧이어 보다 자세한 역학 연구가 정신 보건 전문가들에 의해서 실시되었다. 2002년 12월 3일, 미국 공영방송인 NPR(National Public Radio)을 비롯한 세계 주요 매스컴은 권위 있는 의학 학술지 『랜싯(*Lancet*)』에 실린 한 연구 결과를 대대적으로 보도했다. 이 연구는 중국에 수십 년간 거주해 온 캐나다 인 정신과 의사이자 미국 하버드 의과대학 교수인 마이클 필립스(Michael Phillips)와 중국인 정신의학자들이 공동으로 수행한 것으로, 정부 통계와는 별도로 독자적으로 실시한 1989년부터 1999년까지의 10년에 대한 자살 역학조사의 결과를 담고 있었다. 논문에 따르

2 북미와 유럽의 국가에서는 보통 남성이 여성보다 3-4배 정도의 높은 자살률을 보이며, 상대적으로 남녀 비율 차가 적은 아시아 국가에서도 중국을 제외한 모든 국가에서 남성이 여성보다 1.5-2배 정도로 자살률이 높다(WHO 2010).

면, 중국의 자살률(10만 명당 약 23명)은 정부의 주장(10만 명당 약 17명)보다 훨씬 높았다. 그리고 자살률은 농촌이 도시보다 세 배가량 높게, 그리고 여성이 남성보다 높게 나타났다. 세계보건기구의 보고서와 마찬가지로, 이 연구는 중국 사회에서 가장 자살 위험이 높은 집단이 농촌에 거주하는 15세에서 39세까지의 젊은 여성이라는 것을 재확인했다(Phillips, Li, and Zhang 2002).

2000년대 초 잇따른 중국 자살에 대한 통계적 보고들은 자살 연구자들에게는 자살률 패턴에 관한 19세기부터의 가정을 반박하는 자료라는 점만으로도 커다란 관심을 끌기에 충분했지만, 그것들은 사실상 전 세계의 많은 사람들에게 학문적 함의 이상의 폭발적이고 복잡한 의미를 부여했다. 무엇보다 10대부터 30대까지의 젊은 농촌 여성들의 빈번한 자살이 세상에 폭로되면서, 도대체 '인민의 국가'이자 '사회주의 여성 해방'의 중국에서 그동안 무슨 일이 일어나고 있었는가에 대한 전 세계적인 호기심이 증폭되었다.

농촌에 거주하는 젊은 중국 여성들의 빈번한 자살에 대한 '서구'[3]의 상상은 그 자체로 근대성을 둘러싼 서구와 아시아 간의 관계를 드러내는 문화적 분석의 대상이 될 수 있다. 이미 북미를 비롯한 서구 사회에서 자살은 몇 가지 예외적인 상황을 제외하고는 정신 질환에 원인을 둔 개인적인 문제로 간주되고 있었음에도 불구하고(eg. Kushner 1991), 중

3 이 장에서 서구는 어떤 특정한 지리적 영역을 지칭하는 것이라기보다는 국적, 계급, 성별, 학력, 언어 능력 등등을 통해 서구적 근대성을 획득하고 자기화한 여러 가지 형태의 주체를 가리킨다. 예컨대 세계보건기구와 같은 국제기구는 반드시 북미나 유럽 국적의 전문가들만으로 구성되어 있지 않지만, 미국이나 유럽 대학의 박사학위와 같이 핵심 성원이 되기 위해 반드시 거쳐야 하는 구체적인 제도적 장치를 통해 서구의 시각을 대변하는 대리인(agent)으로 역할하게 된다.

국의 높은 여성 자살률은 억압적인 국가 체제와 관련된 정치적 문제로 해석되었다.

상상은 크게 두 가지 방향으로 진행되었다. 먼저 멀찌감치 떨어진 '타인의 고통'을 소비하듯, 자살 위험에 노출되어 있는 중국의 여성은 '베일을 쓴 무슬림 여성'이나 '지참금에 허덕이는 인도의 여성'과 마찬가지로 폭력적이고 억압적인 남성적 국가 체제로 인해 희생당하는 힘없고 가난하고 가련한 이미지로 묘사되었다(Sontag 2003; Spivak 1988). 그리고 그러한 상상이 불러일으키는 감정들은 자연스럽게—그러나 사실상 냉전이라는 특수한 역사적 경험과 정치적 관계의 맥락 속에서—중국 공산당 정부의 무능력에 대한 확인과 개입의 필요성이라는 물질적 근거를 획득해 나가는 데 기여했다. 개혁개방 정책을 실시한 지 무려 20년이 흐른 뒤였지만, 웹사이트에 올라온 글들 중에는 자살하는 중국 여성들을 1931년에 출간된 펄 벅의 『대지』에 등장하는 '오란'이나 심지어 전족 관습 속에 사는 봉건적 여성의 이미지와 몰역사적으로 중첩시키기를 마다하지 않았다.

거꾸로 중국의 농촌 여성 자살을 둘러싼 문화적 싸움은 중국 국가의 측면에서는 매우 심각한 문제가 아닐 수 없었다. 무엇보다 중국이 1980년대 후반까지 세계보건기구에 자살률을 보고하는 것을 꺼려 왔다는 사실은 그 자체로 중국 국가의 억압성과 비민주성을 드러내는 불리한 증거였다. 중국 정부는 1949년 사회주의 혁명을 실시한 이후에도 해마다 지방의 현(縣) 단위에서 자살률 통계를 꾸준히 수집해 왔다. 그러나 중국 공산당은 냉전 체제하에서 중국의 자살률이 사회주의에 대한 비난의 근거로 사용될 것을 두려워했기에 자살률의 공개를 극도로 꺼릴 수밖에 없었다. 또한 중국 현대사의 정치적 격동을 경험한 지방 관료들은 중앙 정부에 보고되는 자료가 거꾸로 자신에게 미칠 수 있는 해악을 고려하지 않을 수 없었다. 따라서 국가의 통계 자료는 자살 통계가 가질 수밖에 없는 본질적인 한계를 넘어서 이미 정치적으로 오염된 자료였다.

1980년대 후반 중국 정부가 세계보건기구에 자살률 자료를 마침내 공개하기로 결심하게 된 배경에는 세계무역기구(WTO) 가입이라는 정치경제적 필요가 놓여 있었다. 1986년 중국 공산당은 사회주의 혁명과 더불어 탈퇴했던 국제경제협력체계에 복귀할 것을 신청했지만, 세계무역기구의 가입은 미국의 반대로 순조롭지 않았다. 미국은 중국 내 인권 문제, 대만 문제와 같은 정치적 현안 및 지적재산권 보호, 미국의 대중 무역 적자 등 경제적 현안을 빌미로 중국의 가입에 계속 제동을 걸어 왔던 것이다. 이러한 상황 속에서 중국 정부가 세계보건기구의 자살률 통계 자료 요구에 응답하기로 결정한 것은 세계무역기구 참여를 위한 어쩔 수 없는 선택인 측면이 있었다. 2001년 마침내 세계보건기구는 중국 농촌의 자살 문제를 세계가 주목해야 할 주요 정신 보건 과제로 선정·공표할 수 있었다. 그리고 같은 해 11월 10일 중국은 복귀 신청 이후 15년 만에 드디어 세계무역기구의 가입을 확정받았다.

2002년 12월, 중국 정부는 자살 문제를 해결하고자 하는 국가적 의지를 드러내는 차원에서, 베이징위생국(北京市衛生局)에 의해 직접 관리되는 베이징회룡관병원(北京回龍觀醫院) 내의 부속 기관으로 베이징심리위기연구예방중심(北京心理危機硏究與干豫中心, 이하 '베이징예방중심'으로 표기)을 설립하였다. 그리고 중국 내 자살에 관해 10년간의 역학조사를 담당했던 캐나다 인 정신과 의사 필립스가 핵심 연구원으로 참여하였다. 필립스 교수는 베이징예방중심이 세계보건기구를 비롯한 국내외의 주요 의료 기관 및 연구 기관과 협력 관계를 맺는 데 지대하게 기여했다. 2007년부터 베이징예방중심은 자살 예방을 위한 세계보건기구 연구훈련협조기관(WHO Collaborating Center for Research and Training in Suicide Prevention)으로 지정되었으며, 중국의 자살 현상에 대한 지속적인

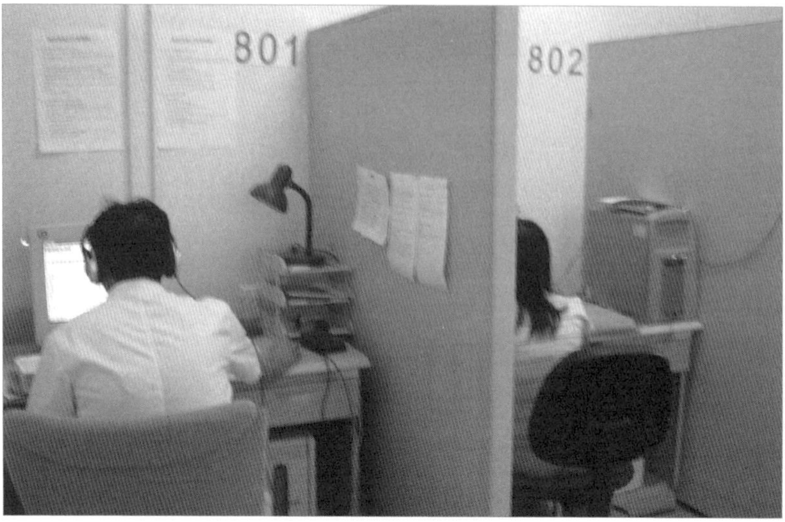

[그림 3-1] 베이징회룡관병원 내 베이징심리위기예방중심 핫라인(北京心理危機干豫熱線) 전화 상담원

관찰, 연구, 교육, 훈련 및 예방 활동을 책임지는 기관이 되었다.

설립과 동시에 베이징예방중심은 정부의 각 부문(衛生部, 民政府, 公安部, 農業部, 敎育部)과 회의를 진행하면서 중국 전역을 대상으로 국가자살예방계획(國家自殺豫防計劃)을 마련하기 시작하였다. 계획안은 2002년부터 2010년까지를 자살 예방 활동의 주요 시기로 규정하고 있었는데, 주된 내용은 다음과 같았다(肖水源·王小平·徐慧蘭 2003).

첫째, 자살이 전 세계 인구의 주요 사망 원인이라는 통계적 사실로부터, 자살이 주요한 '공중 보건(公共衛生)의 문제'(public health issue)라는 국제 사회의 보건학적 관점이 중국 국가에 의해 공식적으로 수용되었다. 이는 공산당 정부가 세계보건기구를 비롯한 국제적 압박 속에서, 자살을 국가 개입이 필요 없는 개인적 문제로 치부했던 그간의 입장으로부터 급격히 선회한 것을 뜻한다. 그러나 국제 사회의 기준이 그대로 수용되지는 않았으며 중국적인 변용이 이루어졌다. 높은 자살률을 낮추기 위해 실시되는 국가의 자살 예방 활동은 단순히 의료 보건의 문제가 아니라 개혁시기 중국 국가의 발전을 위한 '정신 문명 건설'(精神文明建設)의 일환이라고 설명되었다. 이로써 자살을 시도하는 사람들은 국가 발전에 해가 되는 '정신적으로 불건강'한 사람으로 다루어지기 시작하였다. 국가에 의한 자살 예방을 위한 인력과 자원 투입, 그리고 자살 연구와 자살 예방을 위한 연구 기금 및 프로그램 지원은 개혁시기 정부가 추구하는 정신 문명 건설이라는 정치적 기획의 일부로서 정당화되었다.

둘째, 자살 및 자살 예방에 대한 국가의 공식적 담론은 정신의학적 접근법(psychiatric approach)을 적극적으로 수용하는 방식을 통해 이루어졌다. 먼저 자살의 주된 원인은 가족 간 갈등이나 정치적 불만과 같은 사회적 요인으로 설명되기보다는 우울증, 알코올 중독, 조현병과 같은 정신 질환에 기인한 것으로서 설명되었다. 또한 정신과 약물의 가격을 통제하고, 항우울제의 자유로운 광고를 허용하며, 각 지역의 의료 보건 인력을 적절히 훈련함으로써 이러한 정신 질환을 조기에 발견하고 치료할 수 있다는 점이 강조되었다.

사실상 이러한 주장은 중국 대다수 인민들이 자살을 이해하는 방식과는 동떨어져 있을 뿐 아니라, 정신 질환으로 인한 자살이 유럽 및 북미 지역에서는 90%에 육박하는 데 반해 중국에서는 30-60%에 불과하다는 통계적 연구 결과마저 무시하고 있었다(Phillips, Liu, and Zhang 1999; 徐慧蘭·肖水源·陳繼萍 1999). 그러나 이처럼 통계로 나타나는 서구와 중국 간의 자살 원인의 차이는 보다 깊이 그 원인이 탐구되기보다는 단순히 농촌 지역에 정신 보건 관련 기관과 제대로 훈련받은 정신과 의료진이 부재하기 때문이라고 설명되었다. 추가적으로, 자살률을 낮추기 위한 전략으로 농약과 같은 자살 수단에 대한 통제 및 생명 위기 시에 활용될 수 있는 긴급구호 방안의 마련이 포함되어야 한다고 주장되었다. 이처럼 국가자살예방계획에 있어서 정신의학적 접근법의 적극적인 도입은 근본적으로 왜 중국에서 농촌 여성들의 자살률이 높은가에 대한 심층적인 사회문화적 질문 자체를 봉쇄하는 기능을 수행하고 있었으며, 동시에 중국의 각 지역에 자살에 관한 서구의 정신의학적 접근법과 실천을 일방적으로 보급하고 확산시키는 결정적인 계기로서 작동하였다.

셋째, 서구의 정신의학적 접근법이 중국의 자살 및 자살 예방을 설명하기 위한 방법으로 적극적으로 도입된 것과는 달리, 중국에서 자살 예방 활동을 구성하는 방식에 있어서는 서구와 다른 중국만의 독특한 사회문화 및 경제적 배경이 강조되었다. 중국의 '다름'으로 인해 서구의 경험과 모델이 참고는 될 수 있더라도(借鑒) 답습될 수는(照搬) 없다고 주장되었다.

몇 가지 고려할 점이 언급되었지만, 그중에서 가장 주목할 만한 요소는 중국에서 자살 예방 활동의 중심이 도시가 아닌 농촌이어야 한다는 전략적 강조이다. 이는 농촌의 자살률이 도시보다 높기 때문이기도 하지만, 중국 전체 인구의 64%가 농촌 지역에 거주하고 있다는 점으로 쉽게 정당화되었다. 그러나 자살 예방 활동의 중심이 농촌이어야 하는 가장 큰 이유는 대부분 농촌의 의료인들이 기초적 수준의 정신 보건, 자살 예방 및 자살 시도자들에 대한 생명 구조 훈련이 부족하기 때문이라고 주장되었다. 언뜻 보기에 전국적인 국가자살예방계획에서 농촌과 농민이 국가의 우선적인 관심과 배려 대상으로 간주되고 있는 듯이 보인다. 그러나 국가의 자살 예방 담론에서 나타나는 농촌의 우선성은 통계적인 근거 혹은 농촌에 거주하는 이들에 대한 특별한 배려 때문이라기보다는, 국가의 발전과 진보를 사유함에 있어 농촌이 일차적으로 비판되고 도려내야 하는 가장 '문제적'이고 '후진적'인 지점으로서 생각되었기 때문이다. '후진'을 극복하기 위한 방법으로서 '계몽'은 국가자살예방계획에서 다시금 강조되었으며, 종합적이고 효과적인 전국적 자살 예방 대책을 마련하기 위해서는 무엇보다 인민들의 자살에 관한 잘못된 이해를 교정하고 심리 건강에 관한 지식을 교육하는 것이 필요하다고 주장되었다.

요약하자면 중국의 국가자살예방계획은 점차적으로 '국제 보건'의 관점을 받아들이며 서구적인 정책으로 나타나는데, 이러한 국가적 추진의 배경에는 개혁시기 중국 공산당의 정치경제적 필요와 농촌 여성의 자살에 대한 서구의 이미지 정치 — '무력한 젊은 여성을 억압하는 전제 군주적 국가'라는 오리엔탈리즘적 사고 — 에 대한 피할 수 없는 대응인 측면이 존재했다. 그 결과 한편으로 자살이 정신 보건의 문제이며 정신의학적 개입이 이루어져야 한다는 보건 의료적 관점을 적극적으로 도입하기 시작했으며, 다른 한편으로 자살 문제를 중국 전반의 문제라기보다는 아직 후진적 상태에 처해 있는 '농촌 일부 지역'의 문제로서 축소해서 다루는 경향이 나타났다.

3. 봉건사상과 가정폭력의 희생자인 농촌 여성: 근대화와 전통의 발명

중국 농촌 여성의 자살은 실제로 당사자 여성들의 경험과는 별도로 국가와 국내외의 지식인들에 의해 특정한 방식으로 상상되고 해석되고 재현되어 왔다. 국제 언론 기관의 기자들과 세계보건기구의 행정가들은 중국 농촌 여성의 높은 자살률이 '과학적'이고 '민주적'인 보건 정책을 마련하지 못한 중국 국가의 '후진성'과 '억압성'을 드러내는 것이라고 해석했다. 미국을 위시한 중국을 견제하는 국가들은 그것이 여성 인권의 취약성을 드러내는 증거라고 보고 비판하기를 마다하지 않았다. 해외의 학자들은 농촌 여성의 자살이 궁극적으로 억압적이고 불평등한 사회경제적 조건에 대한 저항적 행위임을 강조했다. 반면 중국 공산당 정부와 지식인들은 중국의 국가 통치가 갖는 한계를 농촌 여성 자살의 원인으로 바라보는 국제 사회의 시각에 동의하지 않았다. 마오시기에서부터 반복적으로 학습되어 온 서구 사회에 대한 불신과 경쟁의식은 개혁시기에도 이들 엘리트에게 여전히 남아 있었다. 특히 공산당 정부는 외국 기관들의 평가와 시각이 국제 사회에서 중국의 성장을 견제하기 위한 의도적이고 정치적인 행위라고 생각했다.

그렇지만 설령 국가의 문제로 그 탓을 돌리지는 않는다고 하더라도, 중국 정부와 지식인들도 농촌 여성의 높은 자살률을 어떤 '부족함'(缺)의 상징으로 보았다는 점에서는 국제 사회의 시각과 크게 다르지 않았다. 중국의 엘리트들은 농촌 여성의 자살 원인을 두 가지 중 하나로 설명하고자 했다. 첫째, 공산당 간부들은 농촌 여성들이 근대적 주체로서 갖추어야 할 소질(素質)이 결핍되어 있고 전통적인 사고에 갇혀 있기 때문에 비합리적으로 자기 목숨을 끊으려 한다고 보았다. 둘째, 부녀연합(婦女聯合)을 비롯하여 사회적 약자들의 권익을 지지하는 중국 비정부 조직의 활동가들은 농촌 여성의 자살이 남녀차별과 같은 가부장적 사회의 억압에 기인한 것이라고 보았다. 이들의 시각 속에서 농촌 여성은 전근대적이고 폭압적인 전통의 '희생자'였다. 그렇지만 자살을 시도하는 농촌 여성을 소질이 부족한 존재로 보든지 억압의 희생자로 보든지 간에 그들의 결론은 똑같았다. 농촌 여성의 자살은 제대로 배우지 못한 자들의 '잘못된 판단'의 결과였고, 이들은 더 이상 그러한 잘못된 판단을 하지 않도록 외부로부터 '계몽'되어야 했다.

사실 중국 관료와 지식인들이 자살 위험에 노출되어 있는 농촌 여성을 바라보는 시각은 중국 현대사 속에서 그다지 새로운 것은 아니다. 20세기 초 중국의 복잡하고 혼란스러운 상황—즉 서구 열강의 침략, 봉건 왕조의 몰락, 그리고 도시 노동계급의 등장이 동시에 발생하는 국면—속에서, 중국의 지식인들은 국가의 위기를 '강력한 국민국가의 건설'이라는 근대화의 열망을 통해 극복하고자 했다. 그러나 이들이 그리는 미래의 청사진 속에, 대중의 풀뿌리 경험과 현실주의적 세계관은 새로운 통치의 근간으로 조금도 고려되지 않았다. 오히려 대중의 삶과 의식은 그들이 열망하는 강력한 국민국가와 근대화의 결정적인 장애물로 간주되었다. 중국 엘리트들의 시각은 서구 열강이나 일본이 중국 사회를 바라보는 관점과 크게 다르지 않았으며, 일종의 "내재화된 오리엔탈리즘"(internalized orientalism)이었다(Said 1979).

20세기 초 중국 엘리트들은 근대화를 성공적으로 이루기 위해서는 무엇보다 전통적 인습의 타파가 우선시되어야 한다고 생각했다. 따라서 먼저 대중들이 일상적으로 수행하는 관습이나 종교적 행위, 세계관 등은 제거되거나 다른 것으로 대체되어야 한다고 주장하였다. 이러한 담론 속에서 전통은 봉건적 잔재에 불과한 것으로 단순화되었으며, 관습과 종교는 모두 미신으로 간주되었다. 이처럼 중국 엘리트들의 근대화 과정은 현실의 구성 요소들을 새롭게 문화적으로 구성하는 작업을 포함하고 있었으며(Cohen 1993), 과거의 경험을 선별하고 현재에 필요한 정치적 의미를 부여한다는 점에서 '전통을 발명'하는 과정이기도 했다(Hobsbawm and Ranger 1983).

또한 중국 엘리트들의 근대성에 대한 상상은 처음부터 농민들을 국가 건설의 주체에서 배제시키는 정체성의 정치를 포함하고 있었다. 이들의 관점에서 근대화의 장애물은 전통뿐 아니라 그러한 전통을 따르고 있는 농민이기도 했다. 도시에서 교육받은 엘리트들은 농민이야말로 국가 발전을 가로막는 장애물인 전통의 담지자이며, 사회를 '후진적'으로 만드는 존재들이라고 보는 데 주저하지 않았다. 대부분의 지식인들은 농민이란 합리적인 생각을 하지 못하고, 오로지 "미신을 따르며, 무지하고, 무기력한" 존재일 뿐이며, 외부에 의한 계몽이 이루어지기 전에는 결코 핵심적인 국가 건설의 주체가 될 수 없다고 생각했다(Cohen 1993: 154). 마오쩌둥처럼 농민들이 역사적 주체로서 참여할 수 있다고 보는 소수의 지식인들도 있었지만, 그들 역시 농민이 전통에 고착되어 있다는 점을 부정하지는 않았다. 그런 의미에서 중국 지식인들에 대한 코언의 다음과 같은 지적은 정확하다.

> 정치적이고 지적인 엘리트들의 시각 속에서, '농민'이라는 개념은 문화적으로 독특하고 이해되지 않는 '타자'이자, 수동적이고, 속수무책이고, 어리석고, 그저 추하고 쓸모없는 관습에만 사로잡혀 있어서 교육과 문화적 개혁이 절실하게 필요한 존재를 뜻했다. 그리고 이러한 농민의 조건을 변화시키는 것은 오로지 이성적이고 계몽된 외부 지식인들의 노력을 통해서만 가능하다고 생각되었다.(Cohen 1993: 154-155)

그로부터 100년이 지난 오늘날에도 정부 관료 및 지식인들은 농촌 여성에 대해 일관된 관점을 고수하고 있다. 20세기 중국 엘리트들이 근대성을 상상했던 그 방식대로, 이들은 오늘날 변화하는 중국 사회의 장애물이 '전통'과 그 담지자인 '농민'이라고 믿고 있다.

베이징에 위치한 농가녀발전중심(農家女發展中心, 이하 'NGO 농가녀'로 표기)은 중국의 NGO 중에서 유일하게 농촌 여성을 위한 조직이다. 비록 공식적인 설립 연도는 2001년이지만, 이 단체의 실질적 활동은 주요 성원들이 월간지 『농촌 여성들은 모든 것을 알고 있다』(農家女百事通, 이하 '『농가녀』'로 표기)의 편집부로 활약하던 1990년대 중반까지 거슬러 올라간다. 극소수의 저자들만이 중국의 자살에 관심을 갖던 1996년 당시, 『농가녀』의 편집부는 "왜 그녀들은 스스로 목숨을 끊어야 했을까?"(她們爲何足上輕生之路)라는 제목의 칼럼을 신설하였다. 이 칼럼에서 편집부는 매달 전국 각지의 마을을 방문 취재하여 최근의 자살 사례를 소개하였으며, 각각의 사례에 대해 정신과 전문의나 편집장의 논평을 덧붙였다. 당시 편집장이자 현재 NGO 농가녀의 사무국장인 시에리화(謝麗華)는 칼럼이 시작된 계기에 대해서 "자살 외에는 다른 방도가 없다고 느끼며 『농가녀』의 편집부에게 도움을 요청하는 농촌 여성들의 편지를 셀 수 없이 받으면서, 도저히 자살에 관한 집중 칼럼을 기획하지 않을 수 없었다."라고 썼다.

1998년 칼럼 중지 이후 몇 년 동안 『농가녀』의 편집부는 자살 문제와 연관된 외부 활동을 일체 중단했다. 그러나 편집장인 시에리화를 비롯한 주요 편집부원들은 이미 자체 조사를 통해 농촌에 여성 자살이 광범위하게 발생하고 있다는 점을 알게 되어, 이 문제를 방치하기보다는 적합한 대응책을 마련하기 위한 보다 구체적인 계획을 구상하고 있었다.

마침 그때 WHO의 2001년 연차 보고서를 비롯하여 해외의 연구기관 및 매스컴은 대규모의 농촌 여성 자살을 포함한 중국의 독특한 자살 현상에 관해 대대적으로 보도하기 시작했다. 국제 사회의 관심과 매스컴의 보도는 중국 정부의 입장을 매우 곤란하게 만들었지만, 역설적으로 『농가녀』 편집부가 농촌 여성 자살 문제 해결을 위한 해외의 지원을 쉽게 획득할 수 있도록 도왔다. 특히 미국의 포드 재단(The Ford Foundation)은 사안의 중요성에 공감하면서, 편집부가 자살 예방 활동을 수행하는 데 필요한 자금을 대규모 지원하기로 결정하였다. 다른 크고 작은 해외 기금들도 활동에 필요한 자금을 보탰다.

"왜 그녀들은 스스로 목숨을 끊어야 했을까?" 칼럼의 성공과 해외 기금 지원에 힘입어, NGO 농가녀는 자체적으로 자살 예방 프로그램을 운영하기 시작했다. 처음에는 베이징과 가까운 허베이 성의 세 개 마을을 대상으로, 자살 시도자들과 지역의 부녀연합 간부, 그리고 의료진들을 초대하였다. 3박 4일 동안 워크샵 형태로 진행된 이 프로그램은 주로

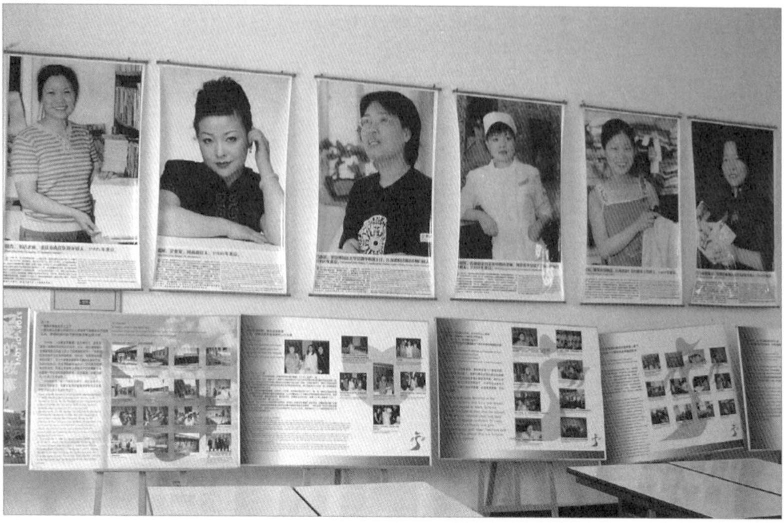

[그림 3-2] NGO 농가녀가 베이징 근교 폐교 공간을 활용하여 설립한 농가녀 학교 식당 벽에 걸려 있는 성공한 농촌 출신 여성들의 사진

여성주의 활동가들에 의한 농촌 여성의 권리 신장과 소질 계발을 위한 강의로 구성되어 있었다. 이에 덧붙여, 정신과 간호사가 진행하는 집단 상담과 간단한 치유 활동이 포함되어 있었다. NGO 농가녀는 중국 농촌 여성의 자살 문제를 무엇보다 현재 농촌 여성이 성차별적 문화로 인해 직면하고 있는 여러 가지 경제적·사회적·법적 어려움과 문제 해결 능력의 부재에 기인하는 것으로 판단하고 있었다. 실제로 NGO 농가녀의 자살 예방 프로그램에서 만난 여성들은 남편의 무관심과 학대로 인한 고통, 경제적 어려움, 낮은 학력을 가진 농촌 여성으로서 느끼는 자녀 교육에 대한 막막함을 호소했으며, NGO 농가녀의 활동가들은 그러한 여성들의 욕구를 해소시켜 주기 위해 다방면으로 노력하고 있었다.

NGO 농가녀가 여성주의 NGO를 표방한 만큼, 이곳에서 여성 자살은 언제나 성차별의 문제로 해석되었다. 농촌 여성의 높은 자살률에 대한 연구자의 질문에 대해, NGO 농가녀의 사무국장이자 실세인 시에리화는 한 치의 망설임도 없이 다음과 같이 말했다.

> [농촌 지역 여성 자살의] 직접적인 이유에 대해서 말할 것 같으면, 자살하는 여성들의 60-70%는 종종 가정폭력(家庭暴力)을 포함한 부부싸움 때문에 자살합니다. 학대를 견디지 못해 절망에 빠지게 되고, 결국 자살을 선택하는 것이죠. 그러나 더 심층적인 원인을 살펴보자면, 이 문제는 사실상 농촌 지역 여성의 지위에 관한 문제, 성평등의 문제, 그리고 과연 사람들이 여성을 존중하는가의 문제입니다. 더더욱 심층적인 원인을 살펴보자면, 농촌 여성들이 자신의 생명의 가치를 폄하하는 문제가 있습니다. 여성들은 태어나는 그 시점부터 자신이 남자아이만큼 중요한 존재가 아니라는 것을 배우게 됩니다. 이러한 감정은 평생에 걸쳐 지속되며, 여성들이 자신의 삶 자체를 경시하도록 이끌게 되지요. 이와 같은 여성에 대한 차별적 태도는 문화적으로, 그리고 역사적으로 형성되어 온 것입니다.([ ]는 필자 삽입)

시에리화는 농촌 여성의 자살이 중국 농촌 사회에 역사적으로 존재해 온 성차별과 젠더 폭력의 문화 때문이라고 생각하였다. 즉, 농촌 여성들은 신체적 혹은 사회문화적 학대를 견디지 못해 죽음을 택하는 것이었다. 그런데 만일 시에리화의 주장처럼 성차별과 젠더 폭력과 같은 여성 억압적인 환경이 여성 자살의 원인이라면, 그 문제의 일차적인 해결은 농촌 환경의 변혁이어야지 농촌 여성들의 태도 변화에서 찾아야 할 것은 아니다.

그러나 시에리화를 비롯한 NGO 농가녀의 활동가들은 근대화를 열망한 중국의 지식인들이 농민들에 대해서 가지고 있던 사고의 틀에서 벗어나지 못했다. 이들은 같은 인식론적 틀 속에서 자살 문제의 해결을 위해서는 무엇보다 농촌 여성들의 계몽이 이루어져야 한다고 생각하였다. NGO 농가녀 활동가들의 관점 속에서 농촌 여성들은 자신들의 억압적 상황을 제대로 자각하지 못하는 존재들이었으며, 연령 고하를 막론하고 현실적인 해결 방법을 스스로 찾을 능력이 부족한 사람들이었다. 그렇지만 활동가들은 외부의 적극적인 개입과 교육을 통해서 농촌 여성들이 자신의 상황과 권리와 능력을 자각할 수 있을 것이라고 믿었으며, 그러한 깨우침을 통해 이들이 스스로의 삶의 조건을 바꿀 수 있을 것이라고 확신했다.

외부의 개입을 통해 계몽되어야 하는 '전통의 담지자로서 농촌 여성'이라는 정체성은 바깥으로부터 '주어진' 것이지만, NGO 농가녀에서 만난 대부분의 농촌 여성들은 이를 자신들의 정체성으로 수용하고 있었다(Hall and du Gay 1996). 즉, 농촌 여성들은 자신들이 전통 사상에 물들어 있으며, 도시 사람들과 달리 편협한 사고 속에 갇혀 있어서 현실을 제대로 보지 못한다는 믿음을 가지고 있었다. 앞서 시에리화가 지적하듯이, 가난한 농촌 여성들의 자기 비하적 사고는 세대를 거쳐서 국가와 가족을 통해 오랜 기간 반복되어 온 통치의 결과일 수 있었다. 그리고 이러한 사고는 이들이 자살을 이해하는 방식에도 영향을 미쳤다.

농가녀 자살 예방 프로그램에서 만났던 차오는 언니의 자살을 의심 없이 '전통 관념'(傳統觀念)으로 설명하고 있었다. 그녀의 언니는 일찍이 남편을 잃고 혼자 세 명의 아이들(아들 한 명과 딸 두 명)을 키웠다. 남편은 없었지만 언니의 살림은 농촌 기준에서 볼 때 넉넉한 편이었기 때문에, 차오가 보기에 언니의 생활은 큰 어려움은 없을 것 같았다. 그렇지만 언니는 늘 남편이 없는 자신의 삶을 무의미하다고 보았으며, 죽은 것과 다름이 없다고 생각했다. 그러던 중 어느 날, 차오의 언니는 한 명뿐인 아들이 그녀의 반대에도 불구하고 사랑하는 여자와 결혼하려는 것을 보고 몹시 절망감을 느꼈고 결국 목숨을 끊었다. 이 사건으로 인해 결혼식을 준비하던 언니의 아들은 돌연 어머니의 장례를 치러야 했고,

그의 결혼식은 어느 누구의 축복도 받을 수 없었다.

> 언니는 과거 전통 관념의 영향 때문에 결국 목매달아 죽었어요. 언니는 아들의 결혼 문제를 해결할 수가 없었어요. 아들이 데려온 신붓감은 다른 사람이 보기에는 아무런 문제도 없었고 좋기만 했는데, 언니는 무슨 이유인지 그 여자아이를 좋아하지 않았어요. 그런데 언니는 자기가 싫다는 것을 말로 표현할 수가 없었고, 죽음으로 자신의 반대를 대신 표현한 거죠. … 언니는 성격이 느긋하고 쾌활했고, 또 노래 부르기를 좋아했어요. 그런데 남편이 죽고 나자 아무도 의지할 사람이 없다고 생각했는데, 내 생각엔 아무래도 남존여비(男尊女卑)라는 전통 관념의 영향 때문인 것 같아요.

차오는 언니의 자살이 언니가 사로잡혀 있던 전통 관념, 즉 남존여비 사상에 기인한다고 보고 있었다. 남편이 일찍 세상을 떠났다고 하더라도 경제적으로 특별히 빈곤하지 않았으니 언니는 스스로 독립적으로 살아갈 수 있어야 하는데, 그러기는커녕 아들에게 지나치게 의존하고자 했기 때문에 문제가 발생했다는 것이다. 언니는 아들의 삶과 본인의 삶을 불필요하게 일치시켰으며, 그 결과 아들이 자신의 뜻을 받아들여 주지 않자 죽음을 선택할 수밖에 없었다.

차오의 해석은 그녀가 어렸을 때부터 들어왔을 공산당의 논리를 그대로 재현하고 있었다. 인간 삶의 가장 근본적인 문제는 경제적인 요인에 있고, 따라서 만일 먹고 사는 것이 문제되지 않는다면 그 외의 문제의 해결은 개인의 주체적인 의지와 역량에 달려 있었다. 문제를 해결하지 못한다면 농민이 여전히 극복하지 못하는 전통 관념, 특히 여성이라면 남존여비의 문제로 일반화되었다. 이러한 해석 안에서는 차오의 언니가 남편의 죽음 이후 가졌을 법한 깊은 슬픔과 절망과 삶에 대한 의

욕의 상실은 그녀가 며느릿감에 대한 불만족을 표현하는 방식과 더불어 조금도 이해될 여지가 없었다.

안타깝게도 직접 만나 대화할 기회를 가질 수는 없었지만 차오의 이야기를 통해 짐작해 볼 때, 이미 남편의 죽음 이후 삶의 이유를 상당히 상실한 차오의 언니는 아들마저 본인을 더 이상 필요로 하지 않는다는 것을 확인한 뒤에는 더 이상 삶의 이유를 찾지 못했을 수도 있다. 또한 일찍이 울프가 지적했듯, 중국 농촌의 어머니들의 자살은 아들의 사랑을 며느리가 될 사람에게 빼앗길 것을 두려워하는 마음에 기인할 수도 있다(Wolf 1975). 반면, 언니의 자살을 전통 관념에 사로잡혀 저지른 것으로 바라보는 차오의 해석은 중국 사회주의 엘리트들의 관점을 그대로 반영하고 있었으며, 결과적으로 농촌 여성이었던 언니의 주체성과 다면적인 경험을 과도하게 단순화시키는 데 참여하고 있었다.

4. 정신 문명 건설 운동과 새로운 여성 주체의 형성: 소질 교육과 심리 건강 담론

중국 농촌 여성의 자살 문제를 통해 살펴볼 수 있는 중국 근대화의 세 번째 특성은 근대화에 적합한 주체 양성의 과정이 개인들의 필요나 합의에 의해서 자발적으로 형성되기보다는 국가의 전제적이고 일방적인 요구의 형태로 강제되어 왔다는 점이다. 특히 자살 예방과 관련하여 새로운 주체 형성의 과정은 다음 두 가지 국가적 통치 전략에 의해서 이루어졌다. 첫째, 농촌 여성들이 개혁시기 사회주의에 적합한 새로운 주체로 변화될 수 있도록 이들에 대한 '소질'(素質) 교육이 강조되었고, 둘째, '국가자살예방계획'에서 드러나는 바와 같이(제2절 참고), 자살이 사회적인 문제가 아니라 우울증과 연결되는 '심리 건강'(心理健康)의 문제라는 정신의학적 관념이 적극적으로 유포되었다.

개혁시기 중국 사회주의 국가의 전략은 단순히 행정 기관이나 관료 혹은 공산당의 정책을 통해서만 수행되지 않았다. 오히려 '새로운 지식'을 가진 '전문가'들의 참여와 개입이 개혁시기 국가의 통치성에 있어서 중요한 특징으로 등장했다(Foucault 1991). 따라서 비록 NGO 농가녀가 해외 자본주의 국가의 자금 지원을 받는 단체로서 공산당이나 국가 기관과 동일한 정치적 입장을 취하고 있지는 않았지만, 다수의 전문가들을 초빙하여 해당 주체들을 국가가 원하는 방향으로 계몽하고자 시도했다는 점에서 궁극적으로 국가의 통치 전략이 수행되는 장(field)을 제공하고 있었다고 할 수 있다(Bourdieu 1984).

이처럼 개혁시기 중국 사회주의의 독특한 환경 속에 위치한 NGO 농가녀의 자살 예방 프로그램은 상당히 모순적인 성격을 띠고 있었다. 앞서 언급한 바처럼, 여성주의 입장에서 활동가들은 농촌 여성 자살의 원인이 성차별과 젠더 폭력이 일상적으로 이루어지는 중국 농촌의 사회문화적 환경에 있다는 점을 조금도 의심하지 않았다. 그렇지만 이들이 추구하는 해결 방법은 문제의 원인이 되는 여성 억압적 환경을 변혁시키는 데 놓여 있지 않았다. 오히려 자살을 선택하는 사람들을 문제시하는 국가의 입장을 좇아 고통의 주체인 농촌 여성들을 계몽하고 훈육하고자 했다.

구체적인 방식은 다음과 같았다. 우선 NGO 농가녀의 자살 예방 프로그램은 농촌 여성들이 새로운 시장경쟁사회에 적합한 능력과 태도(즉, 소질)를 함양할 수 있도록 다양한 교육과 훈련의 기회를 제공하고자 하였다. 나아가 이 프로그램은 베이징예방중심과의 협업을 통해 자살에 관한 지역적 관념들을 철폐하고 자살 행위가 우울증과 같은 정신 질환의 증상이라는 의학적 관점을 유포하고자 했다.

무엇보다 주목해야 할 사실은 NGO 농가녀의 자살 예방 프로그램

[그림 3-3] NGO 농가녀의 자살 예방 프로그램 중 '행복인생'(幸福人生) 수업 장면

이 그 의도와 상관없이 자살 예방을 넘어서 두 가지의 부수적인 — 국가 통치의 관점에서 보자면, 가장 중요한 '주체 형성'의 — 효과를 생성했다는 점이다. '소질' 교육은 농촌 여성의 심리 건강을 향상시키고자 한 것이었지만, 동시에 농촌 여성들에게 변화하고 있는 사회에서 새롭게 요구되는 여성의 역할 및 여성성이 무엇인가를 가르치고 각자가 자발적으로 그것을 양성하기를 독려하는 효과를 생성하였다. 또한 자살에 관한 정신의학적 접근법의 유포는 궁극적으로 자살이 국가나 공동체가 책임져야 할 사회적이거나 정치적인 문제가 아니며, 자살 위험에 처한 농촌 여성들의 개인적인 문제로서 의료적 치료를 통해 해결해야 하는 것이라는 개념적 전환을 이끌었다. 결국 이 두 가지의 전략을 통해 NGO 농가녀의 자살 예방 프로그램은 자살 위험에 처해 있는 농촌 여성들을 새로운 사회주의에 필요한 '젠더적 소비주체'(gendered consumer subjects)이자 '환자적 주체'(therapeutic subjects)로 호명하고 있었다.

구체적인 진행 방식은 다음과 같았다. 먼저 농촌 여성들에 대한 소질 교육은 관련 분야의 전문가들을 초빙하여 강의를 듣는 방식으로 이루어졌다. 도시에 거주하는 전문가들이 농촌 지역에 방문하는 것이 현실적으로 어렵고, 가족들뿐 아니라 작물과 가축을 돌봐야 하는 농촌 여성들이 오랜 기간 집을 비우기란 쉽지 않기 때문에, 소질 교육은 매년 두세 번 사흘에서 일주일간의 워크숍을 통해서 이루어졌다. '심리건강훈련반'(心理健康培訓班)이라는 이름의 이 워크숍은 NGO 농가녀의 자살 예방 프로그램에 참여하기로 협약한 중국 각지의 마을 주민 40여 명을 대상으로 하였으며, 장소는 베이징 외곽에 위치한 NGO 농가녀 직업훈련학교나 지방 소도시의 관청 건물을 사용하였다. 참가자들은 처음에는 자살을 직접 시도한 적이 있거나 가족 중에 자살자가 있는 농촌 여성만이 대상이었지만 점차 남성들도 포함되었다. 그 외에도 지역의 자살 문제 해결에 관심이 있는 마을 간부나 지방 병원의 의사 및 간호사, 그리고 부녀연합의 지역 간부들이 참여하였다.

각 워크숍의 수업 내용 및 방식은 매우 다양하였으며, 전문가들의 강의, 집단 토론, 정신과 의료진에 의한 심리 상담 및 단체 게임 등이 포함되었다. 참가자들은 교통편과 프로그램에 참여하는 기간 내내 식사 및 숙박을 무료로 제공받았다. 워크숍의 중심은 무엇보다 농촌 여성의 실생활에 도움을 줄 수 있는 다양한 전문가들의 강의였다. 강의 주제는 NGO 농가녀의 활동가들에 의해 정교하게 계획되고 구성되었으며, 그 중에는 자살 예방 및 심리 건강에 대한 것뿐 아니라, 젠더 문제, 여성의 법적 권리 및 시민으로서의 자질, 개인의 잠재력 개발, 재정 관리, 자녀 교육 등이 그 안에 포함되어 있었다.

재정 관리나 자녀 교육에 대한 강좌가 자살 예방과 무슨 관계인지 선뜻 이해되지 않을 수 있지만, 농촌 여성 자살의 원인을 그들의 소질 결핍에서 찾는 국가적 관점에서 보자면 이러한 접근법은 자연스러운 귀결이었다. 통치를 위한 주체 형성의 측면에서, 농촌 여성들이 변화하는 사회에서의 삶에 필요한 적합한 소질을 양성할 수만 있다면, 이들은 더 이상 목숨을 끊을 이유가 없을 것이기 때문이다.

사실 프로그램에 참가한 여성들도 재정 관리나 자녀 교육과 같은 과목들이 자살과 연관된다고 생각하지는 않았다. 그러나 이러한 괴리는 참가자들에게 인식되지도 또 문제가 되지도 않았다. 위화감을 불러일으키는 '자살'이라는 용어를 프로그램 이름으로 사용하는 것을 중국 정부가 금지했기 때문에, 워크숍은 처음부터 '심리건강훈련반'(心理健康培訓班)이라는 모호한 이름을 사용하고 있었다. 이는 베이징회룡관병원의 자살예방센터가 '심리위기연구예방중심'(心理危機研究與干豫中心)이라는 순화된 이름을 가져야 했던 것과 마찬가지였다. 오늘날 농촌 사회에서 직면하게 되는 여러 가지 문제들—농사일 외에 현금 수입을 얻을 수 있는 다른 활로에 대한 모색, 국가가 더 이상 교육과 직장을 보장해 주지 않는 경쟁 사회에서 자녀를 어떻게 교육할 것인가와 같은 문제 등—은 실제로 농촌 여성들에게 불안과 걱정을 유발시키는 요인들이었기 때문에 '심리건강훈련반'의 과목으로 포함되는 것이 이상하게 여겨지지 않았다. 그렇지만 재정 관리, 잠재력 계발, 혹은 자녀 교육과 같은 수업들은 주최 측이 의도하든 의도하지 않았든 간에 농촌 여성들의 심리 건강 증진을 넘어서, 오늘날 중국 국가가 기대하는 새로운 여성 주체를 양성하는 데 중요한 역할을 수행하고 있었다.

1978년 이후 중국의 시장 개혁은 남성과 여성에 대한 사회적 관점을 크게 바꾸어 놓았는데, 특히 여성들에게 과거와는 전혀 다른 역할을 요구했다. 마오시기의 국가 담론 속에서 '남녀평등'은 남성과 여성의 평등이라기보다는, 여성들도 '남성'처럼 느끼고 생각하고 일할 것이 기대되는 '남성화' 또는 '젠더 제거'(gender eraser)에 의해서 수행되었다(Yang 1999). 여성들은 집 밖으로 나가 집단 노동과 정치 운동에 참여해야 했으며, 국가의 필요시에는 언제든지 자식과 가정, 그리고 사적 감정을 버릴 준비가 되어 있어야 했다.

그러나 시장 개혁과 더불어 젠더 제거의 정책은 중단되었으며, 가족 중심의 생산 체제 속에서 사회주의 혁명 이전의 남녀의 역할 구분과 젠더 정체성이 되살아났다. 그리고 성별 분업과 역할의 차이는 남성과 여성이 본연적으로 가지고 있는 생물학적 차이에 기인한다고 간주되었다. 새로운 젠더 관점은 남성은 더욱 남성답게, 여성은 더욱 여성답게 될 것을 전 사회적으로 독려하였으며, 이는 범람하는 시장경쟁사회의 소비 문화 속에서 지속적으로 가속화되었다.

예컨대 마오 이후의 대중 담론에서 아내에 대한 표상들은 여성을 매우 다른 주체적 위상(subjective position) 속에서 묘사하기 시작했다. 집단적 기상으로 무장한, 그리고 국가를 위해 목숨을 바칠 준비가 되어 있는 마오시기의 이타적이고 중성적인 아내의 이미지와는 달리, 1980년대부터 아내 됨(wifehood)이란 전문적인 엄마이거나, 재정적으로 능숙한 가정의 매니저이거나, 바쁜 남편의 예쁘고 늘 도움을 줄 수 있는 동지, 혹은 자라는 아이를 위한 부지런한 교육자로 표상되었다(Evans 2002: 340).

이와 같은 사회문화적 변화 속에서 농촌 여성들이 엄마 혹은 아내로서 스스로의 역할과 정체성에 대해 혼란과 불안을 경험하는 것은 당연했다. 특히 시장의 급격한 확산과 상품들의 범람 속에서, 자신들이 도시의 여성들과 점점 그 격차가 벌어지고 있음을 느끼는 일은 고통스러운 경험이었다. 도시 여성들에 비해 상대적으로 교육의 기회를 갖지 못했을 뿐 아니라, 혼인한 이후에도 농촌 여성으로서 별 다른 자원이나 기회가 허락되지 않았던 이들은 변화하는 사회적 요구를 따라가기도 어려웠을 뿐 아니라 점점 자신이 뒤처지고 있다는 좌절감으로부터 벗어나기도 힘들었다. 농촌에도 대도시를 본 따서 유치원이 만들어지고, 심

[그림 3-4] "태양 이중 언어 예술 유치원이 여러분을 기쁘게 환영합니다!"
농촌에도 등장하기 시작한 영어 조기 교육 열풍을 단적으로 드러낸다.

지어 영어 교육 열풍이 부는 상황([그림 3-4] 참고)에서도 높은 비용에 비해 낮은 교육의 효과는 늘 농촌의 엄마들을 좌절하고 초조하게 하는 요인이었다.

이러한 농촌의 상황에 대한 이해를 바탕으로 만들어진 잡지 『농가녀』는 농촌 여성들의 필요, 욕구 및 열망을 충족시킬 수 있는 정보들을 제공하는 마을의 유일한 인쇄 매체였다. 다달이 마을에 배포되는 10여 권의 잡지를 개인적으로 빌려서 읽거나 소모임을 통해 나누면서, 여성들은 최소한의 필요한 정보를 획득하거나 다른 여성들도 비슷한 상황을 겪는다는 사실을 통해 심리적으로 위안받았다. 『농가녀』의 내용들은 아무런 자원도 없는 이들 여성의 현실적 필요를 일부 충족시켜 주었다. 그러나 동시에 잡지에 소개되는 내용들은 변화하는 중국 사회에서 적절한 여성 주체가 되기 위해서는 어떠해야 하는지를 가르치는 계몽과 훈육의 담론이기도 했다.

NGO 농가녀의 잡지와 자살 예방 프로그램의 강연을 통해 이루어진 자녀 교육에 대한 조언에서 무엇보다 강조된 것은 '과연 엄마가 자녀의 욕구를 만족시켜 주기 위해 최선을 다하고 있는가?' 하는 엄마로서의 태도의 문제였다. 하루는 몇 명의 마을 여성들이 『농가녀』 2004년 3월호와 4월호에 실린 "나는 문제가 있는 엄마인가요?"라는 제목의 칼럼에 대해 이야기를 나누고 있었다. 이 칼럼에는 아이의 관점에서 볼 때 총 다섯 가지의 "나쁜" 엄마가 소개되어 있었는데, 그것은 "무능한 엄마"(無能 媽媽), "텔레비전 엄마"(電視 媽媽), "혹독한 엄마"(苛刻 媽媽), "비교하는 엄마"(攀比 媽媽), 그리고 "겸손한 엄마"(謙虛 媽媽)였다. 즉 아이의 질문에 답을 잘 해 주지 못하거나, 텔레비전만 보거나, 아이에게 과도하게 엄격하거나, 다른 아이와 비교를 일삼거나, 자신의 아이가 늘 잘하지 못한다고 생각하는 엄마는 아이에게 좋지 못한 엄마라고 이야기되었다.

칼럼은 한 자녀 교육 전문가의 조언으로 마무리되었다. "아이가 좋아하고 자랑스러워하는 엄마가 되기 위해서는 책을 읽고 배우세요. 이 점이 중요합니다." 책을 읽고 배우는 삶이 좋은 엄마가 되기 위한 일차적인 조건이라고 강조하는 전문가의 조언은 도서관은커녕 신문조차 구독하는 사람이 없는 빈곤한 농촌 마을의 여성들에게는 매우 비현실적인 해결책이었다. 이처럼 소질 교육에 참여하는 전문가들의 조언은 도시 거주자들에게는 혹시 도움이 될지 모르지만, 마을의 여성들에게는 '자신들이 얼마나 좋은 엄마가 아닌가'를 전문가적 지식을 통해 확인함으로써 좌절과 죄책감을 강화하는 계기가 되기도 하였다.

또한 NGO 농가녀의 자살 예방 프로그램은 정신의학 전문가들을 초빙하여 자살의 지역적인 이해가 '잘못'되었음을 지적하고 정신의학적인 개념을 새롭게 유포하는 장이었다. 이러한 개념적 전환은 자살을 이해하는 데 있어서 젠더와 도덕에 관한 새로운 관점을 도입하는 시도였다. 마을 주민들에게 자살은—자신에게 처한 운명을 용감하게 직면하지 못하는 여성들만 선택하는 것이라고 지역적으로 이해된다는 면에서(Lee 2009)—'여성적' 행위라고 여겨지지만 어디까지나 '정신이 말짱한' 사람이 할 수 있는 선택이라고 생각되었다. 정신의학적 담론에 따르면 자살은 젠더와 무관할 뿐만 아니라 '정신적으로 병들거나 아픈' 사람만이 할 수 있는 비합리적 선택이었다. NGO 농가녀가 여성주의를 표방하고 있고, 높은 여성 자살률의 원인을 중국 농촌의 여성 억압적 환경에서 찾았던 것을 생각해 본다면, 이러한 정신의학적인 접근법은 상당히 모순적인 대응이었다. 정신의학 전문가들이 참여하는 세션에서, 마을에서의 여성의 역할이나 불평등한 젠더 관계, 남녀차별의 이데올로기, 자살의 젠더적 의미 등등은 전혀 중요하거나 의미 있는 것으로 다루어지지 않았다. 그 대신에 정신 질환의 '증상'으로서의 자살이 강조되었고, 특별히 우울증과의 연관성이 이야기되었으며, 약물치료와 정신과 상담을 포함한 의학적 개입이 일차적인 해결책으로 언급되었다.

정신의학적 접근법은 패널 게시물, 팸플릿, 집단 상담의 세 방식을 통해서 배포되었다. 먼저 교실의 한쪽 벽에는 자살과 우울증에 관한 정신의학적 개념들이 빼곡히 적힌 패널 게시물이 줄줄이 늘어서 있었다. 그것들은 모두 여덟 개로, 네 개는 자살에 관한 것이었고 다른 네 개는 우울증에 관한 것이었다. 그 내용은 오늘날 미국을 비롯한 주요 국가의 심리 전문가들이 사용하고 있는 의료적 기준을 따르고 있었다. 즉 게시판이나 팸플릿에 명시된 자살과 우울증에 대한 설명은 모두 미국 정신의학협회가 만든 DSM-IV-TR(Diagnostic and Statistical Manual of Mental Disorders)의 기준과 항목들에 근거하고 있었다. 그리고 그 치료 방법에 있어서도 항우울제와 심리 상담과 같은 해결 방식이 제시되었다. NGO 농가녀의 자살 예방 프로그램에서 배포된 팸플릿은 베이징예방중심에서 제작된 것으로, 패널 게시판과 마찬가지로 자살에 대한 '잘못된' 이

[그림 3-5] 자살 예방 프로그램 워크숍에서의 심리 상담 진행 장면
꽃무늬 옷을 입은 사람이 베이징예방중심에서 파견된 정신과 간호사이다.

해를 교정하고 그 대신 의학적인 설명을 제공하였다.

집단 상담은 베이징예방중심에서 파견된 50대의 숙련된 정신과 간호사가 진행하였는데, 자살 시도자들과 자살자의 가족들이 상담의 일차적인 대상이었지만, 강당에는 지역 간부들과 의료진들이 함께 앉아 있었다. 참여자들은 허베이 성의 세 마을에서 온 총 40명의 사람들이었는데, 그중 17명이 자살을 시도한 적이 있는 여성들이었으며, 여섯 명이 가족 중에 자살자가 있는 여성들이었다. 그리고 지역 간부들이나 의료진들에 의해 추천되어 참가하게 된 '심리적으로 건강하지 못한'(心理不健康) 사람들이 포함되었다.

정신과 간호사와 NGO 농가녀의 활동가의 공동 진행 아래, 자살 시도자들과 가족 중에 자살한 사람이 있는 사람들은 모두 한 사람씩 돌아가면서 자신의 이야기를 고백하는 순서를 가졌다. 중국 농촌 사회의 맥락에서 자살처럼 집안의 부정적인 사건을 공개적으로 발언하는 것은 바람직하다고 여겨지지 않기 때문에, 많은 여성들은 자신의 경험에 대해 이야기하는 것을 어색해하고 망설였다. 따라서 이미 이야기를 알고 있는 옆에 앉은 지역 간부들이 "○○의 이야기를 들어 봐야 한다."라며 발표를 독려해야 했다.

무엇보다 농촌 여성 개개인이 그간 말할 수 없었던 자신의 고통을 공식적으로 고백하는 이 행위가 그 자체로 여러 가지 차원의 권력 관계가 한꺼번에 응축되어 작동하는 정치적이고도 문화적인 실천이었다는 점이 강조될 필요가 있다. 자신의 경험을 고백하는 농촌 여성들은 정신과 간호사뿐 아니라 NGO 농가녀의 활동가들을 '선생님'(老師)이라고 호칭하고 있었는데, 반대로 농촌 여성들은 연령의 높고 낮음과 상관없이 '이름'으로 불리고 있었다는 점을 생각하면, 이들 사이에는 의심할 바 없이 뚜렷한 '선생(가르치는 자)-학생(배우는 자)'의 위계가 성립해 있었다. 이러한 위계는 매번 개인의 경험이 고백된 이후에, 정신과 간호사의 '전문적인 조언'과 NGO 농가녀의 활동가의 '현실적인 충고'가 뒤따라 제시되었다는 점에서 더욱 분명하게 드러났다.

또한 집단 상담의 실천에는 '대도시-지방 소도시-마을'로 이어지는 지역 간의 위계가 존재했다. 자살을 시도한 적이 있거나 위험이 있다고 판단된 여성들은 대부분 지방 소도시로부터 떨어져 있는 외딴 마을에 살고 있는 사람들이었다. 지방의 소도시에 거주하는 간부와 의료진들은 지역의 보호자로서 이들을 대도시에 있는 전문가에게 데리고 왔으며, 마치 아이를 의사 앞에 데리고 온 부모처럼 보호자로서 종종 그들의 입장을 대변해 주거나 공식적인 언어로 전환하는 역할을 수행했다. 정신과 간호사와 NGO 농가녀의 활동가들은 중국의 수도 베이징에 거주하고 활동하는 '도시인'들이면서 동시에 국제적인 관점과 지식을 매개하는 사람들이었다.

이에 덧붙여, 농촌 여성들과 지역 간부들이 모두 함께 둘러앉아서 개인의 은밀한 사적 경험과 감정을 고백하고 그에 대해서 평가를 나누는 활동은 그 자체로 마오쩌둥 시기의 대중적 정치 활동인 '쓰디쓴 경험을 하소연하기'(訴苦)의 모습을 상기시켰다(Li 2013; Huang 2014). 고통스러운 경험을 한 몇몇의 여성들이 '사례'로서 자신의 삶의 이야기를 남들 앞에서 고백하고, 비슷한 처지의 다른 사람들이 그 이야기를 들으며, 조언할 수 있는 권위를 공식적으로 부여받은 사람들이 그들 각자의 사적인 이야기를 정리하고 평가하였다. 이처럼 공개적으로 이루어지는 하소연의 실천 행위는 그 자체로 개혁시기에 특별한 형태의 여성 주체를 형성시키는 정치적인 기술(technique)이었다. 그리고 정치적인 의도와 목적이 베일처럼 드리운 그 실천의 장에서, 여성 개개인의 경험은 특정한 방식으로 발화되는 경향이 있었으며, 그 경향은 한 사람 한 사람의 이야기가 전문가들에 의해 평가되는 과정을 통해서 점점 더 강화되었고, 궁극적으로 자살에 관한 여성의 경험은 특정한 정치적인 의미의 망속으로 포섭되었다.

자신의 경험을 고백한 여성들은 한 명도 빠짐없이 자신들의 자살 행위가 순간적인 충동에 불과하였고 그 행동을 지금은 후회하고 있다고 하였다. 그들은 모두 자신들이 감정에 치우친 나머지, 자신이 죽고 난 다음의 아이의 미래와 같은 문제들을 충분히 깊게 생각하지 못했다고 반성하였다. 또한 그들의 성급한 행동으로 인해서 가족들에게 응급실 비용을 비롯하여 이후의 치료비와 같은 큰 경제적 부담을 주게 된 것에 대해서도 미안하게 생각하였다. 이처럼 자살 경험과 관련하여 '후회와 착각의 담론'이 공식적으로 발화되면서 여성들이 자살을 선택하게 된 보다 복잡하고 특수한 상황들과 감정들은 모두 삭제되어 버렸다. 모호한 의미들은 제거되었고, 행동의 옳고 그름만이 사회적이고 정치적인 규범에 따라 평가되고 있었다.

자살과 관련된 경험이 있는 사람들의 고백과 조언의 시간이 끝난 뒤, 참가자 여성들은 몇 개의 조로 나뉘어서 간단한 연극 활동을 하였다. 집단 상담에서 발표된 사례들 중 한 가지가 선택되었고, 그 내용이 약간 각색되었지만, 조별 연극이 제시하는 메시지는 의심할 바 없이 분명했다. 왜 그 여성이 자살을 시도하게 되었는지에 대한 맥락이 간단하게 제시되었고(예컨대, 집안 살림을 도와주지는 않고 게으름을 피우며 술만 마시는 남편), 그러한 상황에 직면하여 충동적으로 자살을 시도하게 되는 장면이 소개되었으며(예컨대, 분노나 절망 속에 갑자기 달려 나가 농약병을 들이키는 모습), 원인이 무엇이었든 간에 결국 자살 시도를 후회하게 된다는 내용이 마무리로 제시되었다(예컨대, 병원에 누워서 아이들을 걱정하며 후회하는 모습). 이처럼 연극 활동은 정치적으로 '합당하다'고 판단되는 메시지를 직접 몸을 통해서 체현해 보는 훈육 과정이었다.

집단 상담이 끝난 뒤, 참가자들은 이번 집단 상담의 경험이 그들의 마음속 상처를 누그러뜨리는 데 많은 도움이 되었다고 평가하였다. 무엇보다 그간 자신의 고통스러운 감정을 다른 사람에게 거의 이야기할 기회가 없었던 이들은 억눌려 있었던 심리적 상처를 전문가에게 말할 수 있고 또 비슷한 경험을 가진 사람들과 나눌 수 있다는 것만으로도 큰 위안이 된다고 느꼈다. 또한 직접적으로 자살의 경험이 없는 사람들조차도, 다른 이들의 이야기를 통해서 자살에 대해서 부정적으로 생각하게 되었다고 말하기도 했다. 이러한 측면에서, 집단 상담은 분명히 치료적 효과를 가지고 있었다.

그러나 소질 교육과 마찬가지로 집단 상담은 농촌 여성이 자살을 선택하게 되는 복잡하고 미묘한, 사회적이고 역사적이며 문화적인 측면들에 대해서 언급하기를 피했으며, 마치 자살이 개인의 잘못이나 무능에 기인한 것처럼 개인화하기를 주저하지 않았다. 그리고 자살 경험을 한 여성의 사례를 통해, NGO 농가녀의 자살 예방 프로그램은 궁극적으로 농촌 여성들을 중국 국가가 필요로 하는 '적절한' 여성 주체로서 양성하는 데 적극적으로 관여하고 있었다.

5. 나오며: 중국 사회주의 근대화의 성격 변화와 사회적 고통의 문제

자살을 선택하는 농촌의 여성들처럼 변화하는 개혁시기 사회주의 중국에서 더 많은 고통을 경험하는 사람들, 그들의 고통과 실천, 그리고 사회적 개입이 전개되는 방식을 통해 우리가 파악할 수 있는 중국 근대화의 성격은 어떠한가? 궁극적으로 중국의 근대화와 인민들의 사회적 고통 간에 어떠한 상관관계가 있다고 할 수 있는 것일까? 이러한 질문에 답하기 위해, 마지막 절에서는 먼저 마오시기와 개혁시기를 거치며 중국 근대화의 성격이 어떻게 변화했는가를 보다 큰 틀에서 살펴보고자 한다.

유럽 및 대부분의 발전국가에서 근대화가 자본주의 체제를 적극적으로 수용하는 과정 속에서 이루어졌던 것과 달리, 중국의 근대화는 서구 제국주의의 지배에 대한 반감 속에서 그 시작부터 반(反)자본주의와 반(反)서양을 표방하는 사회주의 이데올로기를 핵심 내용으로 하고 있었다. 그러나 1978년 개혁개방을 기점으로, 중국은 적극적으로 시장경제를 받아들이고 전 지구적 자본 관계에 능동적으로 편입되고자 함으로써 그간의 반자본주의적·반서구적 지향성을 급격히 포기하였다. 물론 공산당은 오늘날에도 여전히 중국을 '사회주의 국가'로 표방하고 있으며, 개혁 전후 중국 사회의 연속과 단절의 문제는 중국 연구자들 사이에서도 합의되기가 힘들다. 그렇지만 마오시기와 개혁시기에 나타나는 중국 사회주의 근대화의 성격을 비교해 보는 작업은 중국 근대화의 성격과 그것이 궁극적으로 인민들에게 끼친 영향을 이해하는 데 매우 중요하다.

마오시기의 사회주의는 그 시작부터 근대화를 국가의 기본적인 정치적 목표로 삼고 있었다는 점에서, 그 자체가 중국 근대화의 남다른 특징이었다. 20세기 초 마오쩌둥을 비롯한 중국의 마르크스주의자들은 서구의 근대화론자들과 마찬가지로 사회진화론적 시각 속에서 역사의 불가역적 진보를 믿었다. 특히 과학적 진보에 대한 믿음에 기초한 우생학적 관점은 마오시기 사회주의의 핵심적인 가치정향 중 한 가지였다(Greenhalgh and Winckler 2005; 이보경 2005). 공산당 간부들은 보다 효과적으로 사회 진보를 달성하기 위해서 혁명과 국가권력의 독점이 불가피하다고 보았으며, 공산당 일당 지배 체제는 중화인민공화국 설립과 동시에 당연시되었다.

그러나 마오시기 근대화는 국가에 의한 반자본주의적이고 반서구적인 새로운 가치관의 확립과 확산이라는, 유럽 및 다른 발전국가의 근대화와 분명히 구별되는 특징을 가지고 있었다. 중국의 공산주의자들은 사회주의 혁명의 궁극적인 목표가 자본주의 사회에서 양산될 수 있는 모든 억압과 차별을 철폐하는 인간해방이라고 선언하였다. 또한 자본주의 사회가 만들어 내는 인간 소외 및 계급 차별, 그리고 국민국가 간의 착취와 통제를 격렬하게 비판하였다. 이에 따라 국가적 기획과 각종 대중 운동 속에서 인민들은 사회주의적 인간형으로 주체적으로 자기를 변혁하도록 요구되었다. 이처럼 1978년 이전의 중국의 근대화는 무엇보다 중국의 사회주의가 서구 자본주의를 능가하는 체제라는 것을 증명하고자 하는 국가적 노력이었으며, 자본주의 근대화 비판은 그러한 노력을 가능하게 하는 내용적 뿌리였다. 따라서 중국의 근대화가 자본주의 근대화에 대한 비판을 내재한 "근대화에 반대하는 근대화 이론"이었다는 지적은 일면 타당하다(왕후이 2000a: 238).

마오시기의 근대화가 자본주의 근대화에 대한 비판을 핵심적인 성격으로 가지고 있었다고 해서 반드시 자본주의적 근대화보다 덜 폭력적인 과정이었던 것은 아니다. 농민의 입장에서, 마오가 추구한 근대화는 부르주아지와 프롤레타리아트 간의 대립 및 '자유로운' 임노동 관계로 인한 노동 소외는 없었어도, 국가의 호구제 실시를 통한 도시민과 농민 간의 '계급적' 차별 강화 및 집단적 생산 체제로 인한 궁핍과 노동 착취를 핵심적인 특징으로 하고 있었다. 그뿐만이 아니었다. 부르주아지의 이익을 대변하는 합법적인 폭력 기구는 아니었을지 몰라도, 중국 사회주의 국가는 냉전 체제 속에서 자본주의 국가와의 이데올로기 경쟁에 몰두하느라 인민들의 삶과 복지는 늘 뒷전이었다. 소수의 공산당 지도부에 의해 장악된 국가권력은 대약진운동(1956-1965)과 문화대혁명(1966-1976)의 사례에서 볼 수 있듯이, 끔찍한 정치적 혼란과 죽음을 야기하는 폭력의 스펙타클을 만들어 냈으며 수십 년이 흐른 뒤에도 언어로 표현하기조차 어려운 고통의 기억을 인민들의 마음속에 각인시켰다(Kleinman and Kleinman 1994; 백승욱 2012).

마오쩌둥이 죽고 난 뒤 1978년에 시작된 개혁개방 정책은 중국의 자본주의 체제로의 편입을 적극적으로 지지함으로써 중국 근대화의 성격을 크게 바꿔 놓았다. 마오시기 사회주의에 대한 비판은 크게 두 가지 점에서 수행되었다. 하나는 사회주의적 집체화가 생산의 비효율성을 낳았다는 것, 다른 하나는 마오쩌둥 지도 체제의 통치 방식이 전국적으로 정치적 박해와 비민주적 절차를 양산했다는 것이다.

첫 번째 문제의 해결은 농촌 인민공사의 해체와 농가책임생산제(家庭聯産承包制)의 실행으로 나타났다. 집단적 생산 체제가 개인 및 개별 가구의 노동 의욕을 떨어뜨리고, 결과적으로 자본주의 체제와의 경쟁에서 이길 수 없다는 사실이 공식적으로 확인됨에 따라 인민공사의 해체는 더 이상 의심되지 않았다. 이제 농민들은 정해진 기간 동안 국가로부터 일정 면적의 토지를 경작지로 사용할 수 있는 권리를 가질 수 있었다. 농업 기술의 발전과 새로운 노동 및 산업 시장의 등장 속에서, 농민 가구의 성원들은 더 이상 토지에 머무르지 않고 하나둘씩 현금 벌이를 위해 도시로 이주하기 시작했다. 이처럼 집단 생산 체제의 해체는 가족과 지역의 삶을 총체적으로 변화시켰으며, 도시와 농촌 간의 관계 또한 변화시켰다.

RISE OF THE NOBLE CROWD

The Legacy of Tiananmen Square

[그림 3-6] 신문 기사 "고귀한 군중의 봉기"
이 기사가 작성된 1989년 6월 4일은 천안문 사건 첫날이다.
출처: *The Washington Post*, 1989. 6. 4.

두 번째 비판 지점이었던 공산당의 비민주적인 통치에 대해서, 개혁시기 사회주의의 지도부는 대답하기를 거부했다. 그리고 곧이어 발생한 1989년 천안문 사건의 우울한 결말은 공산당 지도 체제가 정치 부문에서의 개혁을 전혀 원하지 않는다는 사실을 전 인민과 세계에 확인시켰다. [그림 3-6]에서 확인할 수 있듯 세계 언론들은 중국 청년과 지식인들의 봉기를 봉건적이고 전제적인 억압에 대항하는 자유의 외침으로 보았지만, 중국 공산당은 이들의 목소리를 일축했다. 물론 천안문 사건은 덩샤오핑을 비롯한 지도부들이 그간 시도되었던 개혁의 방향과 구체적인 전략들을 재고하도록 만들었으며, 이후 공산당의 통치 성격을 변화시키는 데 중요한 역할을 했다. 그러나 당시 제기되었던 비민주적인 통치에 대한 지식인과 학생들의 불만은 해결되기보다는 억압되었으며, 이 사건을 계기로 공산당 지도부는 더욱 정치적으로 보수적인 입장을 선택하였다(Fewsmith 2001).

이처럼 개혁시기 사회주의의 지도자부는 마오시기의 사회주의가 중국의 근대화를 추구하는 데 장애가 된다고 보고 문제점을 해결하고자 하였다. 그러나 문제점을 해결하는 과정에서, 마오시기 사회주의가 고집했던 자본주의적 근대화에 대한 비판을 포기하였을 뿐만 아니라, 자본주의 사회가 특수한 물적 조건 속에서 발전시켜 온 민주주의 및 공공성의 원칙마저도 수용하기를 거부했다. 개혁시기 공산당 간부들은 오로지 자본주의 사회가 발전시켜 온 물질주의적 효율성을 추구하는 경제 체제를 중국 사회에 이식하는 데 몰두했다. 이제 개혁시기 사회주의의 근대화 담론 속에서 차별 철폐와 평등 추구와 같은 '인간 해방' 혹은 '더 나은 인간 사회'에 대한 비전은 더 이상 언급되지 않았다. 역설적이게도 그들이 마오시기의 사회주의로부터 이어받은 유산은 자본주의 국가들과의 경쟁에서 승리해야 한다는 정치적 강박과 그를 위한 국가주의적 돌진이었다. 차이가 있다면 덩샤오핑의 '흑묘백묘론'(黑猫白猫論)이 상징하듯 보다 실용주의적인 노선을 강화했다는 점뿐이다.

자본주의적 관계와 물질주의적 원칙이 지배하는 새로운 사회주의는 이미 1950년대부터 국가의 엄격한 호구제로 형성된 도농 간의 급격한 격차와 사회안전망의 부재 속에서, 인민들 간의 평등한 경쟁을 불가능하게 했을 뿐만 아니라 새로운 체제에 대응하지 못하는 다수의 낙오자들을 생성하였다. 마오시기 사회주의의 고통이 국가의 전제군주적인 지배와 폭력의 결과물이었다면, 개혁시기의 고통은 무엇보다 직업, 의료, 교육, 주거 등등 그간 국가가 담당하고 있던 공공성을 갑자기 자본의 이윤 논리에 맡겨 버리고 국가가 최소한의 책임조차 방기하는 급작스러운 상황에 기인했다. 이러한 변화에 직면하여, 남다른 재산, 정치적 권력, 관시(關係)를 전혀 가지고 있지 못한 농민들은 맨몸으로 이러한 충격을 맞이해야 했다. 물론 국가가 제공한 개혁개방의 화려한 수사 속에서, 농민들은 개혁이 또 다른 고통의 시작일 것이라고 의심하지 않았으며, 국가 지도부의 결정을 열렬히 환영했다.

개혁개방이 농민을 포함한 모든 계층에 물질적인 풍요를 가져다주고 이전보다 많은 노동과 직업의 자유를 허락한 것은 사실이지만, 정치경제적 변화는 단순히 정치적이고 경제적인 문제에 그치지 않았다. 특히 농촌 여성들에게 개혁개방은 가부장적 가족 내에서 발생할 수 있는 여성 폭력에 대해 더 이상 국가와 사회가 관여하지 않는 것을 의미했다. 개혁개방 정책은 국가로부터 독립된 개별 가구의 다양한 결정과 권한을 다시 인정함으로써, 중국 농촌에 남성의 전통적인 가부장적 권한을 부활시켜 왔다. 그러나 이것은 단순히 과거 '전통'의 부활을 의미하지는 않는다. 오늘날 중국 사회에서 상상되는 근대화는 기존 마오시기의 근대화가 견지하고 있었던 '평등'이나 역사적 진보를 위해 필수적인 '농민 노동자의 계급의식과 주체성' 같은 근대적 가치에 대한 믿음을 통째로 포기함으로써, 변화된 시장경제 사회에서 이들 사회적 약자가 직면하는 끔찍한 사회적 고통을 그냥 방치하는 쪽을 선택하기 때문이다.

현재 중국의 농촌 여성들은 중국 사회 내에서 농민이자 여성이라는 이중적인 사회적 약자로서 갖는 취약한 사회경제적 조건에 덧붙여, 가부장적 가족 관계 내에서 경험하는 일상적인 젠더 폭력, 그리고 사회주의라는 이름의 국가가 끊임없이 이들 농민에게 던지는 낙후함과 무능력의 가치 판단과 호명 속에서, 점차 자신의 어둠 속으로 빨려 들어가거나 농민 됨을 포기해야 할 지경에 처해 있다(Lee 2012). 이 장에서 살펴본 농촌 여성의 자살 현상과 그에 대한 개입에 관한 사례들은 '압제로부터의 자유' 혹은 '인간 사회의 평등'과 같은 근대적 가치를 중심에 놓지 않는 '진보'를 향한 근대화가 고통을 줄이기는커녕 거꾸로 얼마나 사회적 약자들의 고통을 확대시키고 죽음에 이르게 할 수 있는가를 드러내 준다고 할 수 있다.

제4장 경계에서 낳다: 태국 샨 이주 여성의 출산 경험과 출생등록의 정치학

서보경(연세대학교 문화인류학과)

1. 들어가며: 근대성의 발현으로서 '국가/없음'과 관료제적 문서화

근대적 세계를 구성하는 가장 기본적인 법적 질서 중 하나는 개인이 국가에 소속되어 있다는 것이다. 부모에 따라 혹은 태어난 장소에 따라 우리는 국적과 시민권을 부여받고 국가로부터 보호받을 권리를 지닌다. 그런데 만일 '국민 됨'이 그토록 당연한 근대의 특징이라면, 어떻게 오늘날 무수히 많은 '국가 없는'(stateless) 사람들이 끊임없이 생겨나고 있는 것일까? 국경과 국적의 구분이 근대적 삶을 구성하는 당연하고 마땅한 조건으로 여겨질 때, 아시아를 비롯한 전 세계 분쟁 지역에서 끊임없이 쏟아져 나오는 난민의 존재는 국적이라는 근대적 소속 양식이 내포하고 있는 배제와 박탈의 기제를 확연히 드러낸다. 스스로 한동안 무국적자이기도 했던 철학자 아렌트는 "국가 없음"(statelessness)이야말로 근대적 민족국가가 본질적으로 내재하고 있는 정치 구조의 문제라고 강조한 바 있다(아렌트 2006[1973]). 이 장에서 나는 이 '없음'의 조건, 즉 법적이고 공적인 보호의 부재가 정당화되는 상황 속에서 어떻게 국가 없는 사람들에 대한 돌봄이 가능해지는가를 살펴보고자 한다.

여기서 내가 특별히 주목하는 사람들은 미얀마에서 태국으로 이주한 샨(Shan) 여성들이다. 한시적 체류자, 무국적자, 또는 정치적 난민인 샨 이주 여성들이 국가의 변경에서 아이를 낳고 기를 때 '국가 없음'의 난국은 더욱더 깊어진다. 샨 이주 여성들의 출산과 육아 경험을 인류학적으로 조명함으로써, 이 장에서 나는 이주 여성 및 무국적 아동처럼 국가와의 관계가 불확실한 존재들이야말로 근대적 삶의 예외적 형태가 아니라 그 본질을 드러내는 대표적인 '형상'(figure)이라는 점을 이야기하고자 한다.

동남아시아라는 지역적 구획은 그 자체가 일종의 역사적 허구라는 점에서 근대적 국민국가의 확립이 불러일으킨 수많은 역사적 상처를 포함한다. 동남아시아의 국경 구분은 서구 열강의 식민 지배, 제2차 세계 대전, 그리고 냉전 시대의 격동 속에서 확정되었으며, 여기서 민족-국가라는 개념 짝은 논쟁의 여지가 없는 객관적 실체라기보다는 의문을 내포하고 있는 상상태이다(앤더슨 2007[1983]; Thongchai Winichakul 1994). 그리고 이 역사적 과정 속에서 이전에는 그 어느 주권 국가에도 속하지 않았던 무수히 많은 사람들이 근대적 국가 체계 내부로 빠르게 통합되거나 혹은 탈주하였다(Keyes 2002; Scott 2009). 사람과 물자의 이동을 포함한 동남아시아 내외부 간의 활발한 교류와 교역은 이 지역의 오랜 특징이지만(Reid 1988), 특히 냉전 이후 전 지구적 자본주의 체제 내부의 중요한 경제 구역의 하나로 동남아시아가 등장하게 된 1980년대 이후의 상황 속에서 도농 및 국가 간의 노동 이주는 매우 활발히 진행되었다. 따라서 이 과정에서 국경을 오간 무수히 많은 사람들과 그들의 불완전한 지위는 궁극적으로 지역 내의 오랜 정치적 분쟁과 초국적 자본주의의 확장이 야기한 구조적 고통과 무관하지 않다.

태국 북부 치앙마이에서 '국경'의 문제는 국경 지대에 한정되는 것이 아니라 이주의 궤적을 따라 세대를 거쳐 지속된다. 태국과 미얀마 사이의 국경 지대에 있는 난민 캠프에서 태어나고 자란 열여섯 살의 카렌인 소녀 아리가 첫 아이를 낳는 순간, 임시적 보호의 제공을 목표로 하는 캠프의 제한된 시간성은 어느새 그녀와 그녀의 어머니, 할머니에 이르는 삼대의 삶을 아우르며 확장된다. 아카 사람인 스무 살의 유는 어린 시절 어머니를 따라 중국과 미얀마를 옮겨 다니며 살았고, 지금은 태국 북부의 산간 지역에 정착하였다. 무국적자인 유는 여전히 태국 내에서 이동의 자유가 없다. 2010년 태국에 처음 온 합법적 이주 노동자인 생은 지난 10년간 샨 독립군(Shan State Army)으로 복무하며 자기 인생의 절반에 가까운 시간을 깊은 정글 속에서 숨어 다니는 데 보냈다. 그가 태국에서 이주 노동자증을 가지고 자유롭게 이동할 수 있는 것과 달리, 미얀마에서는 그 어떤 신분증명도 가진 적이 없다. 이주 노동자, 미등록 이주민, 피난민(displaced people), 무국적자, 이 정치적으로 예외적이며 위태로운 존재들의 삶은 동남아시아의 지형에서 국가가 작동하는 방식에 대한 가장 날카로운 예를 제시한다.

다시 첫 질문으로 돌아가 보자. 근대성의 핵심적인 질곡인 '예외적 존재'는 어떻게 생겨나는가? 그 어떤 인간도 스스로 특정한 존재로 태어나지 않는다. 그 누구도 한국 국민이나 미국 시민, 혹은 시리아 난민으로 태어나기를 자기 스스로 선택하지 못한다. 인간은 세상에 태어나게 '되는' 존재이며, 이를 가능하게 하는 '출산'의 과정에는 다양한 의료적·법적·제도적 기제들이 동시에 작동하고 있다. 과연 어떤 방식으로 국가의 주변부에 있는 이들에게 정치적 소속이 부여되고 만들어지는가? 출생을 증명할 수 있는 문서의 존재 여부가 국적 및 시민권 취득의 전제 조건이 되는 근대적 국면에서 어떻게 이들은 소속의 권리를 획득하거나 혹은 부정당하는가? 출생이라는 생물학적·사회적 사건은 이러한 질문을 인간 존재의 태어남이라는 바로 그 첫 시점에서부터 들여다볼 수 있게 한다. 의료인류학은 재생산(reproduction), 즉 다음 세대를 낳고 기르는 생물학적·문화적·경제적·정치적 과정과 이를 통해 사회 자체를 지속, 변화시키는 방식에 큰 관심을 가져왔다.[1] 여성의 임신과 출산에 관한 여러 의료인류학적 논의들을 바탕으로 이 장에서 나는 샨 이주 여성들이 어떻게 임신의 의료화와 문서화 과정을 소속 기회의 하나로 전유하는지를 살펴보고자 한다. 이들이 산전 검사(antenatal care)를 경험하는 과정을 자세히 들여다봄으로써 출산이라는 생명 현상과 신분 증명에 관련된 관료제적 기록의 생성 사이의 관계를 밝히는 것이 나의 주된 관심사이다.

출생등록은 국가와 국민 사이의 결속이 만들어지는 첫 기입 방식이라는 점에서 매우 중요하다. 출생등록이라는 첫 과정 없이는 우리는 법적 인격, 즉 국적과 시민권을 가질 수 없다. 치앙마이의 한 공공 병원에서 장기간 현장연구를 진행하는 과정에서 알게 된 중요한 사실 중 하나는 다수의 샨 이주 여성들이 자녀들의 출생등록에 매우 특별한 주의를 기울인다는 점이다. 이주민들이 적절한 '서류'를 갖추지 못했다는 이유로 추방되거나 배제될 수 있는 현재의 규제적 이주 시스템에서 샨 이주 여성들은 자신과 자녀에 관한 문서를 수집하고 보관하는 것의 중요성을 절실히 체감하고 있으며, 이를 성취하기 위해 큰 노력을 기울인다. 이주 노동의 위태로운 과정 속에서 어떤 형태이든 자신의 아이들이 '서류'를 가질 수 있게 하고자 하는 샨 이주 여성들의 노력은 변방의 존재들이 생명권력(biopower)의 핵심적 작동 방식과 어떻게 긴밀히 조응하고 있으며, 이를 통해 미약하지만 분명한 정치적 실천을 하고 있다는 점

1 여성주의적 정치 경제학은 재생산을 재화의 생산과 소비의 순환만이 아니라 생명을 유지시키는 모든 실천과 책임, 관계를 통칭하는 개념으로 재정의하고자 하였다. 이는 가치 생산 과정에 존재하는 성차의 문제를 인지하고, 돌봄노동과 같은 기존의 노동 개념으로 충분히 설명할 수 없는 활동의 생산성을 파악하기 위해서이다. 재생산과 모성에 대한 인류학적 연구 역시 이러한 방향성 속에서 다음 세대를 낳고 기르는 과정이 단순히 기존의 사회적 관계를 유지, 존속시키는 활동이 아니라 기존의 지배적인 사회적 관계와 정상성의 규범을 변화시키는 과정이라는 점을 강조하여 왔다. 보다 자세한 논의는 Laslett and Brenner(1989), Folbre(2001), Browner(2000), Ginsburg and Rapp(1995), Petchesky(1990) 등 참고.

을 보여 준다.

이 장에 제시된 민족지적 사례들은 2010년부터 2012년까지 내가 태국 치앙마이에 위치한 60 병상 규모의 공공 병원에서 수행한 현장연구를 바탕으로 하고 있다. 나는 앞으로 이 병원을 '반팻 병원'이라고 지칭할 텐데, 병원명뿐 아니라 이 장에 등장하는 인명들도 모두 가명임을 밝혀 둔다. 현장연구는 병원 민족지(hospital ethnography)라는 연구 방법론을 중심으로 진행되었다. 의료인류학의 핵심적인 연구 방법론 중의 하나인 병원 민족지는 병원을 단순한 의료 행위처가 아니라 여러 층위의 사회적·문화적·정치적 상호 작용을 매개하는 복합적인 장으로 인식한다. 즉, 병원 민족지는 의료인과 환자 사이의 관계를 섬세하게 이해하는 것을 목표로 하는 것은 물론 병원이라는 공간을 통해 개인의 몸과 사회, 국가가 어떤 특정한 관계를 구성하는지를 파악하고자 한다. 병원에 간다는 것, 즉 특정한 생의학적 과정을 통해 진단과 치료의 기술적 과정 속에 포함된다는 것은 단순히 의료인과의 관계 속에서만 이루어지는 것이 아니라 의약품의 생산과 분배를 구성하는 더 넓은 경제적 구조와 연결되어 있으며, 사회 보험을 비롯한 여타의 관료제적 체계에 포섭되는 과정이고, 가족과 친족 관계를 비롯한 다양한 사회적 돌봄을 구체적으로 경험하는 과정이기도 하다. 병원 민족지는 바로 이러한 연결성 속에서 의료와 돌봄의 실천이 매개하는 사회적 과정의 복잡성을 기술하는 방식이다.

예외적 존재의 평범한 출생, 태어남을 민족지적으로 이해하기 위해 이 장은 크게 세 부분으로 구성하였다. 먼저 치앙마이에서 샨 이주민들이 얼마나 다양한 신분증명을 가질 수 있는지를 살펴볼 것이다. 미얀마와 태국 사이를 오고 간 이주민들의 오랜 흐름은 합법과 불법의 구분이 얼마나 유동적이고 임의적인지를 보여 준다. '불법' 체류자에 드리워진 그늘은 이들이 어떻게 법을 어겼느냐의 차원이 아니라 사실은 문서화된 삶, 문서로 기록된 자기 존재의 증명이 없다는 점에서부터 시작된다. 다음으로 공공 병원의 산전 검사실로 무대를 옮겨, 이주 여성들이 어떻게 태국의 보편적 의료 체계를 적극적으로 활용하는지를 보여 주고자 한다. 이때 문서 기록의 중요성에 대한 이해는 산전 검사와 병원에서의 출산이 왜 이주 여성들에게 단순히 건강한 아이를 안전하게 출산하는 것 이상의 의미를 지니는지를 이해하는 데 중요하다. 마지막으로는 출생등록증이 내포하고 있는 두 개의 가능성, 시민권과 무국적의 동시성을 통해 근대적 주권 권력(sovereign power)의 균열에 대해 논의하고자 한다.

2. 합법과 불법 사이에서: 초국적 이주 노동과 샨 이주민의 복수적 정체성

샨 사람들은 미얀마의 샨 주(州)를 비롯해, 중국 유난, 라오스, 태국 등 대륙부 동남아시아의 여러 지역에 걸쳐 살아왔다. '샨'은 영어식 표현이며, 샨 어로는 '따이', 태국어로는 '타이 야이'라고 불린다. 샨 어와 태국어는 모두 타이 어의 한 갈래로, 샨 사람들은 태국 사람들과 상당 부분의 언어적·문화적 유사성을 공유한다. 미얀마와 국경이 맞닿아 있는 태국 북부에서 샨 공동체는 오랜 시간 동안 지속하여 왔는데, 샨 이주민의 존재가 태국에서 본격화되는 시점은 미얀마에서 군사 정권이 1990년대 이후 샨 주에 행한 강제 이주 정책과 정치적 탄압 및 경제적 수탈이 심화되는 상황과 긴밀히 연결되어 있다(Arnold and Hewison 2005; Farrely 2012). 동남아시아 지역 내에서 비교적 성공적으로 산업화 과정을 이끈 태국은 값싼 노동력을 필요로 하였으며, 미얀마에서 무력 분쟁과 빈곤을 피해 온 이주민들이 이 공백을 빠르게 채워 나가기 시작하였다.

태국과 미얀마 사이를 오가는 샨 사람들의 궤적은 이주민을 국가 사이를 자발적으로 이동하는 인구 집단으로 이해하는 방식이 얼마나 부정확한가를 분명히 보여 준다. 샨 이주민들이 놓인 지정학적·역사적 맥락에서 정치적 탄압을 피해 어쩔 수 없이 자국을 떠나야 하는 '난민'과 더 나은 경제적 기회를 찾아 자발적으로 떠나는 '이주 노동자' 사이의 구분은 모호할 수밖에 없으며, 특히나 태국 정부의 얽히고설킨 이주 정책에서 합법과 불법의 구분 역시 단순하지 않다. 이러한 이주민 정체성의 복잡성을 가장 잘 보여 주는 지점이 바로 태국에 무려 18개 이상의 비시민권자를 위한 신분증 및 체류증이 존재한다는 사실이다. 1965년 이후 각기 다른 이름과 색깔, 발행처, 기간 만료일을 가진 신분증명증이 태국 국적이 없는 사람들의 장단기 체류를 위해 만들어졌으며, 이는 신분증명이나 사전 허가 없이 국경을 넘어온 사람들이 태국 내에 장기적으로 거처를 마련하는 데 중요한 법적 기제로 작동하였다. 이러한 여러 형태의 신분증명은 아직 자국민이 아닌 존재에 대한 국가의 공식적인 체류 승낙을 보여 주지만, 동시에 이러한 선별적 승낙이 얼마나 임의적이고 단속적(斷續的)으로 부여되었는지를 말해 주기도 한다.

샨 이주민인 파의 가족이 가지고 있는 각기 다른 형태의 신분증명들은 이러한 주권 권력의 임의성에 대해서 다시금 생각하게 한다. 내가 반팻 병원의 산전 검사실에서 처음 만난 파는 8년 전에 미얀마에서 태국으로 왔다. 2010년 당시 스물 여섯 살이던 파는 여섯 형제 중의 넷째로 첫 아이를 임신한 상태였다. 파의 남편과 남자 형제들은 대부분 건설 노동에 종사하고 있었으며, 파는 가정부 일을 8년여 가까이 하였다. 파의 아이가 태어난 지 한 달째 되는 날, 아이의 건강을 기원하는 잔치가 열렸는데,[2] 나는 오랜만에 파의 가족들과 다 함께 어울릴 수 있었다. 이날 내가 깨닫게 된 중요한 사실은 파의 가족들이 모두 각기 다른 형태의 체류자라는 점이었다. 파의 어머니, 당시 60세의 신부전증 환자였던 할

머니는 비등록 체류자, 즉 '불법 이민자'였지만, 파의 동생은 '고산 지대인 카드'라고 하는, 시민권은 부여되지 않지만 태국에 합법적으로 거주할 수 있는 소수 민족을 위한 카드를 가지고 있었으며, 파의 남편은 '10년 카드'라고 불리는, 미얀마 이재민에게 한시적으로 발행된 특별한 카드를 가지고 있었다. 그리고 당시 파는 적법한 노동허가증을 가진 '외국인 노동자'였다.

파의 가족들은 모두 미얀마의 같은 마을에서 태어나고 자란 사람들이지만, 이들이 이렇게 각기 다른 신분증명을 가진 것은 입국 시기에 따라 이들의 체류 조건이 각기 다르게 정해졌기 때문이다. 어린 시절 일찍 태국에 입국한 파의 동생은 시민권은 없지만 고산 지대 소수 민족으로 분류됨으로써 태국에 합법적으로 체류할 수 있는 신분증명을 얻었다. 이 신분증으로 인해 파의 동생은 태국 경찰의 단속이나 추방의 위험 없이 태국에 살 수 있으며, 향후에 태국 시민권을 신청할 수 있다. 파의 남편은 자신이 가진 '10년 카드'가 말 그대로 10년의 체류를 보장해주는 것인지, 또 그 이후의 상황은 어떻게 되는지에 대해서 정확히 알지 못했다. 그러나 확실한 점은 10년 카드를 가지고 있으면, 이동 허가를 신청하기만 하면 원래 등록된 마을을 떠나서 이주 노동을 할 수 있으며 합법적 체류가 보장된다는 것이다. 파가 가진 노동허가증은 당시에는 2년마다 갱신해야 하는 것으로, 여러 종류의 신분증명 중에서 가장 많은 비용을 지불해야 하는 것이었다. 파는 노동허가증을 갱신하지 않는 순간 바로 불법 체류자가 된다.

2 아이가 태어난 지 첫 달이 지난 후에 하는 의례를 '암 드언'이라고 하는데, 산모가 산후조리를 끝낸 시점에 이루어진다. 아이의 손목에 흰 실을 묶어주고 무병장수를 빈다. 샨 사람들의 생애 의례에 관한 자세한 민족지로는 Eberhardt(2006) 참고.

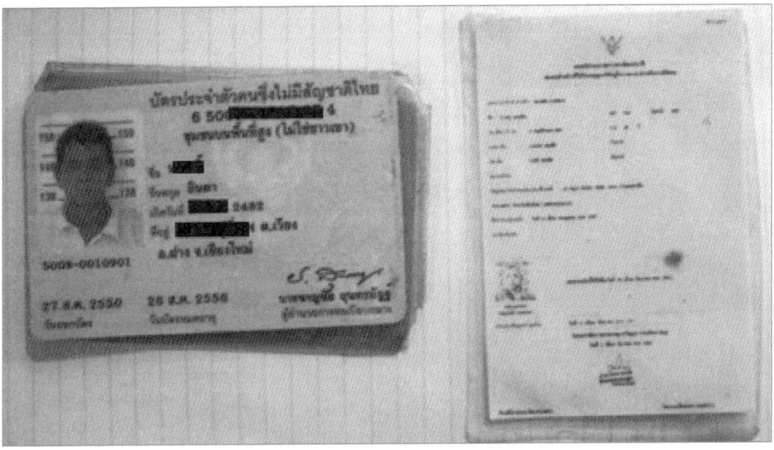

[그림 4-1] 샨 이주민들이 지닌 각기 다른 신분등록증의 예

이주민들이 그들이 가진 신분증명에 의해 본질적으로 다른 존재라고 여겨지는 것과 다르게, 이 이주민 가정에서 그 구분의 의미는 지극히 임의적이다. 각기 다른 방식으로 태국에서의 체류가 허락된 혹은 부정된 이들은 사실은 모두 같은 종족(ethnicity)에 속하고, 출신지가 같으며, 무엇보다 지금 함께 살고 있는 한 가족이다. 이들이 첫 입국 시기 및 장소에 따라 각기 다른 신분증명을 가지게 되었다는 사실은 이주민이라는 이유로 권리를 상실하게 하는 주권 권력의 작동이 사실은 얼마나 우연적일 수 있는지를 보여 준다. '불법 체류자'라는 위협적인 표지는 시민과 비시민 사이의 차이가 어떤 본질적인 이질성에 따른 것이라고 상정하게 하고, 그에 따른 구분과 차별이 마치 자명한 것처럼 생각하게 한다. 그러나 파의 가족들에게 부여된 각기 다른 법적 지위는 결국 국민국가에 소속될 수 있는 기회를 부여하는 기준이 그 어떤 본질적인 것도 아니라는 것을 재확인시킨다. 결국 가장 유의미한 차이는 이들에게 발급된 신분증명증 자체의 차이이다. 여기서 거주의 합법성은 내가 어디에 귀속하는가의 문제가 아니라 내가 무슨 카드, 어떤 서류를 가지고 있느

냐, 즉 어떤 관료제적 존재성(bureaucratic presence)을 확보하고 있느냐의 문제인 것이다.

그렇다면 이날 우리가 탄생을 축하하고 건강을 기원한 파의 갓 태어난 아들은 과연 어떤 존재가 되는 것일까? 아이는 어떤 국적을 갖게 될지에 대한 질문을 내가 던졌을 때, 파는 아이가 태국 사람이 될 수 있을 것이라는 대답을 하였다. 단순히 아이가 태국에서 태어났기 때문이 아니라 태국 병원에서 받은 출생증명서가 있기 때문이다. 그리고 파는 나에게 산모 수첩에서부터 병원등록증을 비롯한 각종 영수증, 병원에서 찍은 아이의 첫 사진, 그리고 출생증명서를 잘 정리해서 모아 둔 서류철을 보여 주었다. 건설 현장에서 쓰고 남은 시멘트 포대와 합판으로 얼기설기 지어진 집에서 아이의 출생증명서는 깨끗하게 코팅되어서 비닐 봉투에 곱게 싸여 있는 서류철에 보관되어 있었다. 과연 어떤 과정으로 이 아이가 세상에 존재하고 있다는 첫 번째 증명이 만들어진 것일까? 병원을 매개로 해서 만들어진 이 각종 문서들이 과연 무슨 효력을 발휘할 수 있을까? 그리고 이러한 문서화된 증명은 과연 파가 희망하는 대로 아이의 권리를 보장해 줄 수 있을까?

3. 산전 검사와 샨 이주 여성의 행위 주체성

산전 검사는 임신 중인 여성의 건강 상태와 태아의 상태를 주기적으로 확인하고, 감염 및 유전 질환의 유무를 확인하는 검사이다. 산전 검사는 임신 과정을 체계적으로 모니터함으로써 산모 및 영아 사망률을 효과적으로 낮추는 데 획기적인 기여를 해 왔으며, 국제보건기구는 임신 기간 중 최소 4회 이상의 산전 검사를 받을 것을 권고하고 있다. 파는 임신 중 총 9회에 걸쳐 산전 검사를 받고 병원에서 출산을 하였는데, 많은 샨 이주 여성들이 이주 노동의 열악한 조건 속에서도 파가 한 것처럼 임신과 출산 과정에서 적극적으로 의료 서비스를 활용하고자 하고 있다. 많은 수의 샨 이주 여성들이 문맹이거나 공식적인 학교 교육을 받은 적이 없음에도 불구하고, 산전 검사의 중요성을 인지하고 이에 적극적으로 참여한다는 것은 매우 고무적이다. 그리고 이러한 적극성은 이주 자체를 추동한 '근대적 삶'에 대한 욕구와 무관하지 않다. 미얀마의 낙후된 환경 속에서 제대로 된 의료 시설조차 접할 수 없었던 많은 이들에게 이주는 현대적인 시설에서 의사와 간호사의 도움 속에서 출산을 할 수 있는 가능성을 누릴 수 있게 해 주었다.

미얀마에서 이미 두 아이를 잃은 셴에게 이러한 근대적 삶, 더 나은 삶의 가능성은 뼈저리게 중요한 문제이다. 셴은 미얀마 군인들을 피해 정글에 숨어 있던 10대 후반에 첫 아이를 정글에서 혼자 낳았다. 셴은 자신의 경험을 다음과 같이 이야기해 주었다.

> 산파도 없고, 도와줄 사람이 아무도 없는 상황에서 나 혼자 아이를 낳을 수밖에 없었어. 탯줄을 혼자 자를 수가 없어서 친구에게 대나무 칼로 잘라 달라고 했는데, 내 친구도 뭘 어떻게 해야 하는지 몰랐던 거야. 탯줄을 자르자마자 피가 막 쏟아져 나오기 시작하더니 멈추질 않았어. 아이는 울지도 않고, 젖도 안 빨고. 내가 만약 태국에서처럼 병원에서 아이를 낳을 수 있었으면 아이가 그렇게 죽는 일은 없었겠지.

셴의 세 살배기 둘째 아이는 셴이 태국으로 온 첫 해에 미얀마에서 설사병을 심하게 앓다가 죽었다. "시어머니가 키워 주시기로 했는데, 미얀마에는 병원이 도시에만 있으니까. 집에서 너무 멀어서, 결국 치료도 못하고 죽고 말았어." 셴은 태국에서 셋째 아이를 임신한 순간, 이번에는 '그 모든 것을 정말 제대로' 하고 싶었다. 셴은 임신 초기에 병원에 가서 산전 검사를 받았고, 간호사가 준 모든 예약 날짜를 한 번도 빠지지 않고 지켰다.

열아홉 살의 매오 역시 총 9회의 산전 검사를 받고 출산을 했다. 열두 살에 시누이를 따라 태국에 온 매오는 학교를 다닌 적이 없다. 외진 산골에 사는 매오가 반팻 병원의 산전 검사실까지 오는 데 드는 노력은 나의 예상을 훨씬 뛰어넘었는데, 매오는 아침 6시부터 간이 버스를 세 번 갈아타야 병원에 올 수 있었다. 출산 전 마지막 달에 매오는 매주 병원에 왔어야 했는데, 단 한 번도 주어진 검사 날짜를 빼먹지 않고, 왕복 4시간이 넘게 걸리는 거리를 오가곤 하였다. 내가 왜 이런 수고를 하는지를 묻자, 매오는 너무나 당연한 것을 묻는 나를 의아해하면서 다음과 같이 답하였다.

> 내가 만약 제때 검사를 받으러 안 온다면, 간호사들이 당연히 혼을 내겠죠. 그리고 이렇게 제때 검사를 받지 않으면 아이가 제대로 자라날 수가 없어요. 건강한 아이를 낳으려면, 아무 문제 없이 낳으려면 병원에 꼭 와야 하는 거니까. 더군다나 내가 검사 날짜를 안 지켜 버리면 나중에 무슨 문제가 생겨도 간호사는 자기 책임은 없다고 할 수 있는 거니까. 서류도 안 줄 수 있고. 그러니까 검사에 꼭 와야 하는 거예요.

매오가 나에게 설명하고자 하는 너무나 당연한 이치는 산전 검사가 단순히 어떤 의료적 절차를 거치는 과정이 아니라 특정한 관계성을 만들어 나가는 과정이라는 것이다. 나이 어린 환자가 간호사에게 혼이 날 것을 염려하는 이 위계의 문제는 산전 검사라는 과정을 통해 이주 여성들이 어떻게 의료인의 권위에 종속되는가의 문제로 이해할 수도 있을 것이다. 그러나 여기서 매오가 강조하고자 하는 것은 이와는 다른 성질의 것이다. 왕복 4시간의 시간을 들여 예약 날짜를 지키려고 하는 매오의 일상적 결단은 강요된 것이라기보다는 역으로 책임성을 통해 상호적 관계를 구성하려는 시도이기 때문이다. 산전 검사가 지속적으로 이루어질 수 있도록 하는 데 있어 가장 중요한 점은 의료인이 산모에게 검사에 오는 것을 강요할 수 없다는 것이다. 산모의 자발적 참여 없이는 산전 검사라는 의료적 과정 자체의 성립이 불가능하다. 결국 이주 여성들이 주어진 산전 검사 예약을 어김없이 지키기 위해 노력하는 양상은 이들이 수동적으로 의료적 권위에 따르는 과정으로만 예단할 수 없으며, 오히려 이들의 행위 주체성을 방증한다. 샨 이주 여성들은 근대적 의료 서비스의 진행 과정에서 주체로서 그 역할을 수행하고자 하며, 이를 통해 간호사들과 책임성 있는 관계를 만들어 가고자 하는 것이다. 여기서 산전 검사는 근대적·생의학적 감시 체제(surveillance system)의 한 방식으로서만 기능하는 것이 아니라 협력과 돌봄을 위한 사회적 관계를 구체화한다.

4. 공공 의료 체계와 국가의 대리자로서의 간호사

산전 검사라는 의료적 과정이 매개하는 관계성의 측면을 더 잘 이해하기 위해서는 먼저 이주 여성들이 산전 검사를 이용할 수 있는 사회적·정치적 여건이 어떻게 만들어졌는지를 이해할 필요가 있다. 이주 여성들이 지역 내 공공 병원을 통해 모자 건강에 관한 서비스에 접근할 수 있는 가장 큰 이유는 태국이 보편적 의료 접근을 보장하는 나라이기 때문이다. 태국은 2002년부터 전 국민 의료 보험을 도입하였으며, 정부가 직접 운영하는 공공 병원 체계를 발전시켜 왔다. 이에 따른 공중 보건상의 성과는 특히 모자 보건 부분에서 두드러진다(Supon Limwattananon, Viroj Tangcharoensathien, and Prakongsai Phusit 2010). 세계은행 개발지수에 따르면 1981년 당시 1,000명당 45명에 달하던 영아 사망률은 2012년에 이르면 12명 수준으로 급격히 감소한다. 이주 여성들 역시 노동허가증을 가진 경우에는 이주 노동자를 위한 보험을 통해 산전 검사와 출산 서비스를 이용할 수 있으며, 보험이 없는 경우에도 자가 부담을 통해 비교적 저렴한 공공 서비스를 활용할 수 있다. 2004년부터 2006년까지 보건복지부에 보고된 바에 따르면 약 33,300명의 신생아가 이주 노동자 여성으로부터 태어났으며, 이 중 90% 이상이 공공 병원에서 태어났다(Samrit Srithamrongsawat, Ratanapron Wisessang, and Sarinthorn Ratjaroenkhajorn, 2010: 43). 노동허가증을 가진 이주자보다 미등록 이주 노동자의 수가 훨씬 규모가 크다는 점을 고려할 때, 한 해 이주 가정에서 태어나는 아동의 수는 3만 명을 훨씬 웃돌 것으로 추정 가능하다.

내가 현장연구를 수행한 산전 검사실은 간호사 세 명으로 운영되는 작은 규모로, 인구 10만 명 정도의 교외 지역을 포괄하는 공공 병원에서 운영한다. 내가 이 병원 산전 검사실의 3년간 방문 기록을 분석하는 과정에서 알게 된 중요한 사실은 샨 이주 여성들이 태국 여성들보다 이 검사실을 더 많이 방문하고 있다는 점이다. 2007년부터 2010년까지 총 1,395명의 여성들이 산전 검사실을 방문하였는데, 이 중 총 45%에 달하는 산모가 샨 이주 여성이었다. 이때 총 방문 횟수를 비교하면, 샨 이주 여성들이 태국 여성들보다 더 자주, 더 정기적으로 산전 검사를 받았다는 점을 확인할 수 있다. 샨 이주 여성들과 태국 여성들 사이의 산전 검사 패턴을 비교할 때 가장 두드러지는 점은 총 4회 이상 산전 검사를 받은 여성의 비율이 샨 이주 여성의 경우가 더 높다는 것이다. 특히 9회 이상 산전 검사를 받은 여성의 비율을 비교하면, 샨 이주 여성이 태국 여성보다 약 9% 더 높은 방문율을 보여 준다. 또한 산전 검사를 처음 받은 시기를 비교해 보면, 임신 21주 이후의 늦은 시기에 산전 검사를 처음 받은 여성의 비율이 태국 여성의 경우 약 34%에 달하는 것에 비해 샨 이주 여성은 약 23%에 불과하다. 즉, 이러한 패턴은 샨 이주 여성이 태국 여성보다 산전 검사실을 더 빈번히, 그리고 더 적절하게 이용하였다는 사실을 보여 준다.

이러한 차이는 중산층 이상의 태국인들이 공공 병원보다는 사립 병원에서 제공하는 의료 서비스를 더 선호하는 경향에 일정 정도 기인한다. 이러한 계층적 선호도의 차이는 지역 사회에서 중상류층이라고 할 수 있는, 공무원 건강 보험을 가지고 있는 여성 중 반팻 병원의 산전 검사실을 이용한 비율이 1%에도 못 미친다는 점에서 확연히 드러난다. 공공 병원에 대한 사람들의 불만 역시 흔히 들을 수 있다. 긴 대기 시간, 가짜 약을 준다는 소문에서부터 어디가 아프든 결국 진통제 한 알을 주고 만다는 의료의 질에 대한 불만까지, 공공 병원에서 제공하는 서비스를 믿을 수 없다는 불만은 어디서든 흔히 들린다. 하지만 이때 이 불만족의 경험이 계층에 따라 어떻게 다르게 나타나는지를 읽어 내는 것이 매우 중요하다. 중산층 이상의 사람들이 다른 사립 병원을 '선택'할 수 있는 것과 다르게, 대부분의 가난한 사람들에게 공공 병원은 위급한 순간에 기댈 수 있는 유일한 공간이다.

공공 병원이 모든 시민을 위한 공간보다는 결국 가난한 사람들을 위한 공간이 되는 상황은 공공 의료 서비스의 질이 하향화하는 경향을 초래한다는 점에서 심각한 문제점을 가지고 있기는 하지만, 다른 한편으로는 치료받을 자격(deservingness)을 좀 더 폭넓게 정의하게 하는 효과를 낳았다. 즉, 치앙마이에서 공공 병원은 단순히 의료 보험이 있는 태국 시민들만을 위한 공간이 아니라 '가난한 사람들'을 위한 공간이며, 이러한 재규정 속에서 태국 국민이 아닌 사람들, 이주 노동자를 비롯한 소수 민족, 무국적자를 비롯한 여러 비시민들 역시 빈민으로서 공공 병원이 마땅히 돌보아야 하는 대상으로 여겨지기 시작한 것이다. 반팻 병원의 의사는 나에게 공공 병원의 포괄성을 강조하면서, "우리 병원은 정부에 속한 곳인데, 사립 병원처럼 돈을 안 낸다고 치료를 안 해 주거나 할 수는 없다. 그건 우리 병원의 방식이 아니다."라고 말했다. 빈민이라는 소속에 토대를 둔 평등의 원칙은 병원에서 일상적으로 강조된다. 반팻 병원에서 단순히 의료 보험이 없다는 이유로 치료를 받지 못하거나 입원이 거부되는 사례는 지극히 제한적이며[3] 치료비를 낼 수 없는 사람들 역시 나중에 치료비를 상환하는 방식으로 우선 치료를 받을 수 있다. 이때 병원은 퇴원 이후에 병원비를 체납한 사람들에게 채무 상환을 독촉하거나 채무 기록을 체계적으로 보관하지 않으며, 환자들이 상환하지 않을 경우 이는 병원의 손실로 수렴된다. 이와 같이 의료의 공공성이 우선시될 수 있는 구조는 공공 병원에서 치료 행위가 근본적으로 수익을 목표로 하지 않기 때문에 가능하다.

이러한 맥락에서 반팻 병원의 산전 검사실이 내포한 중요한 갈등 요소 중의 하나는 태국인이 아닌 사람이 서비스를 이용하는 비중이 압도적으로 크게 늘어났다는 점이다. 과연 태국인 간호사들은 샨 이주 여성들이 산전 검사실의 주된 이용객이 된 상황을 어떻게 이해할까? 조산사이기도 하면서 반팻 병원에서 산전 검사 업무를 오랜 기간 동안 맡아 온 뿌 간호사는 샨 이주 여성들이 병원을 많이 찾는 것에 아무런 문제가 없다고 답하였다. 오히려 이들이야말로 태국 여성들보다 자신들의 도움이 더 많이 필요한 존재라는 것이다.

가끔 보면 오히려 태국 사람들이 우리가 해 주는 상담 내용에 큰 관

3 이때 소아과와 내과 이외의 전문의가 없는 지역 병원에서 감당할 수 없는 수준의 치료가 필요한 경우 상황이 좀 더 복잡해진다. 지역 병원에서 진단서를 받아 상급 병원에 가는 경우 의료 보험의 적용을 받을 수는 있으나, 상급 병원일수록 이주민이나 의료 보험이 없는 환자를 거부하는 경우가 빈번하다.

심도 없고, 자기 마음대로 하겠다고 고집을 피우는 경우가 더 많지. 사실 이 사람들 주변에는 자기 부모도 있고, 친척도 있고, 할머니도 있고, 임신 중에 어떻게 하는 게 좋은지 이야기해 줄 사람들이 많으니까 오히려 간호사가 하는 이야기는 별로 중요하게 여기지 않을 수도 있어. 하지만 샨 여자들은 다르잖아. 멀리에서 와서, 태국에서 대부분 핵가족으로 사는데, 무슨 일이 일어나면 도와 달라고 할 데도 없고. 결국 샨 여자들이 더 간호사들을 의지하기 마련이고, 그런 점에서 이 사람들에게 산전 검사를 해 주는 게 훨씬 더 보람이 있기도 해.

산전 검사를 진행하는 과정에서 샨 이주 여성들은 태국 여성에 비해 좀 더 간호사들의 충고에 귀 기울이며, 검사 약속을 성실히 지키고, 무엇보다 간호사의 도움을 필요로 하는 존재로 여겨진다.

간호사들은 일상적 진료 과정에서 불법과 합법 체류자를 구별하지 않으며, 이들의 목표는 최대한 많은 여성에게 임신 초기부터 적절한 산전 검사를 제공하는 것이다. 산전 검사 기록을 작성하고 보관하는 과정에서 서류가 없는 미등록 여성과 서류를 갖춘 합법적 이주 노동자를 구별해서 표시하지 않으며, 의료 서비스 역시 국적이나 보험 유무에 따라 차이를 두지 않는다. 간호사들은 이주 여성의 체류 조건 여부보다는 무엇보다 샨 이주 여성들이 산전 검사 과정에 응하고자 한다는 데 더 큰 가치를 둔다. 병원에서 샨 이주민들이 다양한 차별에 노출될 수 있는 것은 분명한 사실이지만, 이때 간호사들 스스로가 평등의 원칙을 전면에 내세운다는 점은 매우 중요하다. 산전 검사실의 간호사들과 샨 이주민들이 병원에서 겪을 수 있는 차별의 문제에 대해서 이야기할 때 나는 간호사들 역시 이주민과 간호사 사이의 위계적 관계에 대해서 충분히 인지하고 있음을 확인할 수 있었다. 차별의 문제에 대해서 간호사 뿌는 다음과 같이 이야기하였다.

샨 이주민들이 간호사에게 일종의 두려움을 갖고 있는 것은 사실이지. 꼭 정해진 날짜에 안 오면 우리가 막 혼을 내거나 할 거라고 생각하니까. 그런데 우리는 정말 모든 사람을 똑같이 대하려고 하고 있어. 초음파 검사는 태국 사람만 해 주고, 샨 사람은 피 검사도 안 해 주고 이런 게 아니라고. 간호사들이 그런 식으로 일한다면 정말 사람으로서 도리가 아닌 거지. 의료 보험이 있든 없든 간에 모두를 공평하게 돌보는 게 원칙이니까. 만약 아이들이 제대로 태어나지 못한다면, 그거야말로 국가의 책임 아니겠어.

뿌에 따르면 간호사들이 모두에게 산전 검사를 평등하게 제공해 주어야 하는 것은 그것이 인간적 도리인 동시에 곧 국가의 책임이기 때문이다. 여기서 간호사들은 개인으로 존재하는 의료 행위자가 아니라 국가의 대리인으로서 그 역할을 한다. 태국 공공 병원에서는 간호사 뿌를 비롯한 상당수의 의사와 간호사들이 국가 공무원으로서 직급을 가지고 있으며, 공무원으로서의 책임감은 이들의 공적 정체성을 규정하는 핵심적인 요소로 작용한다. 공공 의료 체계 내에서 간호사들이 이처럼 국가의 역할과 의무를 광범위하게 정의하고 이를 수행하고자 할 때, 무엇보다 중요한 점은 이들의 일상적 실천이 국가와 이주민, 비시민 주체 사이의 관계를 끊임없이 재정의한다는 것이다. 즉, 배제의 원칙에 따른다면 의료 보험이 없는 사람들은 마땅히 공공 서비스에 포함되지 않아야 하지만, 공공 병원의 종사자들이 보편적 접근(universal access)의 원칙을 폭넓게 해석하고 이를 확장하는 순간 배제와 포함의 지형이 일상적 실천의 차원에서부터 달라진다.

치앙마이 국경 지대에 갈수록 '태국 병원에 태국 사람은 없고, 이주 노동자와 소수 민족만 잔뜩'이라는 불평이 더욱 커진다. 그러나 이 상황에서 주목해야 할 점은 그만큼 태국 사람으로 여겨지지 않는 많은 수의 사람들이 공공 의료 기관에 의지하고 있다는 사실이다. 반팻 병원의 산전 검사실에서는 샨 이주민이야말로 가장 빈번히 그곳을 찾는 내방자들이며, 간호사들은 매일의 실천을 통해 이러한 돌봄의 요구에 대응하고 있다. 산전 검사가 실제로 가능하기 위해서 간호사와 산모들 사이에 반복적인 상호 협력과 교류가 필요하다는 점은 의료 행위가 매개하는 상호성이 지닌 의미를 보다 넓은 정치적 차원에서 다시금 생각하게 한다. 이주민들이 공공 서비스에 크게 의존하고 있다는 사실 그 자체는 배제의 원칙, 즉 공공 의료는 자국민만을 위한 것이라는 법적 토대 자체를 무화시키지는 못한다. 하지만 이들이 공공 의료 체계에 끊임없이 등장하고 돌봄의 대상으로 존재한다는 분명한 사실은 이들이 이미 국가와의 구체적인 관계 속에 있다는 것을 방증한다. 간호사들이 스스로를 국가의 대리자로 자리매김하며 돌봄의 역할을 수행하고자 할 때, 샨 이주 여성과 아직 태어나지 않은 태아들은 국가로부터 단절된 존재가 아니라 이미 국가와의 도덕적 의무 관계 속에 깊숙이 들어선 존재이다.

5. 출생등록증의 힘과 슬픔

매오가 이야기한 것처럼 샨 이주 여성에게 산전 검사가 중요한 것은 이 과정의 끝에 출산증명서가 있기 때문이다. 매오의 길고 피곤한 여정들은 산모 수첩의 방문 기록표에 빠짐없이 적혀 있다. 구체적인 몸의 변화들, 체중의 변화, 혈액 검사 및 소변 검사의 결과, 초음파 기록들이 산모 수첩에 빼곡히 모아질 때, 주목해야 할 점은 이러한 의료적 처지에 대한 연속적 기록들이 더 큰 문서적 관료제 체계와의 연관 속에서 존재한다는 것이다. 각각의 산모들에게는 일련의 고유 번호가 부여되고, 이들의 이름과 성별, 나이가 기록되며, 산전 검사실을 방문한 산모와 신생아 총 수는 데이터베이스로 정리된다. 근대적 의료 행위는 기록의 실행(enactment)을 통해서만이 가능한데, 이는 특정 대상에 대한 지식과 정보가 어떻게 수집되느냐에 대한 것이 아니라 의료 기록 그 자체가 행위력(agency)을 지닌다는 측면에서 그러하다.

결국 산모 수첩의 제일 마지막 장이 출산증명서인 것은 우연이 아니다. 임신과 출산의 전 과정이 의료화된 근대적 조건 속에서, 매오와 매오가 출산한 아이의 관계, 탄생이라는 생물학적·사회적 사실은 문서 기록을 통해서 비로소 특정한 실체가 생긴다. 샨 이주민인 매오의 남편은 매오가 출산 후 병실에 있는 동안 병원에서 발급해 준 출산증명서와 산모 수첩, 그리고 자신의 거주 등록 문서를 지역 당국에 보여 주고 이후 아이의 출생증명서를 발급받았다. 매오가 걱정한 것, 산전 검사를 제대로 받지 못하면 출생등록증을 받을 수 없을지도 모른다는 우려는 이러한 문서를 바탕으로 한 행정적 과정이 제대로 진행되지 않거나 간호사들이 이러한 서류를 준비하는 데 도움을 주지 않을 경우 문맹자인 매오나 매오의 남편이 큰 어려움을 겪을 수밖에 어렵다는 점에서 기인한다. 출생등록을 통해 새로 출생한 아이는 부모가 태국 국적이 없는 경우라도 민적(民籍, civil registry)에 자신의 이름과 출생지, 부모의 이름과 주소를 올릴 수 있게 된다.

임신과 출산, 그리고 이후 어린 자녀를 양육하는 과정에서, 많은 샨 이주 여성들이 출생증명서와 산모 수첩은 물론 병원 예약증과 각종 영수증 등 여타의 서류들을 꼼꼼히 모으는 모습은 이들이 자신들은 직접 읽을 수 없는 서류들이 태국 사회를 살아가는 데 얼마나 필수적인지를 분명히 이해하고 있기 때문이다. 특히나 이주 아동에 대한 신분증명을 얻는 것이 출생등록을 제외하고는 사실상 불가능한 상황에서 이러한 병원 서류들은 이후 아이를 양육하는 데 필수적인 도움을 준다. 산전 검사실 간호사들은 산모 수첩을 아이가 다섯 살이 될 때까지 보관하도록 권유하는데, 이를 통해 예방 접종 순서를 안내하고 기록을 보관할 수 있기 때문이다. 그리고 출생등록증과 예방 접종 기록은 이후 아이가 태국 학교에 입학하는 과정을 훨씬 용이하게 만든다. 많은 샨 이주 여성들은 아이에 관련된 문서 기록의 이러한 효용을 간파하고 있다.

이주민의 경우 출산 후 일정 기간이 지난 후에 출생등록을 하는 과정이 매우 복잡하기 때문에, 출산 직후에 병원에서 필요한 서류들을 준비해 주었을 때 이 모든 행정적 과정을 진행하는 것이 훨씬 용이하다. 샨 이주 노동자들이 밀집해 있는 건설 현장의 임시 주거지에서 만난 한 여성은 자신이 태국에 와서 처음 출산한 아이의 손목에 묶여 있던 식별 밴드를 아직도 가지고 있었다. 병원에서 아이에게 부여한 일련번호가 사인펜으로 쓰여 있는 얇은 천 조각을 이미 10년여의 시간이 흐른 지금까지 보관하고 있었던 것이다.

> 내가 그때는 태국에 온 지 얼마 되지를 않아서, 뭘 어떻게 해야 하는 줄을 몰랐어. 산전 검사 같은 것도 안 하고, 아이가 막 나오려고 해서 병원에 갔는데, 그때 병원비가 없었거든. 그래서 퇴원하면서 간호사가 다시 와서 아이 출생 신고할 서류를 받아 가라고 했는데, 돈이 없어서 다시 가질 않았어. 그걸 생각하면 아이에게 너무 미안해. 지금이라도 가서 그 돈을 다 주고라도 출생등록증을 받아 올 수 있으면 얼마나 좋을까. 줄 게 아무것도 없는 집에서 그거 하나라도 제대로 해 주었어야 하는데, 그걸 제대로 못했어.

임시로 지어진 천막집의 어둑한 불빛 아래에서 가제 수건에 적힌 번호를 나와 함께 읽을 때의 어머니의 회한은 아이를 낳고 기르되 '문서화된'(documented) 삶을 주지 못한 것에 대한 좌절과 안타까움을 포함한다.

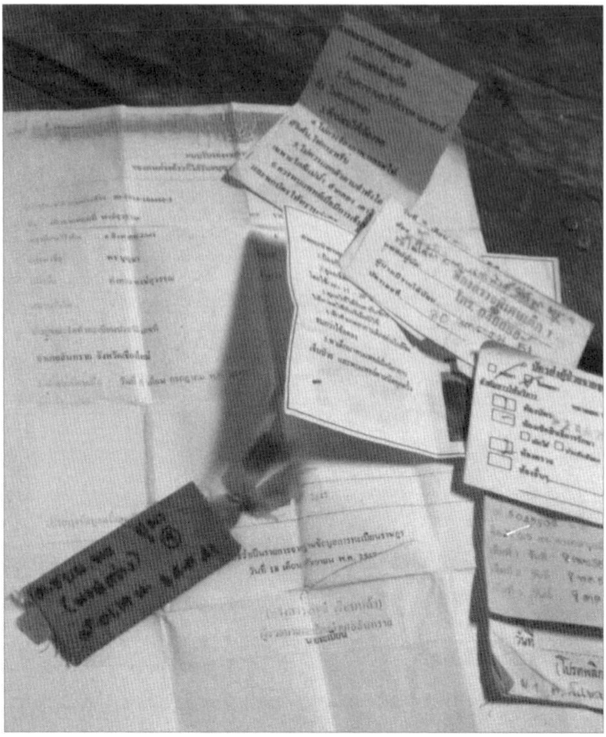

[그림 4-2] 미등록 샨 이주 노동자 여성이 출산 과정에서 수집한 각종 영수증 및 병원 검사표
사진 왼쪽 하단의 천 조각이 출산 직후 아이 손목에 묶여 있던 식별 밴드이다.

출생등록을 둘러싼 이 안타까움은 종이쪽지에 불과한 신분증명을 갖지 못할 때 사람답게 살기가 너무나 어렵다는 데서 시작한다. 이처럼 법적 지위를 지니지 못하는 주변부의 사람들이 느끼는 문서의 물신적이고 감각적인 힘은 역으로 서류를 갖추고 있다는 것이 무엇을 뜻하는지에 대해서 다시금 생각하게 한다. 어느 날 늦은 저녁에 병원 응급실로 일곱 살 난 어린 아들을 데리고 온 샨 이주 남성을 만난 적이 있었다. 수납 창구에서 그가 나에게 보여 준 것은 병원에서 모은 각종 서류가 들어 있는 플라스틱 상자였다. 병원 영수증에서부터 산모 수첩부터 여러 장

복사가 되어 있는 출생등록증까지, 아이에 관한 서류들이 모두 그 상자 안에 들어 있었다. 내가 아이가 어디가 아픈지 묻자, 그는 내 질문에 "서류가 다 있으니까, 치료비 때문에 걱정할 게 없어요. 다 확인 가능하니까."라고 답하였다. 이때 그의 준비성은 단순히 치료비에 대한 것만은 아니었다. 아이는 이미 초등학교 재학 중이었고, 아이의 아버지는 이럴 경우 학교를 통한 단체 보험을 통해 무료로 치료를 받을 수 있다는 점을 인지하고 있었다. 이때 그를 안심시킨 것은 아이에게 부여된 권리가 아니라 서류철이다. 문서의 물신적 힘, 즉 권리의 담지자인 아이의 존재로 인해서가 아니라 행정 시스템상에서 아이의 존재를 대체하는 문서가 있음으로 인해 아이는 병원에서 마땅히 치료받을 수 있는 대상이 된다. 이 서류들을 통해서만이 아이는 병원이나 사회 보험과 같은 근대적 질서 체계에서 확인 가능한 존재, 식별 가능한(legible) 개체가 되는 것이다.

6. 문턱에 놓인 삶

임신과 출산, 그리고 어린 자녀를 양육하는 과정에서 끊임없이 등장하는 여러 형식의 서류들은 인류학자 허츠펠트(Herzfeld 1992)가 "관료제적 무관심(bureaucratic indifference)"이라고 부른 구조적 폭력을 언제든 야기할 수 있다. 관료제는 공평무사하게 작동하는 합리적 기구가 아니라 편파적이고 자기 모순적인 체계로, 책임성을 담보하기보다는 외면과 회피를 정당화하는 방식으로 언제든 작동할 수 있기 때문이다. 나는 산모수첩에 적힌 아이 어머니의 이름과 기존의 거주지 등록증에 적힌 이름이 다르다는 이유로 아이의 출생등록증에 어머니의 이름을 등록하기를 거부하는 사례를 본 적이 있다. 문맹자인 아이 어머니는 실제 각각의 서류에 자신의 이름이 어떻게 다르게 적혀 있는지를 알지 못한 상태였고,

누구도 이 실수를 바로잡으려고 해 주지 않는 상황에서 이주민 가족이 이 문제를 해결할 수 있는 방법은 전무했다. 행정 체계 그 자체가 하나의 거대한 장애물로 작동할 때, 사회적 약자인 이주민들이 발휘할 수 있는 교섭력은 미미할 수밖에 없다.

그러나 내가 임신과 출산 과정에서 주도적으로 활용되는 문서의 작성과 활용 방식을 통해 강조하고자 하는 점은, 샨 이주 여성들은 이 문서를 매개로 한 의료적·관료적 과정에서 완전히 소외되거나 몸을 통한 통치 체계에 복속할 수밖에 없는 대상으로 남지 않는다는 것이다. 근대적 국가권력이 기입의 권한, 즉 신분증명과 같은 특정한 기록을 생산하고 그 기록을 토대로 포함과 배제를 결정할 수 있는 권력을 발휘할 때, 이주 여성들은 단순히 기입당하는 대상이 아니라 기입을 가능하게 하는 행위자로서 이 과정에 직접 참여하고 있다. 즉, 이들은 그 어떤 공적 존재감도 가지지 못한 채 사회에 유령처럼 존재하는 이들이 아니며, 관료적이고 통제적인 국가의 시선을 통해 통제 가능한 존재로 분류되고 규정되기를 기다리고 있는 무정형의 대상도 아니다. 문서 기록이 만들어지는 실질적인 과정에서 나타나는 핵심적인 양상은 역으로 이주 여성들이 어떻게 이 가시성(visibility)의 기술들을 전유함으로써 스스로를 의료적·행정적 단위들에 대해 식별 가능한 형식으로 만들어 내느냐에 관한 것이다. 즉, 문서와 기록을 만드는 작업은 의료인이나 행정관, 공무원에게 독점되어 있는 권위가 아니라 이처럼 문맹인 이주 여성의 끊임없는 참여를 요구하는 과정이며, 여기서 이들은 기입자의 역할을 분담하고 있다.

내가 마지막으로 들여다보고자 하는 문서는 열일곱 살의 샨 이주 여성이 남기고 간 산모 수첩의 첫 페이지에 붙여진 별지이다. 이 별지에는 총 57일간의 태동이 기록되어 있었는데([그림 4-3] 참고), 신생아 집중 치료실에서 이 기록을 보고 깊은 인상을 받은 의사가 나에게 이 산모 수첩을 보여 주었다. 산전 검사실에서 간호사들은 조산기가 있는 산모에게 태동을 기록하고 태동이 느껴지지 않거나 지나치게 불규칙적이면 곧바로 병원에 올 것을 권유하는데, 의사인 본인조차 산모가 집에서 이렇게 공을 들여 간호사의 권고를 따를 것이라고 생각해 보지 못했다는 것이다. 출산 과정 중에 저산소증을 겪은 아이는 신생아 집중 치료실로 옮겨졌지만, 출산 후에 어머니는 결국 아이를 찾으러 오지 않았다.

수기로 적힌 태동 기록은 국민국가의 법률적·정치적 질서 속에서 그 어떤 의미도 지니지 않는다고 할 수 있을 것이다. 그러나 내가 이 표를 들여다봄으로써 마지막으로 강조하고자 하는 바는 이 성실한 기록의 흔적이 되돌릴 수 없는 존재의 확실성을 내포하고 있다는 것이다. 재생산 기술의 놀라운 발전으로 태아를 3차원 영상으로 미리 보는 것이 흔한 일이 된 세상에서, 산모가 수기로 태동을 세는 방식은 의료 기술이라고 부르기 민망할 정도로 원시적일지도 모른다. 태동 기록은 임신 과정에서 나타날 수 있는 이상을 산모가 스스로 관찰하고 의료인에게 보고하도록 만들어진 자가 진단의 기술적 도구이지만, 여기서 이 기록은 곧 태어날 존재와 이렇게 태어난 존재 사이의 문턱을 잇는다. 아이의 어머니는 미등록 이주민이었으며, 이제 막 태어난 갓난아이는 이주민도 국민도 아닌, 아직 결정되지 않은 문턱에 놓여 있다. 태동의 기록은 이제 막 이 세상에 도착한 존재가 어떤 관계성 속에 있는지를 기록의 물질성을 통해 드러낸다. 어머니가 어떤 이유로 아이를 다시 만나러 올 수 없게 되었는가와 무관하게, 이 기록은 아직 그 무엇으로 정해지지 않은 낯선 존재가 어떻게 개체성을 부여받으며 더 넓은 사회적 세계에 연결된 공적 존재가 되는가에 대한 윤리적이고 존재론적인 문제를 제기한다.

어머니가 2개월간의 시간 동안 볼펜으로 꾹꾹 눌러 써 내려간 이 기록은 인간적 존재를 '벌거벗은 삶'(bare life)의 형태로 환원하는 것이 실상 얼마나 불가능한 목표인가를 다시금 생각하게 한다. 이제 막 태어

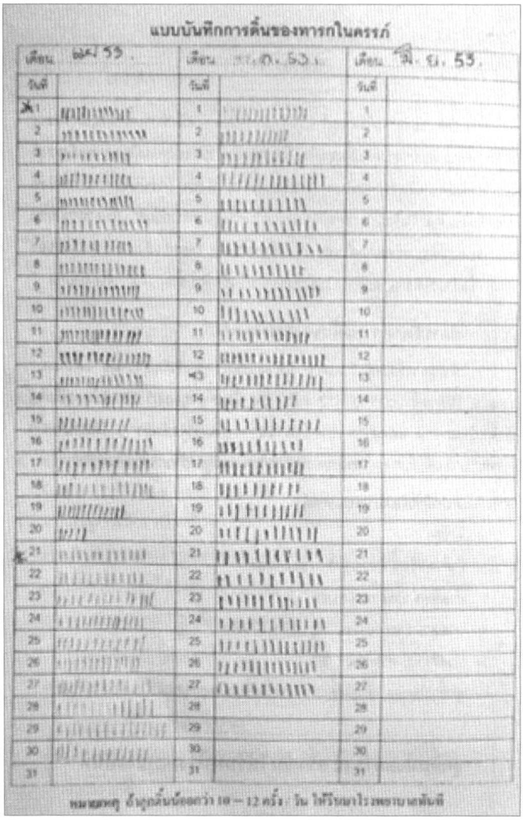

[그림 4-3] 한 샨 이주 여성이 남긴 2010년 4-5월의 태동 기록

난, 산소 호흡기에 의존하고 있는 갓난아이는 그 미약함에도 불구하고 목숨뿐인 삶, 그 어떤 정치적 소속도 배제당한, 내부에 존재하는 외부로서만 기능하는 삶으로 격하될 수가 없다.[4] 태동 기록은 이 낯선 존재가

4 이탈리아 철학자 조르주 아감벤은 『호모 사케르』(2008[1998])라는 책에서 '벌거벗은 삶'이라는 개념을 통해 주권 권력의 구성에서 생명 그 자체(life itself)가 얼마나 중요한 요소인지를 강조한다. 그의 주장에 따르면 근대적 주권 권력은 정치적·사회적 속성을 탈각한 채 그저 살아 있기만 한 존재, 목숨만 남은 존재들을 만들어 낼 수 있는 힘을 발휘할 수 있다는 점에서부터 시

이미 표시(表示)를 지닌 존재라는 점을 강조하고 있으며, 이 표시는 끈과 띠의 역할, 즉 유대의 가능성을 열어 둔다. 무언가를 적어 두는 것은 잊지 않도록, 잊히지 않도록 하기 위해서이다. 표시는 이 문턱에 있는 존재를 인지하게 하고 내쫓을 수 없는 존재로, 응답성을 요구하는 존재로 자리매김하게 한다. 그리고 이 아직 이름도 지어지지 않은 갓난아이는 공공 의료 체계를 통해 주어질 수 있는 모든 치료와 돌봄을 받은 후에 짧은 생을 마감하였다.

7. 나오며: 생명권력과 (비)시민권의 정치

내가 임신과 출산의 의료화 과정에서 생성되는 여러 문서들이 어떻게 활용되는지에 주목한 이유는 바로 이 문서들이 '국가 없는' 존재라고 여겨지는 예외적 존재들이 사실은 얼마나 국가와 긴밀한 관계 속에 있는지를 드러내기 때문이다. 산전 검사를 장려하고, 산모 수첩을 보관하게 하고, 출생등록증을 발급하는 여타의 의료적·관료제적 과정은 근대적 국가권력이 생명권력에 토대를 둔 통치의 기술을 통해 작동한다는 것을 구체적으로 보여 준다. 이때 드러나는 국가의 이중 운동은 국가가 이주 여성 및 아동과 같은 존재들을 비시민적 주체로 끊임없이 밀어내는 동시에, 역으로 이들의 삶에 내밀히 관여한다는 것이다. 파에게는 태국에서 정치적 소속을 가질 권리도, 투표할 권리도, 최저 임금을 받을

작한다. 아감벤의 논의는 근대적 국가권력이 어떻게 지극히 자연스럽게도 법에 기초하여 시민적 존재로부터 법으로 보장된 권리를 박탈하고 무화시킬 수 있는지를 이해하는 데 매우 유용한 개념 틀을 제공한다. 그러나 삶과 권력을 대립항으로 이해하는 이러한 방식은 삶/생명이 구축할 수 있는 복수의 정치적 장을 구체적으로 이해하는 데에는 분명한 한계가 있다.

권리도 주어지지 않았지만, 파가 건강한 아이를 낳는 일에 국가는 적극적으로 개입하였다. 이러한 이중 운동은 생명권력이 본질적으로 개인이 아니라 인구군(population)을 단위로 조직된다는 점에서도 일부 기인하지만(Foucault 2003; Foucault et al. 2007), 이때 핵심은 '국가 없음'이라는 상태가 결코 항구적이고 단일한 상태가 아니라는 것이다. 파를 비롯한 무수히 많은 샨 이주 여성들과 그들의 아이들이 산전 검사의 과정과 출생등록을 통해 병원을 비롯한 여타의 공공 기관에 남긴 무수히 많은 흔적들, 다양한 층위의 문서 기록과 자료들, 의료적·행정적 과정을 통해 생성된 복잡 다단한 자취들은 예외적 존재로 예단되는 이들이 실은 그 얼마나 확고한 존재성을 국가가 매개하는 관계망 속에서 확보하고 있는지를 드러낸다.

많은 이주 여성들이 잘 알고 있는 것처럼, 출생등록 자체가 곧 시민권의 획득으로 이어지지는 않는다. 부모가 여타의 장기 체류 허가가 없는 샨 이주민인 경우 출생등록증에는 부모의 국적이 '미얀마'로 기입되지만, 아이에게는 그 어떤 국적도 부여되지 않는다. 출생등록증을 소지하고 있다는 사실이 가지는 가능성, 언젠가는 시민권을 부여받을 수 있을지도 모른다는 희망의 한편에는 그 어떤 소속도 아직 부여되지 않았다는 '없음'의 그림자가 여전히 깊다. 그러나 이 양가적 의미를 지니는 문서를 획득하는 과정 자체가 많은 이주 가정에서 일종의 성취로 여겨진다는 것은 매우 중요하다. 그것은 문서 기록을 모으는 이 모든 실천이 곧 "아직 이루어지지 않은 무엇인가를 불러내는 행동"(버틀러·스피박 2008[2007]: 68)이기 때문이다. 출생등록증은 결국 국가와 아직 '국가 없는' 아이들이 이미 정치적 관계 속에 있다는 것을 확인시킨다. 소속의 권리를 행사할 수 있다는 것과 소속의 권리를 요구하는 행위 사이에는 물론 큰 힘의 차이가 있다. 그러나 이 끈질긴 불러냄을 통해 샨 이주 여성들은 국가 밖의 '예외적 존재'로 남지 않겠다는 뜻을 분명히 하고 있다. 아직 주어지지 않은 권리를 불러내는 바로 이 지점에서 근대적 기획으로서 시민권의 정치가 본격적으로 탈구축된다.

제5장 유령 고령자 사건과 한여름 밤의 시취(屍臭): 일본의 근대화와 노인 복지 체제의 모순[1]

김희경(서울대학교 인류학과)

1. 들어가며: 사라진 고령자들

2010년 8월 중순, 나는 '시청 연수생'이라는 파란색 끈이 달린 명찰을 걸고 시청의 공무원들과 땀으로 겨드랑이가 젖어들어 가는지도 모른 채 노인들의 집을 찾아 나섰다. 내가 현지조사를 수행했던 일본의 나가노 현(長野懸) 사쿠 시(佐久市)에서는 매해 8월과 9월이면 그해 미수(米壽)를 맞이한 노인들과 100세 이상 노인들의 집에 시장과 시청 공무원, 사회복지협의회 직원, 민생위원(民生委員)[2]이 방문하여 무병장수를 기원하는 선물과 사례금을 직접 전달하곤 했다. 나 역시 시청 소속 연수생이라는 신분으로 경로 축하 행사에 참여하게 되었다.

1 이 장은 필자의 박사학위논문(김희경 2015)의 자료를 일부 참고하여 수정 및 발전시킨 것이다.

2 민생위원은 방면위원회(方面委員會)에 뿌리를 두고 있다. 방면위원회는 1918년에 발생한 미곡 파동을 계기로 지역 사회의 유지를 중심으로 지역 주민에 대한 각종 상담과 행정 기관 간의 연락, 건의 등을 목적으로 설치, 운영되었던 주민 제도다. 몇 차례의 수정을 거쳤으며, 현재는 지역 주민의 입장에서 지역 사회, 특히 저소득층을 중심으로 사회복지 서비스에 대한 이용지원 등과 같은 사회봉사 활동을 수행하는 공식적 사회봉사자로서 지위와 역할을 수행하게 되었다. 민생위원은 일차적으로 지역민생위원추천위원회의 선임을 받고, 도도부현(都道府縣) 장의 추천과 후생노동성 대신의 위촉을 받아 임명된다(정재욱 2005: 132-133).

동네 어귀에서 우리 일행을 기다리고 있던 민생위원이 첫 번째 노인의 집으로 안내했다. 초인종을 누르자 문간에 일가족이 모두 무릎을 꿇은 채 우리에게 넙죽 절을 했다. 우리 역시 이에 질세라 땅에 닿을 듯이 허리를 숙였다. 그렇게 몇 번의 인사를 주고받다가 차를 준비했다는 가족들의 손에 이끌려 잠시 집 안으로 들어갔다. 시장이 왜 함께 오지 않았는지 궁금해하는 노인과 가족들을 위해 시청 공무원이 설명을 했다.

> 재작년까지만 해도 시장님께서 88세를 맞으신 분들의 집에 모두 방문을 하셨죠. 그런데 우리 시에 88세를 맞이하신 어르신만 해도 500명이 넘으셔서 모두 방문하는 게 사실상 힘들어졌어요. 그래서 작년부터 시장님은 100세 이상이신 분들의 댁만 방문하는 것으로 바뀌게 되었습니다.

노인과 가족들은 88세 노인이 그렇게 많냐며 놀란 듯이 입을 벌렸고, 모두를 방문한다는 게 사실상 어렵겠다고 수긍하는 듯 고개를 끄덕이면서도 벽에 걸려 있는 세상을 떠난 남편의 사진을 보여 주었다. 사진 속에서 이전 시장과 남편, 그리고 가족들이 나란히 앉아 우리를 내려다보고 있었다. 아마도 오늘 시장이 오면, 시장과 함께 찍은 사진을 남편 사진 옆에 걸어 두려 했던 것 같다. 내심 서운해하는 노인과 가족들의 의중을 읽은 듯 시청 공무원은 짐짓 목소리를 경쾌하게 높였다.

> 시장님께서는 못 오셨지만, 오늘 시장님 대신 여기 욘사마(勇樣)의 나라에서 온 희경 씨가 미수를 축하해 주러 왔습니다.

욘사마의 나라? 그렇다면 한국? 저 여자가 한국인? 아까보다 더 커진 눈동자들이 나를 향한다. 땀을 닦아 내던 손을 거두고 수줍은 듯 입가에 미소를 머금은 채 다시 인사를 하자 일본에 있는 동안 수차례 들었던 질문들이 쏟아져 나왔다. 정말 한국 사람이냐? 일본어를 할 줄 아느냐? 뭘 공부하기 위해 왔느냐? 인류학이 어쩌고저쩌고 다 설명할 여유가 없어, 나는 건강 장수 도시로 유명한 사쿠 시에 노인 복지를 공부하기 위해 왔다고 간략하게 설명했다. 그러자 대기하던 새로운 질문들이 쏟아져 나오기 시작했다. 노인 복지? 일본이 정말 노인 복지가 훌륭한 편이냐? 정말 그렇다고 생각하느냐? 한국이 오히려 더 좋지 않느냐?

이런 질문들을 처음에 접했을 때, 분명 나는 당황했던 것 같다. 한국의 상황이 더 좋지 않냐는 질문을 던지는 사람들의 속내를 의심하기도 했다. 한일 축구경기에서 일본에 지는 일을 수치스럽게 생각하는 한국인들마저 복지 제도만큼은 일본이 '선진국'이라 인정한다. 그런데 대체 노인 복지를 왜 배우려 왔냐고, 일본에 배울 것이 정말 있느냐고 반문하는 그들의 의중은 무엇일까?

시간이 지나자 왜 일부 사람들은 한국의 노인들이 일본 노인들보다 훨씬 좋은 대접을 받고 있다고 생각하는지 이해하게 되었다. 일본의 공중파 방송에 방영되는 한국의 가족 드라마에서처럼 한국인들은 아직까지도 삼대가 마당이 넓은 집에서 다 함께 살고 있다고 믿는 일본인들이 생각보다 많았다. 다른 한편으로는 일본에도 예전에는 한국과 같이 부모를 모시고 사는 것을 당연하게 생각하는 전통이 남아 있었다며, 한국에서 일본의 과거를 찾는 사람들도 있었다. 하지만 2010년 8월, 일본에서 정말 배울 것이 있다고 생각하느냐는 그 질문에는 강한 의심이 짙게 배어 있었다. 가족 중에 장남으로 보이는 중년의 남성이 나를 쳐다보며 말했다.

> 100세 노인 행방불명 사건에 대해서 알고 계시죠? 그 사건은 일본의 수치예요. 자기 부모와 삼사십 년간 연락을 안 하는 사람이 그렇게 많

다니. 한국은 어떤가요? 유교의 영향으로 부모를 소중하게 생각하는 전통이 여전히 남아 있지 않나요? 어디선가 들었는데 행방불명 사건은 일본의 현실이라고 하더라고요. 이제부터의 일본이라고요.

할 말이 없어진 나도, 그 자리에 있는 다른 사람들도 고개를 끄덕이며 잠자코 차를 마셨다. 그가 말하는 100세 노인 행방불명 사건에 대해서는 신문과 텔레비전 뉴스를 통해 익히 잘 알고 있었다. 그런데 100세 노인 행방불명 사건이 일본 전역을 뜨겁게 달구고 있던 그 시점에 엉뚱하게도 나는 임철우의 「사산하는 여름」이라는 단편소설을 떠올렸다.

> 날마다 머리 가죽을 터뜨려 버리고 말 듯 태양은 뜨거운 열기를 줄기차게 퍼부어 대는 통에 한낮엔 아스팔트 거죽이 갱엿처럼 질질 녹아 흐르고, 온 시가지의 지붕과 건물의 시멘트벽까지도 더위로 찐빵처럼 부풀어오르는 것 같았다…. 그는 손바닥으로 둥지를 틀어 물을 받는다. 그리고는 코를 들이대고 흠흠 물 냄새를 맡아 본다. 여전히 사라지지 않고 남아 있는 비릿하고 역겨운 악취, 김 씨는 가벼운 구토증을 느낀다…. 여보 어저께 큰방집 여자가 그라는데, 산너머 수원지 밑바닥에서 시체를 건져 냈디다예. 그것도 자그마치 일곱씩이나 말이어라우…. 죽은 지가 솔찬히 오래돼 놔서 그런지, 오만 몸뚱이가 아주 팅팅 물에 불어 터져 갖고 얼굴 형체도 전혀 알아볼 수가 없더라고들 하등만요…. 무슨 수돗물에서 그리 괴상스럽고 고약하게 썩은 냄새가 올 여름 내내 콧구멍을 쑤셔 대능가 했더니, 결국 알고 보니께 그 송장 때문이었능개비라우…. 김 씨는 밥을 반쯤 남긴 채 끝내 말없이 숟가락을 놓았다. 별안간 식욕이 당기지 않았다…. 악취는 여러 날이 지나도록 가시지 않았고, 오래지 않아서 그것이 이 도시의 어느 집에서건 똑같이 일어나고 있는 현상임을 김씨는 알았던 것이다.(임철우 1985: 28-31, 필자 일부 발췌)

임철우 작가의 소설을 떠올렸던 것은 소설의 전체를 지배하고 있던 "머리 가죽을 터뜨려 버리고 말 듯"한 "태양의 뜨거운 열기" 때문이었다. 소설 속 배경은 1980년 5·18 광주 민주화운동이 끝난 직후인 남도의 한 도시였지만, 2010년의 8월의 일본 역시 기상을 관측한 이래 가장 더웠던 한 달이라는 기록을 남길 만큼 연일 40도가 넘는 폭염이 이어졌다.

하지만 임철우 작가의 소설을 떠올린 보다 근본적인 이유는 폭염 속에서 썩어 갔을 시체들에서 풍겼을 악취 때문이었다. 소설 속에 등장하는 사람들은 사랑해서는 안 될 남녀가 사랑을 나누다 영영 떨어지지 못하고 한 몸이 된 채로 병원에 실려가 입원해 있다는 "들판의 불꽃처럼 번져 나가는 소문의 세계" 속에서, 자동차 타이어가 터진 소리를 총소리로 오인하면서, 어디에서 나는지 알 수 없는 악취 속에서 살아가고 있었다. 시민들은 병원에 입원해 있다는 그 해괴망측한 남녀에 대한 소문이 진짜인지, 저수지에서 발견됐다는 일곱 구의 시신이 누구인지를 알기 전까지는 어디에서고 뿜어져 나오는 악취에서 벗어날 수 없음을 알고 있었다.

2010년 8월, 일본의 시민들 역시 시체들에서 뿜어져 나오는 악취 속에서 살아가고 있었다. 2010년 7월 29일, 도쿄 도(東京都) 아다치 구(足立區)에서는 죽은 지 너무 오래돼서 미라가 되어 버린 시체 한 구가 발견됐다. 시체의 주인공은 가토 소겐(加藤宗現)이라는 남성이었다. 시체로 발견되기 전까지만 해도 그는 서류상 111세로 도쿄 도에서 가장 장수한 남성이었다. 그런데 2010년 1월, 아다치 구의 민생위원은 그를 지금까지 한 번도 보지 못했다는 사실을 구청에 보고했다. 그래서 민생위원 및 경찰이 그의 집을 직접 방문했고, 32년 정도 전에 그가 이미 세상을 떠났다는 사실을 확인하게 되었다. 가족들에 따르면 1978년경 가토 씨는 자신은 즉신성불(即身成佛: 현재의 몸 그대로 바로 부처가 됨)이 될 거라며 자리에 누워 아무것도 먹지 않고 아무도 그의 방에 들어오지 못하게 했다. 교사 출신이었던 가토 씨의 부인이 죽고 난 뒤 가토 씨 앞으로 입금되고 있었던 유족 연금 가운데 일부를 81세가 된 장녀와 53세가 된 손자가 인출한 것이 확인되면서 파장은 더욱 커졌다. 경찰은 이들을 시체 은닉 및 연금 부정 수급 혐의로 체포하였다.

사건은 거기에서 끝나지 않았다. 비슷한 시기 오사카(大阪)에서는 죽은 지 5년이 지난 시체가 비닐에 쌓인 채 발견되었다. 시체의 주인공은 살아 있으면 91세가 되는 남성 노인이었다. 범인은 그의 장녀(50대)로 밝혀졌다. "아버지는 5년 정도 전에 죽었다. 아버지의 시체는 비닐 주머니에 넣어 장롱에 넣었다. 아버지의 계좌에서 연금을 인출해 사용했다."라는 자백대로 경찰은 그녀가 두 달에 한 번씩 후생연금(厚生年金) 약 30만 엔을 인출해 왔으며, 시로부터 지급된 경로 축하금 약 3만 엔을 매년 받아 온 사실을 확인했다.

그 이후로도 마치 한여름 밤에 친구들과 이불 속에서 나눌 법한 무서운 이야기들이 언론을 통해 계속해서 전달됐다. 한 30대 남자는 아버지가 죽은 다음 시체를 2층으로 옮겨 뼈를 부셔서 보관하고 있다가 발각되었다. 또한 욕실에서 자신의 배를 칼로 찔러 자살을 했다는 80세 여성의 시신은 한 달이 지나서야 발견됐다. 같이 살고 있던 50대 딸은 모르겠다는 말만 하고 있었다.

사건 발생 이후 후생노동성(厚生勞動省)에서는 전국 도도부현에 110세 이상 고령자를 직접 면담하여 신원 여부를 확인할 것을 지시했다. 그 결과 2010년 9월 1일 기준으로 100세 이상 고령자 수가 총 44,449명으로 파악되었는데, 이 가운데 본인의 소재 및 생사 여부를 실제 확인한 사람은 23,269명에 불과했다. 후생노동성에서는 샘플 조사 결과, 85세 이상 연금 수급자 가운데 3%가 연금을 부정으로 수급하고 있는 것으로 보인다고 공식적으로 발표했다(厚生勞動省 2012).

[그림 5-1] 유령 고령자 사건 관련 신문 기사

유령 고령자 사건이 발생한 직후 주요 신문사에서 이에 대해 보도하고 있는 기사를 스크랩한 것이다.

주요 언론사에서도 긴급하게 실태 조사를 실시했는데, 조사 결과 충격적인 사실이 연이어 쏟아져 나오기 시작했다. 나가노 시(長野市)에 등록된 110세의 남성 역시 30년 넘게 거주 불명 상태인 것으로 드러났다. 동거인으로 기재된 아들은 "30년도 더 전에 이즈(伊豆)로 갔다. 일이 생기면 연락이 올 거라고 생각해 신경 쓰지 않았다."라고 했다. 치바 현(千葉縣)에 등록된 103세 여성의 경우, 1960년대 후반 이후로 그녀가 어디에 살고 있는지 가족들 중 그 누구도 알고 있는 사람이 없었다. 70대 장남은 "2005년 한 번 만난 이후로 소식을 모른다."라고만 말했다. 홋카이도(北海道)에 사는 100세 여성은 1978년 가족과 함께 전입한 것으로 등록돼 있었지만, 가족과는 60년 이상 별거 상태였다. 이 여성의 손자(51세)는 "할머니는 아버지가 어렸을 때 집을 나가서 아오모리(青森)에 살고 있다고 들었다."라고 했다. 13년 전쯤에 수소문해 보았지만, 그때도 연락이 닿지 않았다고 했다.[3] 이후에도 가족들끼리 수십 년간 안

부를 주고받지 않아 생사를 모르고 지낼 뿐 아니라 심지어 부모의 연금을 받기 위해 고의적으로 시체를 은닉하거나 부모의 죽음을 시청에 알리지 않은 사례가 계속해서 발견됐다.

이 사태로 인해, 근대적 노인 복지 체제를 수립함으로써 '노인들이 살기 좋은 나라' 혹은 '장수 대국'을 이룩한 것으로 대내외적인 평가를 받아 왔던 일본의 국가 이미지는 큰 상처를 입게 됐다. "고령자 소재 불명 사건, 이것이 장수국의 실상인가?"[4]와 같이 일본의 현실을 비꼬는 제목의 칼럼들이 줄줄이 인쇄됐다. 『아사히 신문(朝日新聞)』 사설에서는 "미국 잡지 『뉴스위크(*Newsweek*)』 8월호에서는 일본을 '노인들이 살기에 가장 좋은 나라'라고 칭송했다. 그러나 소재 불명 사건이 연이어 발생하면서 고령자 천국이라는 명성이 크게 손상됐다."라고 한탄했다.[5] 일부에서는 일본이 실제로 장수 국가인 게 사실이기는 한 것인지 모르겠다며, 평균 수명 데이터의 신뢰성에 의문을 제기하기도 했다. 이에 후생노동성에서는 평균 수명의 경우 행정 기록에 의거하여 계산하는 것이 아니라 정기적으로 실시하는 인구 동태 조사 결과에 따라 산출되는 수치이기 때문에 문제가 없다는 해명까지 내놓아야 했다.

하지만 이것이 과연 엽기적인 몇몇 가족들만의 문제인 것인지, 이른바 '노인 문제'로만 읽혀도 되는 것인지 나는 의심하지 않을 수 없었다. 2010년 7월 30일, 오사카의 한 아파트에서는 세 살배기 여자아이와 이제 막 한 살이 된 남자아이의 시신이 발견됐다. 발견 당시 현장에 출동했던 경찰은 그 시신들이 자신도 모르게 방에서 뛰쳐나올 만큼 어마어마한 악취를 풍겼다고 회고했다. 시신은 형체를 알아보기 힘들 정도

3 『조선일보』, 2010. 8. 6, "日 심각한 '가족해체'가 고령자 증발사태 낳았다".
4 『毎日新聞』, 2010. 8. 5, "高齢者の所在不明 これが長壽國の實像か".
5 『朝日新聞』, 2010. 9. 20, "高齢ニッポン—支え會いの再建築を".

로 부패되었고, 뼈의 일부가 그대로 드러나기도 했다. 아이들은 쓰레기가 가득한 방에 벌거벗은 상태로 숨져 있었고, 부검 결과 두 아이의 위장에서는 아무런 내용물도 발견되지 않았다. 23세의 아이 엄마는 6월 중순 아이들을 방치한 뒤 외출했다가 보름 간격을 두고 집에 들렀다 다시 나갔다. 어린 남매는 찜통 같은 더위 속에서 아무것도 먹지 못해 숨지고 말았다.[6]

처음에는 '아이를 돌보기 귀찮아 남매를 굶겨 죽인 비정한 엄마'가 저지른 엽기적인 사건으로 소개되는 경우가 많았지만, 시간이 지날수록 이를 사회적인 차원에서 접근해야 한다는 목소리 역시 높아지게 되었다. 아이 엄마에 대한 취조가 이어지면서 그녀가 둘째 아이를 낳고 얼마 지나지 않아 이혼을 했고, 그래서 혼자 일을 하며 아이를 돌봤어야 했다는 점, 그리고 사건을 일으키기 전까지만 하더라도 아이들에 대한 애정을 보여 왔다는 점 등이 밝혀지기 시작했다. 그러면서 어린 나이에 부모가 되어 다른 가족의 지원 없이 혼자서 아이를 키우는 것이 얼마나 힘든지, 이에 대한 사회적 지원이 얼마나 부족한지 등 싱글맘들이 처한 상황에 대한 공감대가 형성되었다.

따라서 이 두 사건에서 읽을 수 있는 공통점은 단지 시체가 발견되었다는 것이 아니다. 거기에는 노부모를 살뜰히 모시는 자식들, 아이를 사랑으로 키워 주는 어머니와 같은 이른바 따뜻한 가족의 이미지가 산산이 부서진 흔적이 존재한다. 그렇다면 이 사건들이 단순히 가족들만의 문제인가? 시체들이 시취를 풍기다 미라 상태가 될 때까지, 가족의 부재를 대신 채웠어야 할 사회는 어디에 있었는가? 이 장에서는 이 같은 질문들에 답하기 위해 일본식 근대화의 전개라는 보다 광범한 맥락

6 나우뉴스, 2010. 8. 3, "아들·딸 굶겨 죽인 日 '괴물 엄마'…일본 열도 충격".

에서 일본형 노인 복지 체제가 성립되어 온 과정과 그 결과를 비판적으로 고찰해 보고자 한다.

2. 일본식 근대화의 전개 과정을 통해 본 노인 복지 체제의 성립 과정

흔히 일본은 비서구 국가 가운데서도 유일하게 종속국으로 전락하지 않고 단기간에 경제적·산업적 측면에서 큰 성과를 거둬 냈다는 점에서 '성공적인 모델'로 제시되어 왔다(박진우 2002). 서구 열강의 외압에 직면하여 민족의 독립을 유지하기 위해 국가가 중심이 되어 위로부터의 산업화가 추진되었고, 결과적으로 비서구 국가들 가운데 가장 빠른 시간 안에 성공적으로 산업화를 이루어 냈다는 것이다.

하지만 경제적 근대화가 추진되는 속도에 비해 정치적·사회적·문화적 근대화가 추진되는 속도는 오히려 뒤처짐에 따라 갖가지 모순과 갈등이 야기되고 있는 측면에 주의를 기울여야 한다는 주장 역시 제기되었다. 즉, 정부의 주도하에 산업화가 급속하게 이루어짐에 따라 빈부 격차가 심화되었고, 공장 노동자들은 열악한 노동 환경에서 일하도록 내몰렸으며, 농촌에서는 자작 농가가 소작농 혹은 빈농 가구로 전락하게 되었다. 또한 일본 정부는 자유 민권 운동을 비롯한 민중 운동의 요구를 철저하게 탄압하는 전근대적 태도를 취해 왔다(박진우 2002; 스미스 2008). 그런데 여기서 주목해야 할 지점은, 파행적인 근대화 과정에서 분출되는 민중의 저항과 반감을 억누르고 국민국가를 형성하기 위해 일본 정부가 근대화와는 상반된 전통적 요소에 눈을 돌리기 시작했다는 점이다. 전근대적인 요소들을 철폐해야 할 대상으로 규정하려던 입장을 바꾸어 오히려 적극적으로 전통적 요소의 가치를 재평가하여 낡은 사회 구조를 그대로 유지하는 전략을 택한 것이다. 즉, '전통적인 사회 구조'[7]를 온존하면서 급속한 근대화 및 산업화가 추진되어 왔으며, 그 과정에서 발생하는 모순과 비판을 회피하기 위해 전근대적인 정신 구조인 효 이데올로기 및 전통적인 사회 구조인 혈연 집단으로서의 이에(家) 사회와 지연 집단으로서의 무라(村) 사회에 깊게 의존해 왔다는 것이다(마루야마 1998; 임경택 2004, 2005).

일본의 노인 복지 정책이 전개된 양상 역시 근대화 과정이 진전되는 과정과 겹쳐진다. 제2차 세계 대전 이후, 일본의 복지 체제의 외연은 비약적으로 확대되었다. 노인 복지 정책이 본격적으로 수립되던 1960년 당시의 후생백서(厚生白書) 내용을 살펴보면, 당시 일본 정부는 구미 선진국과의 격차를 줄이기 위해 근대적인 형태의 복지 체제를 수립하는 것을 국가의 중요한 목표로 설정하고 있음을 알 수 있다. "구미 선진국은 제2차 세계 대전의 종료를 계기로 복지 국가 건설을 적극적으로 이뤄 내고 있으며, 이들은 국민 전체의 일반적 복지를 증진하는 것을 최고의 사명이라고 생각하고 있다."라고 지적하며 일본 역시 지금부터라도 "모든 시책에 우선하여 복지 국가를 달성하는 데 힘을 쏟아야 한다."라고 주장하고 있다(厚生勞動省 1960). 그리하여 1973년인 이른바 '복지 원년'(福祉元年)에는 노인 복지 제도를 비롯하여 의료 제도, 사회 보장 제도가 대폭 수정되기도 했다.

하지만 메이지 정부 시기에 성립된 행정 기관 우위의 운영 방식은 변하지 않았다. 일본의 사회복지 체제는 서비스 제공을 맡고 있는 행정 기관(또는 권한 위임을 받은 법인 등)과 서비스 대상자인 이용자로 구성되

7 일본 사회에서 소위 '전통적인 것'으로 회자되는 관습이나 가치 역시 근현대에 구성된 것이라는 주장 역시 제기되고 있다(사토 2011; 스미스 2008; 이와타 2009).

었다. 그런데 서비스 대상자인 이용자는 행정 기관과 동등한 관계를 맺고 있는 것이 아니다. 행정 기관의 일방적인 처분에 의해 서비스의 내용과 범위가 결정되는 구조였기 때문에, 사회복지 서비스를 이용하는 과정에서 복지 대상자의 참여와 자기결정권은 제한될 수밖에 없었다(정재욱 2005: 122-124).

게다가 복지 국가 건설을 최우선 과제로 상정하던 일본 정부의 노선은 점차 국가의 역할을 축소시키고 가족이라는 전통적 자산을 활용하는 방식으로 변화했다. 제2차 석유 파동이 발생하면서 고도 성장에 의해 유지되어 온 세수의 증가가 둔화되었고, 이를 계기로 복지원년의 상징이기도 했던 '노인 의료의 무상화'와 같은 정책이 국가의 재정에 미친 영향을 비판적으로 검토해야 한다는 목소리가 높아지게 되었다. 이 시기를 기점으로, 복지를 위한 국고의 부담을 줄이고, 가족이라는 전통적 자산을 적극 활용하는 '일본형 복지 모델'이 전면적으로 실시되었다(권오희 2003; 裵維珍 2010).

'일본형 복지 사회'를 천명하는 「신경제사회 7개년 전략 문서」에서 일본 정부는 구미 선진국을 경제적인 측면에서는 이미 따라잡았으며, 선진국에 기준을 맞추는 것이 아니라 일본 독자의 길을 선택하는 일이 필요하다고 주장하고 있다. 1978년 일본형 복지 사회 건설을 위해 작성한 초안의 내용을 살펴보면, 일본 정부는 "유럽형 복지 국가는 중앙 정부의 역할을 증대시킴으로써 무기력한 관료 국가를 만들고 자립할 수 없는 인간을 양산하였다. 공적인 서비스에 전적으로 의존하기보다는, 부모가 자녀와 함께 동거하며 부모를 돌보는 전통을 원칙으로 삼아 '일본형 복지 사회'를 건설해야 한다."라는 입장을 공표하고 있다(裵維珍 2010). 또한 나카소네 내각은 '활기 있는 복지 사회'라는 구상을 제시하였는데, 이는 함께 살고 있는 가족에 생애를 의탁하는 것이 행복하다고 하는 재택 개호 행복론에 근간한 것이었다.

이 같은 일본 정부의 행보는 한편으로는 서구 중심의 복지 모델의 한계를 환기하는 대상으로 주목을 받기도 했다. 일례로 존스(Jones 1993)는 동아시아 복지 국가들에서 나타나는 독특한 특징 — 전통적인 유교적 사회 윤리와 국가 이익을 지향하는 민족 전체의 조합주의 — 은 서구 중심의 복지 모델만으로 설명할 수 없다고 지적하며, 일본을 포함한 아시아 국가들을 설명하기 위해서는 '유교 복지 국가'(Confucian welfare model)라는 새로운 종류의 카테고리가 필요하다고 보았다. 굿맨 등의 학자들(Goodman et al. 1998)은 '동아시아 복지 모델'(East Asian welfare model) 혹은 '복지 오리엔탈리즘'(welfare orientalism)이라는 용어로 이러한 경향을 소개하고 있다.

그러나 실제 현실에서는 많은 갈등과 딜레마가 상존하고 있었다. 우선 행정 기관이 복지 서비스의 종류와 내용을 일방적으로 결정하는 조치 제도만으로는 다양해진 노인들의 복지 욕구를 충족시키는 것이 사실상 어려웠다. 또한 노인을 공경하는 문화가 일본 고유의 문화적 자산이므로 이를 지켜 나가야 한다는 일본 정부의 주장은 노인 부양 부담을 전적으로 가족에게, 그것도 여성에게 전가하는 이데올로기로 작동되고 있음을 강력히 비판하는 학자들의 목소리도 점점 높아졌다(Jenike 1997; Lock 1993; Long 1996). 이에 일본 정부는 조치 제도를 폐지하여 복지 대상자가 복지 서비스를 보다 자유롭게 선택 및 이용할 수 있게 하고, 노인 돌봄 문제를 사회적 차원에서 해결하기 위해 2000년 가이고호켄, 즉 개호 보험 제도(介護保險制度)를 시행하기에 이르렀다.

개호 보험 제도가 실시되면서 노인들은 소비자로서의 지위를 부여받게 되었고, 그리하여 형식적으로는 다양한 형태의 복지 서비스를 선택, 이용할 수 있게 되었다. 또한 노인들의 돌봄을 담당해 왔던 가족 구성원들의 부담 역시 다소 줄어들게 되었다. 하지만 개호 보험 제도의 경우 10%의 자기부담금을 지급해야 이용할 수 있었기 때문에, 이를 지급할 능력이 없는 노인들은 이전보다 더욱 어려운 상황에 놓이게 되었다(落合惠美子 外 2010; 김희경 2015).[8] 또한 개호 보험 제도는 출발부터 주부가 노인 돌봄의 핵심적인 역할을 수행할 것이라는 가정하에 이들의 돌봄 부담을 덜어 주기 위한 구조로 설계되었다. 그래서 사회활동을 하고 있는 여성이나 독신 여성에 비해 전업주부가 세제상으로 우대를 받도록 설계되어 있었고, 보험료 납부에 있어서도 배우자가 보험료를 납부할 경우 부인은 제외해 주는 배우자 연대 납부 의무 제도 등을 실시하였다.

이처럼 가족, 그 가운데서도 '며느리'를 가족 돌봄의 주된 책임자로 가정하고 있는 개호 보험 제도는 돌봄 제공자의 범주가 며느리에서 결혼을 하지 않은 아들 혹은 딸과 같이 다양해지고 있는 현실을 제대로 반영하지 못하고 있다. 국민기초생활조사(厚生勞動省 2013: 30-32)의 결과를 살펴보면, 개호가 필요한 사람이 있는 세대 가운데 단독 세대의 비율이 2001년 15.7%에서 2013년 27.4%로, 부부 세대는 18.3%에서 21.5%로 증가하고 있다. 반면 3세대는 32.5%에서 18.4%로 감소하였다. 돌봄을 주로 제공하는 사람이 누구인지 살펴보면, 배우자가 26.2%, 자녀가 21.8%로 가장 많고 자녀의 배우자는 11.2%에 그치고 있다. 이는 1960년대만 하더라도 부모 돌봄의 주된 책임을 자녀의 배우자, 즉 며느리가 절반(49.8%)에 가깝게 담당했던 상황과 크게 달라지고 있음을 보여 주는 결과이다(全國社會福祉協議會 1968; 지은숙 2016: 146).

특히 2006년 개호 보험 제도 개정을 통해 일본 정부는 동거 가족이 있는 경우 생활 지원 서비스를 받지 못하도록 제한했다. 생활 지원

8 한국 역시 장기요양보험제도가 도입되면서 노인들은 형식적으로 '소비자'라는 지위를 얻게 되었다. 하지만 한국의 경우 장기요양보험제도의 혜택을 받을 수 있는 노인들의 수가 일본보다 훨씬 제한되어 있으며, 자기 부담금에 대한 경제적 부담으로 인해 '소비자'로서의 지위를 누리기 어려운 실정에 놓여 있는 노인들이 상당수였다(Kim and Traphagan 2009 참고).

은 혼자 살거나, 가족이 있다 하더라도 장애 및 질병으로 인해 이용자 및 가족이 가사를 행하는 것이 불가능할 경우, 조리, 세탁, 청소 등의 가사 활동 및 생활 등에 관련된 상담 및 조언뿐 아니라 돌봄을 필요로 하는 사람에게 필요한 일상적인 보살핌을 제공하는 행위를 말한다. 그런데 2006년 4월부터 동거 가족이 있는 경우 이 서비스를 받지 못하게 제한되었다. 가장 큰 타격을 입은 대상은 다름 아닌 일을 하면서 부모를 돌봐 왔던 싱글 돌봄자들이었다. 이전에는 매일 헬퍼가 집에 들러 부모를 챙겨 주었기 때문에 그나마 안심하고 일자리를 유지할 수 있었는데, 법이 바뀌면서 일상생활 능력이 떨어진 고령의 부모가 온종일 집에서 혼자 지내게 된 것이다. 결국 일을 그만두는 사람들이 속출하게 됐는데, 종전에 노인 돌봄을 이유로 전직과 이직을 한 사람이 연간 10만 명 전후였던 데 비해 2006년 개정 이후에는 14만 4,800명으로 증가했고, 증가분 대다수가 비혼자였다(지은숙 2016: 151). 문제는 이렇게 사실상 일을 포기하고 부모를 돌보는 것을 선택한 많은 비혼자들이 또 다른 사회적 빈곤층으로 전락할 위험이 크다는 점이다.

> 도쿄 근교 신흥 주택 단지. 언뜻 봐서는 사건과 관련이 없을 것같이 생각되는 장소에서, 작년에 연금 부정 수급 사건이 발생했다. 단독 주택 2층 방에는 고령자의 시체가 7개월간 숨겨져 있었다. 그 흔적은 지금도 타원형으로 변색된 채 남아 있다. 경찰에 체포된 아들은 아버지의 죽음을 숨기고 연금을 부정으로 받아 왔다. 유죄 판결을 받은 39세 남성. 지금은 집행 유예 중인 처지다. 히로시 씨(가명)의 아버지는 정년까지 지방 공무원으로 근무하였다. 히로시 씨는 지역의 건설 회사에서 일했다. 집 짓는 공사를 돕는 일이었다. 몸이 혹사당하는 일이었지만, 매일매일 일을 떠올리면 즐거운, 충실한 날들을 보냈다. 대단히 평범한 가정 생활, 그 생활이 변하기 시작한 것은 모친의 병 때문이었다. 간병과 가사를 히로

시 씨가 맡을 수밖에 없어 28세에 일을 그만두게 되었다.

"아버지는 일을 쉴 수가 없었습니다. 집도 샀기 때문에 일을 하러 가지 않으면 대출을 지불할 수 없었습니다. 그래서 제가 개호를 해야 하는 상황이 되었습니다."

3년 뒤, 아버지께서 은퇴하시면서 퇴직금을 받았지만, 어머니의 고액 치료비를 충당하느라 3년 만에 바닥이 드러났다. 그때부터 아버지의 연금에 기댄 생활이 시작됐다. 얼마 후 어머니께서 돌아가시고, 그로부터 얼마 되지 않아 개호를 돕던 여동생이 심장병으로 갑자기 죽고 말았다. 계속된 가족의 죽음에 아버지는 큰 충격을 받았다. 퇴직 후, 자전거를 타고 다니다 차에 부딪히는 사고를 당해 다리를 제대로 쓰지 못하게 된 아버지. 지팡이를 사용해서 외출하는 것을 꺼려 하더니 치매 증상까지 나타났다. 그즈음 두 사람의 생활을 압박했던 것은 주택 대출이었다. 일을 하러 나갈 생각도 했지만, 치매인 아버지를 혼자 둘 수가 없었다. 개호 서비스 이용도 생각했지만, 이용자가 지불해야 할 10%의 부담금이 없었다. 생활 보호도 생각했지만, 히로시 씨 같은 상태로는 받을 수 없다는 말만 들었다. 히로시 씨의 집은 아직 주택 대출이 남아 있어 생활 보호도 인정되지 않았다. 주변에 도움을 청할 만한 사람도 없었다. 작년 2월 오후 5시, 아버지가 고요하게 마지막 숨을 들이켠 다음, 히로시 씨는 고심 끝에 아버지의 유해를 2층 방으로 옮긴 채 7개월간 살아왔다(NHK 報道局取材班 2010, 필자 일부 발췌).

히로시 씨의 사례는 비혼인 가족 돌봄자가 당면한 어려움을 고스란히 보여 주고 있다. 히로시 씨는 사망한 아버지의 시체를 집 안에 숨기고 7개월간 연금을 받아 오다가 적발되었다. 사례에서 나타나듯이, 히로시 씨는 어머니가 병에 걸리기 전까지만 해도 평범하게 살았다. 그런데 어머니가 몸져누우면서, 아버지 대신 동생과 함께 어머니의 수발을 들게 된다. 어머니가 죽고 난 뒤 동생 역시 심장병으로 죽었고, 아버지에게서 치매 증상이 나타나면서 히로시 씨는 사실상 고립된 상태로 아버지를 돌보는 일에 매달리게 된다. 하지만 아버지가 죽고 나서는 당장 장례를 치를 비용도 없었을 뿐 아니라 재취업도 어려워졌고, 끝내 아버지의 연금을 받기 위해 시체를 은닉하기에 이른다.

히로시 씨의 사례에서 나타나듯이 일본에서 비혼 돌봄자의 문제는 심각한 사회문제이기도 하다(지은숙 2016). 소설가 야마무라 모토키(야마무라 2015)는 자신과 같이 부모를 돌본 경험이 있는 비혼자들을 인터뷰한 결과를 모아 소설을 썼다. 이 소설에서 그는 비혼 돌봄자들이 일과 개호를 사실상 병행하기가 어렵다는 점을 지적한다. 홀로 노부모를 부양하다 보니 시시때때로 예상치 못했던 일이 벌어지게 되고, 그때마다 일손을 놓고 달려가야 해서 직장에서 눈치를 볼 수밖에 없었으며 업무 능력도 저하된다. 일을 마치고 집에 돌아오면 개호라는 또 다른 일이 기다리고 있어 스트레스는 커지고, 이를 견디지 못해 일을 그만두게 된다. 그래서 결국 부모의 연금과 자신의 저축을 헐어 쓰며 부모 돌봄에 몰두하게 되지만, 부모가 죽고 나면 부모의 연금에 더 이상 의존할 수 없어지고 나이도 많아져 재취업도 어려워진다는 것이다.

사실 죽은 지 한참 뒤에야 발견되는 경우나 가족들과 연락마저 끊겨 생사조차 알 수 없는 사람들이 늘어나고 있는 상황은 충격적이기는 했지만 처음 일어난 일도, 노인들에게만 일어나는 일도 아니었다. 고독사 보도의 역사를 연구한 고츠지 히사노리와 고바야시 소노스케의 연구(小辻壽規·小林宗之 2011: 121-130)에 따르면, 메이지 시대(明治時代) 이후부터 전쟁 전후의 시기까지 '고독사'(孤獨死)라는 말을 사용하지 않았을 뿐이지 고독사로 분류될 수 있는 사례는 꾸준히 발생해 왔다. 또한 2010년 1월 NHK 무연사회 프로젝트팀(2012)은 '신원불명의 자살로 보이는 죽은 사람' 혹은 '객사' 같은 형태의 고독사가 연간 32,000건에 달한다는 내용의 보도를 제작, 방송하여 사회적으로 큰 반향을 일으켰다. 결국 무연사 혹은 고독사가 현대 사회의 문제 혹은 노인들만의 문제라는 주장은 잘못된 것으로, '고립된 죽음'을 예방하는 사회 시스템이 확립되지 못한 것이 보다 근본적인 문제라 할 수 있다.

실제로 부모가 죽은 것을 감추고 연금을 받아 온 사례들을 보며 일본인들의 도덕적 양심이 땅에 떨어졌다고 비판을 하는 사람들도 분명 많았지만, 그럴 수도 있다며 동조하는 시민들도 꽤 있었다. 지역 사회 시민들 가운데 일부는 이러한 사태가 발생한 것이 경제적으로 곤궁한 상태에 처해 있는 사람들이 많아진 데 반해 그러한 사람들을 구제해 줄 사회적 시스템이 부재하기 때문이라고 보고, 이를 해결하기 위해 다양한 실천들을 행하고 있었다. 이 같은 사건들은 "21세기 일본이 해결하지 않으면 안 되는 중요한 사회적 문제라 할 수 있는 가족 관계 및 지역 커뮤니티의 해체, 경제 격차에 따른 빈곤 문제가 제대로 해결되지 않아서"(土堤内昭雄 2010) 발생한 것이라는 문제의식을 이들은 공유하고 있었던 것이다.

3. '문제 가족'을 색출하려는 정부, 그리고 새로운 소문들

하지만 일본 정부의 견해는 달랐다. 일본 정부는 사회 시스템을 개선하기보다는 노인들이 사망한 사실을 은폐하고 연금을 타 먹는 '문제 가족'을 적발하기 위해 감시 체계를 강화하는 방식을 택했다. 후생노동성에서는 2010년 7월 1일을 기준으로 만 76세 이상 노인 가운데 지난 1년간 병원을 한 번도 이용하지 않은 연금 수급자(341,312명)를 대상으로, 2010년 11월 현황 보고서를 보내거나 노인의 집에 직접 방문하는 절차를 거쳐 사망 및 행방불명으로 판명된 노인들의 연금 수급을 중지하는 절차를 시행했다(厚生勞動省 2012). 또한 2012년 개정된 개호 보험 제도에서는 재택에서 개호 서비스를 받고 있는 고령자를 대상으로 지역 순환 및 수시 방문 서비스를 실시하기로 했다.[9] 더불어 나가노 현과 같은 지방 정부에서는 개인 정보를 밝히기 꺼려 하거나 면접을 거부하는 노인 및 가족들의 실태를 확인하기 위해, 민생위원에게 필요한 노인들의 개인 정보를 제공하는 방침을 발표하기도 했다.[10]

또한 주요 언론에서도 관련 제도를 시정하고 국민들의 도덕성을 회복하는 것이 필요하다는 원론적인 입장을 내놓고 있었다. 『요미우리 신문(讀賣新聞)』의 한 칼럼에서는 지역 사회 및 가족이 붕괴됨에 따라 사람과 사람 간의 유대가 희박해져 가고 있다고 한탄하며 도덕 교육 및 법 제도의 정비가 필요하다고 주장했다.[11] 또한 『시나노 마이니치 신문(信濃每日新聞)』에서는 "생존 확인에 대한 엄밀한 규정이 없고 가족이 면회를 거부하면 그 이상의 확인이 어려운 실정"임을 지적하며 "연금 수령자가 소재 불명으로 의심될 경우 개호 보험과 의료 보험의 사용 상황을 점검하여 이용 실적이 없으면 노인의 집에 방문하여 확인하는 절차를 제도화해야 한다."라고 주장했다.[12] 그리고 "주민 기본 대장은 총무성, 호적은 법무성, 연금 기록은 후생노동성으로 일원화되지 않음을 지적하며 따로 노는 개인 정보의 관리를 일원화하고 한 번에 운용할 수 있는 시스템을 구축"해야 한다는 점을 강조했다.

이처럼 사회복지 시스템의 근본적 한계를 근본적으로 성찰하기보다는 도덕적으로 해이한 노인들 혹은 가족들을 적발하는 시스템을 강

9 『信濃每日新聞』, 2010. 8. 30, "介護保險改正 — 巡回サービスを充實".

10 『信濃每日新聞』, 2010. 12. 17, "民生委員に必要な情報を提供を縣ガイドライン策定へ".

11 『讀賣新聞』, 2010. 9. 5, "家族の崩壞 嘆く声".

12 『信濃每日新聞』, 2010. 8. 4, "民生委員に個人情報の壁".

화시켜 나가는 방식으로 사태가 진전되면서 지역에 거주하는 혼자 사는 노인들 사이에서는 새로운 종류의 소문이 떠돌기 시작했다. 그것은 혼자 사는 노인들의 집에 센서를 부착해서 노인의 움직임이 감지되지 않으면 바로 시에서 사람이 출동한다는 소문이었다.

사사키 혼자 사는 노인들인 경우 앞으로 센서를 붙인다고 한다는데 들어봤어요?

나카노 인간의 움직임을 읽는 센서라는 거예요. 움직임이 없으면 바로 연락이 온다는 거죠. 그래서 옆집에라도 가면 죽은 줄 알고 사람이 온다는 거잖아요.

사사키 그럼 누가 오는 거예요? 자식들에게 바로 연락이 가는 건가요?

나카노 움직임이 없으면 바로 이웃집에 연락이 가서 그 사람의 상황을 보도록 한대요. 그래서 세 명이고 네 명이고 온다니까요.

사사키 움직이면 괜찮은 거잖아요?

다나카 혼자 사니까 어딘가 갈 수도 있잖아요? 애완동물이 움직이면 되는 건지.

나카노 혼자 사는 노인이 죽은 채로 발견되는 일이 실제로 많이 일어나니까 그걸 예방하는 게 목적이겠지요. 혼자 사는 사람은 불안하고 그렇잖아요.

사사키 그렇지만 프라이버시잖아요. 프라이버시가 분명 있는데.

이는 지역의 노인들과 일상적으로 차를 마시는 자리에서 노인들 간에 오갔던 대화의 일부를 정리한 것이다. 당시 나는 시청의 노인지원과 연수생이기도 했기 때문에 지역에서 행해지고 있는 노인 관련 사업에 대해서 전반적으로 파악하고 있었는데, 그런 센서에 관한 이야기를 들어 본 적은 없었다. 그래서 따로 확인해 보기도 했지만, 실제로 그런 계획은 전혀 없었다. 다만 노인들 사이에서 왜 혼자 사는 노인의 집에 센서를 단다는 소문이 돌고 있는지 짐작할 수는 있었다.

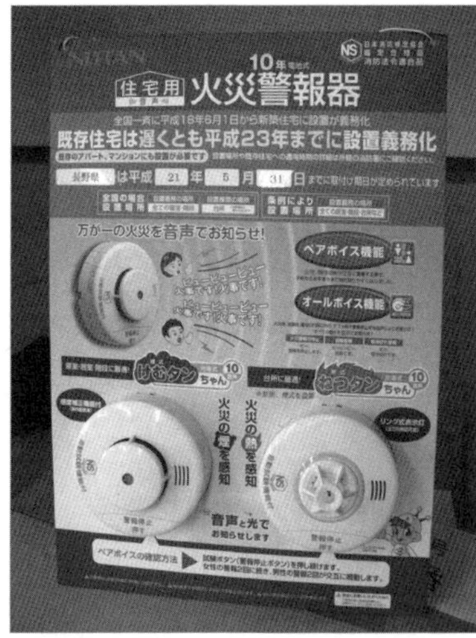

[그림 5-2] 혼자 사는 노인의 집에 달아 주는 화재경보기

유령 고령자 사건 이후 시청에서는 혼자 살고 있는 65세 이상 고령자의 집에 '안심 콜'이라는 명목으로 전화를 돌리기 시작했다. 또한 시청에서는 해마다 65세 이상 고령자의 실태를 조사하고 있었는데, 유령 고령자 사태 이후로는 혼자 사는 노인에 대한 조사를 보다 철저하게 진행했다. 이런 와중에 시청에서는 혼자 사는 노인의 집에 화재경보기([그림 5-2] 참고)를 달아 주는 사업을 동시에 진행하고 있었다. 혼자 사는 노인의 집에 불이라도 나게 되면, 경보기 소리를 듣고 옆집에서라도 가 보게 하는 시책이었는데, 마치 임철우의 소설 속 시민들이 타이어 터지는 소리를 총소리로 오인하듯이 노인을 감시하는 센서를 단다는 것으로 와전된 것이었다.

이런 소문들이 퍼져 나가는 이유를 파악하기 위해서는 '혼자 사는 노인' 혹은 '문제 가족'에게 비난의 초점이 향해 있는 사회적 분위기를 고려해 보아야 한다. 지역에 거주하는 노인들은 평소에는 이러한 사건들을 그저 '사회적 문제'로만 접하다가 시청 공무원이나 민생위원을 통해 자신 역시 유령 고령자와 같은 잠재적 문제 집단에 분류될 수 있다는 사실에 당혹스러워했다. 일부 노인들은 "나도 이제 독거노인이에요.",

"75세가 되었으니 나도 이제 후기 고령자지."라고 농담 섞어 자신을 소개하기도 했다. 이는 자신을 행정이나 학술 담론에서 규정하는 '문제 노인'으로 인식하고 받아들이는 순간이라기보다는 자신에게 부정적인 정체성이 덧씌워진 상황에 대한 불편함과 행여 자신 역시 그런 대상이 될지도 모른다는 불안감을 표현하는 것이었다. 이처럼 가족의 역할과 책임을 강조하는 일본형 사회복지 시스템의 한계를 어떻게 극복하는 것이 바람직한가에 천착하기보다는 여전히 가족에게 그 책임을 추궁하는 방식으로 문제를 해결하고 있는 일본 정부의 접근은 노인과 그 가족에게 새로운 종류의 불안을 안겨 주고 있었다.

4. 나오며: 현대 일본 사회에서 '노인 문제'

> 82년 한여름, 남도의 한 도시에서 사랑해서는 안 될 사람들이 사랑하다가 들켜 놀라 근육이 경직되는 통에 떨어지지 않게 되었다라는 소문이 들판의 불꽃처럼 번져 갔다…. 사람들은 소문의 세계에 빠져 거기에서 벗어날 방도도 찾지 못하며, 벗어나야 한다는 당위도 잊어버린다. 그 소문은 소문이되 심리적 차원에서는 사실이다. 온갖 상상력을 가능케 하는 소문은 이미 소문이 아니라 신화다. 임철우의 세계에 있어 특이한 것은 그 신화가 생산적이고 긍정적인 신화로 드러나는 것이 아니라 비생산적이고 부정적인 신화로 드러난다는 데 있다. 임철우의 자웅동체는 인륜을 어긴 남녀의 붙음이고 긍정적으로 상상될 수 없는 붙음이다…. 그 부정적 신화가 보여 주는 절망적 세계 속에서 우리는 어떻게 살아야 할 것인가? 임철우가 그렇게 묻고 있다.(김현 1985, 필자 일부 발췌)

문학평론가 김현은 임철우의 소설에는 절망적 세계 속에서 어떻게 살아야 할 것인가에 대한 질문이 담겨 있다고 지적한다. 이 질문에 답하기 위해서는 다시금 소설로 돌아가 작가가 왜 시취에 주목했는지 생각해 봐야 할 것이다. 거기에는 이성을 압도하는 감각이, 언어화되지 못한 불합리함에 대한 항변이 존재한다. 무엇이 밝혀지고 있지 않은지, 무엇이 문제인지 명확하게 밝힐 순 없지만, 무언가 납득할 수 없고 수긍할 수 없는 불합리함이 존재한다는 사실을 사람들이 본능적으로 느끼고 있음을 표현하기 위해서일 것이다. 그러한 감각을 보다 예민하게 만들어 주기 위해 작가는 여름이라는 배경을 사용한 것이 아닐까? 아마도 "머리 가죽이 터져 버릴 것 같은" 더위가 아니었다면, 소설 속 시민들은 어디선가 썩어 가는 시체의 냄새를 맡을 수 없었을 것이다. 모두가 그 냄새를 맡기 시작했을 때 그것은 공공의 문제가 된다. 따라서 임철우 소설에서 폭염은 바로 불합리한 체제의 모순을 직시하게 만드는 소설적 장치이기도 하다.

그렇다면 유령 고령자 사태는 일본 사회에 어떤 질문을 던지고 있다고 볼 수 있는가? 이 질문에 답하기 위해서는 일본식 근대화가 어떻게 진행되어 왔는지에 대해 논의해야 할 필요가 있다. 일본은 1868년의 메이지 유신과 1945년의 패전을 계기로 산업 시스템을 구축하고, 보통선거권, 여성 해방, 언론 자유 등의 미국식 민주주의를 이식했다. 외양만 보면 일본은 아시아 국가 중에 매우 성공적으로 근대화를 달성한 것처럼 보인다. 하지만 이 과정을 과연 '성공적'이라고 말할 수 있을지는 의문이다. 일본 정부는 의식적 차원에서의 근대화보다는 주로 경제적 차원의 근대화를 달성하는 데 집중했고, 그 과정에서 발생하는 문제들을 해결하기 위해 철폐해야 할 대상으로 규정했던 '전통적인 요소들'에 의존해 왔다.

근대 국가를 수립하기 위해 달성해야 할 목표 가운데 하나였던 복지 시스템 역시 비틀리기 시작했다. 일본 정부는 복지 제도의 외연을 확

대해 나갔지만, 복지 대상자와 행정 기관과의 관계는 여전히 수직적이고 일방적이었다. 또한 복지 국가 건설을 최우선 과제로 상정하던 일본 정부의 노선은 점차 국가의 역할을 축소시키고 가족이라는 전통적 자산을 활용하는 방식으로 변화했다. 이러한 복지 체제의 문제점이 점차 가시화되자 일본 정부는 이용자와 공급자의 관계를 시정하고, 가족 돌봄의 부담을 완화시켜 주기 위해 2000년에 개호 보험 제도를 실시했다.

하지만 개호 보험 제도는 돌봄을 제공하는 가족 성원이 며느리에서 결혼을 하지 않은 아들 혹은 딸과 같이 변화하고 있는 현실에 제대로 대응하지 못하고 있다. 게다가 경제적 능력을 갖추지 못한 저소득 노인 및 노인 가족들에 대한 배려 역시 부족한 실정이다. 그러나 일본 정부는 이러한 구조적 문제를 시정하는 데 노력을 기울이기보다는 '문제 노인'과 '문제 가족'을 색출하는 감시 시스템을 강화하는 방식을 택했고, 이는 노인들에게 새로운 종류의 불안을 안겨 주고 있었다.

유령 고령자 사태는 윤리 의식이 땅에 떨어진 몰염치한 가족들 때문에 발생한 문제만도, 노인 인구가 많아져서 생긴 '노인 문제'만도 아니다. 유령 고령자 사건은 다양한 형태의 가족의 존재를 인정해 주지 않고, 경제적으로 어려운 처지에 놓여 있는 노인 및 노인 가족들에게 실질적인 대안을 제공하지 않고 있으면서도, 이들을 '문제 노인'과 '문제 가족'으로 규정하고 감시하는 데 집중하는 일본식 근대적 복지 체제의 모순 때문에 빚어진 사태로서 주목할 필요가 있다. 유령 고령자 사건이 일본 사회에 던지는 이 같은 메시지를 직시하지 않고, 그저 시체에 '노인 문제'라는 라벨을 붙여 관에 집어넣어 버린다면, 소설 속 그 도시에서처럼 시체에서 풍기는 악취도, 들판의 불꽃처럼 번져 나가는 해괴한 소문도 결코 쉽게 사라지지 않을 것이다.

제6장 공순이에서 콜순이로: 여성 노동자의 몸을 통해 본 한국의 근대

김관욱(더럼대학교 인류학과)

1. 들어가며: 근대의 기억, 그리고 여성 노동자

2015년 30대 후반의 나에게 한국의 근대란 경험의 대상이 아니었다. 그보다는 학습의 대상에 가까웠다. 그 결과 '근대'라는 어휘는 나에게 한국 산업 근대화의 상징인 '한강의 기적'으로 번역된다. 이 한강의 기적은 한강 남쪽에 위치한 수도권 최대의 수출 공업 지구였던 '구로 공단'을 전진 기지로 했다. 이곳을 '기지'로 표현한 것은 이 구로 공단의 주요 노동력이었던 여성 노동자를 당시에 '산업 전사'로 칭송한 것과 무관하지 않다. 내가 인류학 현지조사를 시작한 2014년은 '구로 공단 50주년'[1]이 되는 해다. 각가지 행사들이 한국의 산업 근대화를 위해 희생한 전사의 땀과 희생을 칭송하기 바빴다. 하지만 1년여의 현지조사를 마친 지금 내가 느끼는 것은 이 같은 칭송이 남긴 잔상이다. 그것은 하나의 의문이다. '그렇다면 과연 이들이 희생한 것은 도대체 무엇인가?'

서울시 지하철 2호선 구로디지털단지역에 내려 즐비한 식당 골목

1 정부와 자치 단체는 구로 공단 조성의 근거법인 '한국수출산업공업단지개발조성법' 제정일(1964년 9월 14일)을 기준으로 50주년을 2014년 9월 14일로 보고 있다. 반면에 노동계는 실제 기업이 입주해 노동이 시작된 시점인 1965년 5월을 기준으로 보고 있다. 이에 따라 노동계는 2015년에 구로 공단 50주년 및 구로동맹파업(1985년 6월 24일) 30주년 행사를 함께 치렀다. 한겨레신문, 2014. 9. 17, "유리벽 솟은, 여긴 노동의 벼랑", 『한겨레21』, 제1028호.

[그림 6-1] 수출의 여인상

을 지나 조금만 가면 큰 건물들 사이에 있는 '수출의 여인상'([그림 6-1] 참고)을 볼 수 있다. 2014년 새로이 색을 입히고 지금의 자리(한국산업단지공단 앞)에 놓인 철의 여인은 오른손에는 횃불을, 왼손에는 둥근 실타래—당시 주된 수출 분야인 섬유 산업을 상징하는—를 들고 있다. 그녀 옆에는 여공들이 '희생'한 것에 대한 설명이 기록되어 있다.

> 이곳이 '한강의 기적'으로 대변되는 고도 성장과 수출 성과를 얻기까지는 수많은 여성 근로자들의 헌신적인 땀과 노력이 있었기에 가능했습니다. 여인상은 1970년대 당시 산업화와 수출의 역군이자 구로 공단의 주인공이었던 수많은 여성근로자의 열정과 헌신, 그리고 미래를 향해 나아가는 진취적인 기상을 형상화하였습니다.

구로 공단 50주년, 수출의 여인상이 새 옷을 입고 새 집에 둥지를 틀던 자리에 아이러니하게도 당시의 진짜 주인공이었던 여공은 초대받지 못했다. 나는 당시 현장을 촬영했던 관계자를 통해 구청 담당자가 '순수하게 올 수 있는 분들(당시 여공들)'이 있는지 문의했다는 사실을 확인했다. 행사 당일(2014년 9월 17일) 맞은편에서는 또 다른 절규의 목소리가 구로 공단 50주년을 축하하고 있었다. 이들은 행사 주체 측이 '순수하지 않게' 여긴 사람들이었다. 이들은 바로 다음 해인 2015년 6월 25일이 되어서야 '구로동맹파업[2] 30주년' 행사의 주인공으로 설 수 있었다. 나는 바로 이 행사를 통해 1970-1980년대에 여공들이 헌신을 '강요'받고 열정을 '착취'당했으며, 미래에 대한 희망을 '꺾여 버렸다'는 이야기를 들을 수 있었다. 이 장은 이들의 증언—"공순이에서 비정규직으로"[3]—대로 한국 산업 근대화의 이면을 보여 주고 그것이 오늘날 어떠한 현실로 귀결되었는지를 보여 주는 데 일차적 목적이 있다. 특히 '헌신' 이면에 숨겨져 있는 작업장 안팎의 고통을 과거와 현재에 걸쳐 여성 노동자의 몸을 통해 바라보려 한다.

노동의 관점에서 여성의 몸은 가변적이다. 극도로 노동력이 부족한 경우, 특히 전쟁이 발발한 경우에 이는 더욱 극명하게 드러난다. 비근한 예로 세계 대전 당시 여성의 월경전 증후군(premenstural syndrome)[4]은 남성의 일자리 창출과 관련하여 그 해석이 극명하게 달라졌었다.[5]

2 구로동맹파업은 지금의 디지털 2단지 사거리(일반적으로 '마리오 사거리'로 더 많이 알려져 있다)에 위치했었던 기업들이 1985년 6월 24일에 연대 파업을 진행한 것을 가리킨다. 이 사거리의 한 귀퉁이를 차지하던 대규모 봉제공장 대우어패럴에서 갑작스럽게 경찰에 노동조합 간부가 연행(6월 22일 오전 11시)되면서 동맹파업이 발발하였다. 이때 대우어패럴, 가리봉전자, 선일섬유, 효성물산, 부흥사 등이 파업에 동참했다. 지금은 아파트형 공장의 유입과 대형 아울렛 매장에 묻혀 당시의 기억을 찾아보기 어렵다.

3 나는 구로동맹파업의 중심이었던 대우어패럴 노조의 사무장이었던 강명자 씨를 만나 2014년 9월 17일 행사 당일에 대한 이야기를 들었다. 그녀는 구로공단 시절의 여공들을 '산업역군'으로 높이 평가하고 있지만 당시의 여공들은 자신처럼 지금도 여전히 비정규직의 위치에 머물러 있다고 말했다.

4 월경 전에 반복적으로 발생하는 다양한 심리적·신체적 증상들(유방통, 소화 장애, 두통, 요통, 집중력 저하, 우울, 불안 등)을 통칭하는 용어이다.

5 프린스턴대학교 인류학과 마틴(2012[2002]: 122) 교수는 여성의 자연스런 생리적 현상 중 하나인 월경전 증후군의 해석이 남성의 노동 시장 진입과 관련하여 임의로 변경되는—심지어 과거 해석과 정반대로도—현상에 주목한다. 마틴은 구체적으로 "여성을 허약하게 만든다는 월경의 효과를 보여 주는 다른 많은 연구들이 전간기(戰間基)에 쏟아져 나온 것이 과연 우연의 일치일까? 여성들이 남성의 완전 고용을 가로막는 장애물로 여겨지던 시기에 월

[그림 6-2] 제2차 세계 대전 당시 서구의 여성 노동자가 휴식 시간에 담배를 피우는 장면
사진 속의 인물은 캐나다 여성 베로니카 포스터(Veronica Foster)로, 군수물자 공장에서 일했으며 "Ronnie, the Bren Gun Girl"로 알려져 있다. 이 사진은 당시 흡연 여성의 취직은 물론 공장 내 흡연이 허용된 것을 잘 보여 준다.

출처: 영문 위키피디아; https://en.wikipedia.org/wiki/VeronicaFoster

전쟁으로 노동력이 궁핍한 시기에 전혀 문제시되지 않던 월경전 증후군은 전쟁 종료로 다시 남성의 일자리 창출이 필요한 시기가 되자 여성 노동자의 몸이 노동에 적합하지 않다는 근거로서 이용되었다. 또 다른 예로, [그림 6-2]에서 볼 수 있듯이 세계 대전 당시 남성 노동자의 현장에 대체되어 들어간 여성에게는 기존에 금기시되었던 흡연이 자연스럽게 노동 강화제(labor enhancer)로서 허용되었다. 당시 여성의 몸에서 필요한 것은 재생산의 자궁보다는 지치지 않는 근력이었다. 이러한 관점

> 경 때문에 여성이 허약해진다는 사실을 밝히는 연구가 속속 등장한 점을 감안하면, 제2차 세계 대전이 시작된 뒤 월경이 전혀 불리한 조건이 아님을 입증하는 연구가 물밀 듯이 나온 것도 전혀 놀랄 일은 아니다."라고 설명한다.

에서 여성 노동자의 몸은 근대성을 조명하는 흥미로운 접근법을 제공할 수 있다. 그렇다면 구로 공단의 여공들은 어떠했을까? 당시 여공들은 "잠 안오는 약 먹여 일 시키는 업주"([그림 6-6] 참고) 밑에서 고카페인 약물인 '타이밍'을 군것질하듯 먹으며 노동을 강요받았다. 여공들에게 필요했던 것은 역시 지치지 않는 근력이었다. 이렇듯 사회가 여성 노동자의 몸으로부터 무엇을 요구했는지, 그래서 이들이 어떠한 고통에 노출되었는지는 그 사회의 이면을 밝히는 중요한 단서가 될 수 있다.

2. 구로 공단 노동자 생활 체험관: 수출되는 한국의 산업 근대화

나는 산업 근대화 시기 여공들이 겪은 고통의 흔적을 추적하기 위해 제일 먼저 구로 공단 노동자 생활 체험관을 찾았다. 서울시 지하철 7호선 가산디지털단지역 2번 출구를 나와 가장 먼저 목격한 것은 익숙한 한 무리의 흡연 남성들이었다. 건물 밖 벤치 앞에 마련된 거대한 철재 재떨이가 나의 시선을 붙들었다. '노동 강화제'로서의 흡연의 역할(Jankowiak and Bradburd 1996; 김관욱 2015: 66-70)에 대해 연구해 온 나에게 초대형 재떨이는 노동의 성지에 제대로 찾아왔다는 묘한 확신을 갖게 만들었다. 구로 공단 노동자 생활 체험관은 역에서 그리 멀지 않은 다세대 연립 주택 밀집 지역에 위치해 있었다. 이곳에는 당시의 모습을 그대로 보여 주는 모형과 신문 기사, 실물 크기의 닭장 집들이 전시되어 있었다. 주된 의도는 과거의 노고를 치하하고, 특히 그들의 희생을 잊지 말자는 메시지를 주고자 하는 것으로 보였다. 마치 '수출의 여인상' 옆 안내판에 적힌 내용을 구현해 놓은 듯했다. 다른 점이 있다면 조금 더 객관적으로 당시 여공들의 항쟁의 모습을 보여 주려 했으며, 실제로 얼마나 열악한 환경 속에서 거주했는지를 최대한 재현하려 했다는 점이다([그림 6-3]

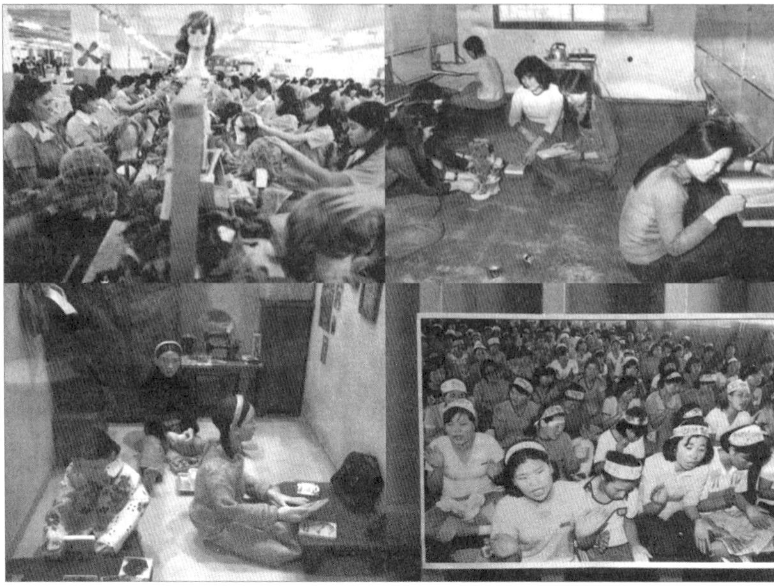

[그림 6-3] 구로 공단 노동자 생활 체험관 내부에 전시되어 있는 사진들과 모형
당시 여공들의 노동 및 일상의 모습과 함께 노조 활동 모습도 전시된 점이 인상적이다.

참고). 그렇지만 체험관 외벽에 전시된 이 지역 초·중·고등학생들의 그림들은 노동자의 '자발'적인 고귀한 희생으로 인해 오늘날의 발전이 있었다고 말하는 듯 느껴졌다. [그림 6-4]에서 볼 수 있는, 구로 공단을 상징하는 상처로 얼룩진 노동자의 손은 미래의 고층 빌딩로 향하는 구로디지털단지의 도로를 떠받치고 있다. 이러한 그림을 보고 있지만 산업 근대화의 과정 중에 인권 유린에 항거한 여공들의 고통의 역사는 존재하지 않았던 것 같다. '희생'만을 강조하고 '투쟁'을 지워 버린 구로 공단 역사 세우기 작업의 속살이 아이들의 시선을 통해 여과 없이 드러나는 듯했다.

구로 공단 여공의 삶이 마치 박제된 기념품처럼 느껴진 것은 우연한 조우 때문이었다. 뜻밖에도 같은 날 동남아시아 여성 관료들이 체험관에 견학을 왔다. 체험관 관리자가 한국어로 설명하면 동행한 여성 통

[그림 6-4] 구로 공단 노동자 생활 체험관에 전시된 한 중학생의 그림

역자가 설명해 주는 식으로 견학이 진행됐다. 이 모습을 보며 과연 이 타국의 여성 관료들이 이곳에서 무엇을 보고 느꼈을지 궁금해졌다. 과거 여공의 고달픈 삶이었을까, 아니면 이들의 희생이 바탕이 된 오늘날 한국의 모습일까. 만일 방점이 현재에 찍혀 있다면, 이들에게 흑백 사진 속 여공의 절규 역시 국가 근대화 혹은 사회의 진보를 위한 불가피한 대가로 여겨졌을지 모르겠다. 설명을 듣는 타국의 여성 관료들의 얼굴에 가끔씩 미소가 번지는 것을 보고 나는 간접적으로나마 이들이 무엇을 듣고자 하는지를 예상할 수 있었다. 이곳은 한국의 근대를 미화하고 한강의 기적 이데올로기를 수출하는 또 다른 무역의 현장이었다.

이 같은 뜻밖의 만남이 나에게는 어딘가 모르게 불편함으로 다가왔다. 그것은 1970-1980년대 한국에서 벌어졌던 외국계 기업의 후진국 여성 노동자 착취의 역사(유경순 2011; 구로구·금천구 2013: 120-121)가

지금 한국 기업들에 의해 동남아시아의 여러 국가(인도네시아, 방글라데시, 캄보디아, 베트남 등)에서 똑같이 반복되고 있다는 사실 때문이었다. 동남아시아의 여성 관료들이 이곳에서 해야 할 일은 한국이 어떻게 여성 노동력을 통해 오늘날의 산업 근대화를 이룩했는가 하는 것보다는 왜 한국의 기업들, 특히 여성 노동 집약적인 섬유 회사들이 자신들의 나라에서 여성 노동력을 착취하는지에 대한 문제 제기가 아닐까 싶었다. 이 같은 불편함은 2014년 캄보디아 봉제 공단에서 울린 총성에 대한 기억이 나의 몸을 더욱 예민하게 만든 탓이기도 했다.

2014년 1월 14일 캄보디아 카나디아 봉제 공단 지역에서 총성이 울렸다. 임금 인상에 대한 현지 여공들의 외침에 사측이 인근 공수 부대를 앞세운 무력 진압으로 대응한 결과였다. 노동자 다섯 명이 사망했다. 그저 합리적인 임금을 요구한 것뿐인데 목숨까지 내놓아야 했다. 이것이 나의 이목을 집중시킨 것은 크게 두 가지 이유에서였다. 첫째, 이 사건에는 현지 한국 기업이 개입되어 있었다. 둘째, 캄보디아 현지 여공들이 일하는 장면은 한국의 1970-1980년대 봉제 공장의 풍경을 연상시켰다. 일렬로 늘어선 재봉틀과 머리에 스카프를 쓴 모습은 한국의 산업 근대화 풍경을 그대로 이식해 놓은 듯했다. 뿐만 아니라 저임금, 장시간 노동, 열악한 근무 환경, 벌집 같은 숙소, 앳돼 보이는 여공들의 모습까지도 너무나 한국의 과거와 닮아 있었다.

캄보디아 여공의 기억과 구로 공단 노동자 생활 체험관에서 만난 동남아시아 여성 관료들에 대한 기억은 그 뒤로 꽤 오랫동안 남아 있었다. 시간과 장소는 다르지만 역사가 자본의 흐름 앞에 반복되는 듯 보였기 때문이다. 나는 한 영화 시사회에서 이러한 피상적인 감상을 재차 확인하는 기회를 가지게 됐다. 구로구청과 금천구청이 구로 공단 50주년 역사 세우기에 바쁠 때 다른 쪽에서는 구로 공단 동맹파업 30주년을 기념하는 행사가 열리고 있었다. 이 기념 행사의 일환으로 한국 여성 노동자의 삶을 추적한 다큐멘터리 영화 '위로공단'([그림 6-5] 참고)의 비공개 상영이 마련됐다. 이 자리에서 나는 실제 1985년 구로동맹파업의 주인공이었던 여성 노동자들의 이야기를 직접 들을 수 있는 기회를 얻었다. 그중 한 분은 영화 속에 비친 캄보디아 봉제 공장 여공들의 모습을 보며 "캄보디아 아이들 얼굴을 보니 옛날 우리와 다를 바가 없더라. 저 여공들이 앞으로 겪어야 할 일들에 걱정이 앞선다."라고 소회를 밝혔다. 캄보디아의 현재는 그녀의 생생한 증언처럼 한국의 어제와 연결되어 있으며, 캄보디아의 미래는 최첨단으로 포장된 한국의 디지털산업단지에서 젊은 여성들이 현재 경험하고 있다. 나는 옛 구로 공단 시절부터 오늘날 디지털산업단지에 이르기까지 산업 근대화가 여성 노동자의 몸에 어떠한 고통을 유발했는지를 추적하여 아시아의 여성 노동자가 직면할 앞으로의 노동 현실을 '두껍게' 그려 보고자 한다.

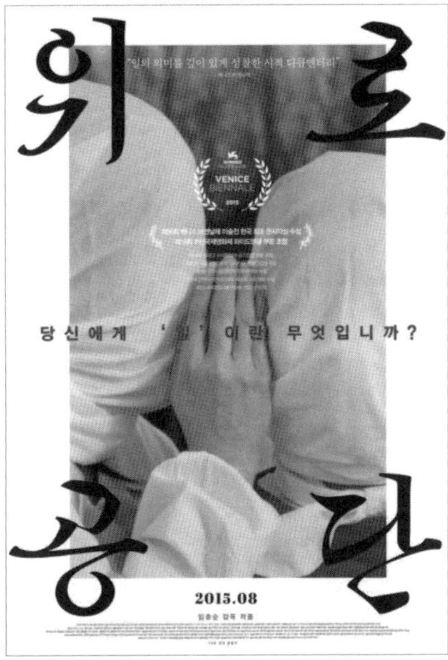

[그림 6-5] 임흥순 감독의 영화 '위로공단' 포스터
구로 공단 시절의 여공부터 오늘날 여성 노동자의 삶에 이르기까지 그들의 투쟁을 다룬 다큐멘터리 영화(2015년 8월 13일 개봉)

출처: '위로공단' 제작사 반달(BANDAL) 제공

3. 각성된 여공의 몸, '타이밍 중독'

구로 공단 노동자 생활 체험관을 방문했을 때 나의 시선을 가장 먼저 사로잡은 것은 오래된 신문 기사 제목이었다. "잠 안 오는 약 먹여 일 시키는 업주도"([그림 6-6] 참고). 그 약은 바로 '타이밍'이라는 카페인이 함유된 약물이었다. '워킹 드러그'(working drug)으로서의 흡연에 대해 연구해 온 나는 노동과 관련된 약물에 대해서 본능적인 호기심이 생겼다. 카페인을 함유한 커피는 19세기 산업혁명 시절부터 설탕, 초콜릿, 홍차, 담배와 함께 노동자 계급이 주로 사용하던 '드러그 푸드'(drug foods)로 알려져 왔다. 인류학자 민츠(Mintz 1985: 186)는 드러그 푸드가 "현실을 잠시 잊도록 만들어 주고, 배고픔의 고통을 잠시 마비시켜" "영양분 공급 없이 더 큰 노동력을 불러일으킨다."라고 설명했다. 타이밍이라는 카페인 약 역시 드러그 푸드 차원에서 이용된 셈이다. 이후 조금씩 관심을 가지고 찾아보니 타이밍은 책에서든 다큐멘터리에서든 실제 당시 여공의 육성 증언에서든 빠지지 않고 등장하는 단골 소재였다.

> 노동자들이 자꾸 조니까, 타이밍이라는 각성제가 있잖아요. 그걸 먹이는 거예요. 타이밍을 작업장 안에 수북하게 쌓아 놓고 비타민인 양 먹이는 겁니다. 여성 노동자들이 무슨 약인지, 어느 정도 부작용이 있는지 모르고 먹었던 거죠. 각성제를 습관적으로 장기 복용한 여성 노동자들이 나중에 타이밍 중독이 돼서 몸을 덜덜 떨면서 다니고 그랬어요.[6]

6 『경향신문』, 2014. 10. 19, "[창간기획: 쉰살, 구로공단과의 대화] 인명진 목사, '크낙새 죽으면 신문 사회면 톱인데 노동자 죽으면 기사 한 줄도 안 나와'".

低賃과酷使의365日

人間回復

시달리는工員生活

學校도 못나온채

쪼들리다못해脫線한工員도 많아

잠안오는藥먹여 일시키는業主도

初賃은1萬여원

아침8時부터 밤10時까지 일하고받는月

끼니 거르기일쑤

대개는 골병들어

즉시從事業體의指定病院으

[그림 6-6] “잠 안 오는 약 먹여 일 시키는 업주도”

출처: 구로 공단 노동자 생활 체험관

> 사장님네 강아지는 감기 걸려서/ 포니 타고 병원까지 가신다는데/ 우리들은 **타이밍** 약 사다 먹고요/ 시다 신세 면할 날만 기다리누나(김민기의 민중가요 ‘야근’ 가사의 일부, 강조는 필자)

여공들은 졸면 안 됐다. 당시 장시간 노동[7]은 한국의 노동 집약적 산업의 핵심 경쟁력이었기 때문이다. 잔업은 물론이고 철야 작업까지 자주 이어지다 보니 졸음을 쫓아내는 일은 노동력 유지를 위해 필수였

7 1984년 구로 공단 대우어패럴에서 일했던 강명자는 나와의 인터뷰에서 당시의 장시간 노동에 대해 이렇게 말했다. “한 달에 두 번만 쉬고 일했다. 야근은 기본이었는데 밤 10시까지였다. 철야를 할 때는 새벽 2시까지 했다. 그리고 토요일에는 무조건 일요일 아침 6시까지 철야를 했다.”

다. 앞의 기사 내용처럼 여공들은 타이밍을 비타민인 양 먹으면서 일을 했고, 타이밍마저 없을 때면 쓴 커피 가루를 그냥 숟가락으로 퍼서 먹었다고 한다. 이렇게 해서라도 졸음을 쫓아내려 한 이유는 잠깐 조는 사이 재봉틀 바늘에 손톱이 찔릴 수도, 프레스에 눌려 손이 '오징어'가 될 수도, 심지어 업무에 따라서는 '꾸벅' 하는 사이에 기계에 말려들어 가 죽을 수도 있었기 때문이다.

'각성된 여공의 몸'이란 밤새 쉬지 않고 돌아가는 기계와 다를 바 없다. 여공의 몸은 실제 하나의 기계 부속품처럼 취급당했다. 이를 보다 직접적으로 보여 주는 사례가 바로 '피큐엠'이라는 제도의 도입이었다. 아래의 글은 1980년대에 회사의 피큐엠 도입에 반대한 서울노동운동연합의 유인물('노동자를 기계로 만드는 피큐엠 철폐하자!')에 적혀 있는 내용이다(서울역사박물관 2015: 38).

> '서로 경쟁하며 잘 뽑아내는구먼. 한 100명쯤 줄여도 되겠군.' 여기 노동자인 내가 납땜을 하고 있다. 그 뒤에는 품질관리과 직원이 초시계를 들고 동작 하나하나의 시간을 잰다. 납땜 작업을 각각의 동작으로 나눠 보면, 손가락으로 제품 쥐기, 작업대로 옮기기, 인두 잡기, 인두에 납을 묻혀 작업하기, 다시 제품을 쥐어 컨베이어에 놓기 등의 과정이다. 각 공정에 드는 시간이 1초, 2초, 1초, … 합해서 30초라 하면 1분에 2개를, 1시간에 120개를 땜할 수 있다. 이런 식의 계산으로 목표량을 설정하는 것이 피큐엠 방식이다. 한 치의 여유도 없이 사람 진을 완전히 빼먹는 것이 바로 피큐엠이다.

유인물 내용에 기술되어 있듯 사측은 노동자의 움직임을 철저히 계산해서 기계적인 목표량을 설정했다. 피큐엠을 도입한 회사들은 생산량 증대로 노동자 인원을 감축하기도 했다. 여공의 몸이 쉬지 않고 돌아갈 수 있다고 계산한 사측의 셈법은 여공이 항상 각성된 상태로 일을 해야만 한다는 사고와 일맥상통한다. 그들에게 여공의 몸은 공장의 부속품이었다. 그것도 사고로 부서지면 버리고 새것으로 갈아 끼우면 그만인 저렴한 일회용 부속품이었다.

1969년 3월 5일 대통령령으로 가정의례준칙이 공포됐다. 국가 근대화의 덕목으로 건전한 가정이 중요시되기 시작했고, 여성은 가족 내에서 영양, 청결, 보건 등의 근대적 가치를 실현하는 핵심적인 존재로 인식됐다(김원 2006: 568). 근대 국가의 형성에 핵심적 사안인 생명정치와 위생 관리(푸코 1991[1980]: 83-88)가 한국에서도 역시 이처럼 여성—'바람직한 어머니상'—을 중심으로 개념화되었다. 하지만 같은 시기 산업 근대화의 중심적 존재로 인식되던 젊은 여공들이 이와 같은 '근대적 가치'의 영역 안에 포함되었는지는 의문이다. 이름이 아닌 번호(예를 들면 '평화시장 7번 시다'(유경순 2011: 66))로 불리기도 했던 여공의 현실을 돌이켜 본다면, 이들은 분명 영역 밖의 존재였다.

4. 여공과 산업 재해: "너는 병들지 말고 건강히 일해"

> 1주일에 평균 2-5명 정도 산재(산업 재해) 환자를 치료했습니다. 그런데 대개 다친 환자들은 산재라고 생각하지 못했어요. 자기가 잘못해서 다쳤다고 생각해서 오히려 동료들에게 다친 것을 미안해하고 죄스러워했어요. 그때 사람들은 일하다 다친 것을 산재라고 생각하지 못했고, 또 대부분 산재로 인정받지도 못했어요. 흔히 자기 개인 돈으로 치료를 했죠. 그때 약 10%만 공상으로 처리했던 것으로 보고되었어요. 산재가 엄청나게 많은데 전혀 알려져 있지 않았고, 노동자 스스로도 산재라고 자각하지 못했던 게 가장 안타깝죠.

이 고백은 가리봉 오거리에서 1985-1986년까지 '우리의원'을 운영했던 양길승 의사가 한 것이다(안치용 외 2014). 타이밍을 중독될 정도로 먹어도 과도한 장시간 업무에 의한 산업 재해는 피할 길이 없었다. 더욱이 당시에는 '산업 재해'라는 개념조차 잘 알려져 있지 않았기에 일을 하며 몸이 상해도 그저 개인의 잘못으로만 인식할 뿐이었다. 양길승은 당시를 회상하며 그때 프레스 공장에서 손가락이 잘려 오는 환자들이 굉장히 많았다고 말한다. 또한 도금 공장에서 '크롬'에 자주 쏘여서 코 안에 구멍이 생긴(비중격천공증) 위장 취업 환자도 있었다고 한다. 그는 당시에 이 같은 산업 재해 이외에도 제대로 된 위생 개념이 확산되지 않아 치아 관리 부족으로 20대의 나이에 틀니를 해야 할 환자들도 많았으며, 여성의 경우에는 특히 피임 교육을 제대로 받지 못해 소파 수술을 받는 경우도 생각보다 많았다고 이야기한다.

1981년에는 노동자의 '안전과 건강을 확보하고 쾌적한 작업 환경의 형성'을 촉진할 목적으로 산업안전보건법이 제정되었다. 하지만 산업 재해에 대한 낮은 인식과 함께 노동 환경은 여전히 매우 열악한 상태였고, 1980년대에 들어 국가 주도하에 중공업이 집중적으로 육성되면서 [표 6-1]에서 보이듯 산업재해 피해자 수는 법 제정 이후에도 오히려 증가했다. 구로 공단에서 여성 노동자의 중금속 중독 사례는 전자 업체의 톨루엔 중독, 오리엔트 전자의 집단 수은 중독이 대표적이다. 톨로엔으로 본드를 녹여 헤드폰 부품을 접착하는 작업을 지속했던 신덕자 씨(당시 22세)의 사례와 전신 전화국에 들어가는 수은 스위치를 만들며 장시간 수은에 노출돼 13명이 집단으로 중독된 사례는 언론에 보도되며 관심을 불러일으키기도 했다(구로의원·인천의원·평화의원 상담실 1991: 139-141, 162-164).

[표 6-1] 산업안전보건법 제정 전후 8년 사이의 산업 재해 피해 현황 비교

구분	산재 피해자 수	산재 사망자 수	장해자 수	직업병자 수
1980년	113,375	1,273	14,873	1,183
1988년	142,329	1,925	26,239	2,150
증가율	+25%	+51%	+76%	+81%

출처: 구로의원·인천의원·평화의원 상담실 1991: 19에서 재인용

그렇지만 당시에는 아무리 산업 재해가 발생하더라도, 심지어 사망에 이르더라도 사회에서 큰 관심을 갖지 않았다. 당시 영등포 산업선교회 목사였던 인명진은 다음과 같이 그때의 분위기를 전달한다.

> 언론이 무슨 말 한 마디 했습니까? 광릉에서 크낙새가 한 마리가 죽으면 신문 사회면에 톱으로 났지만, 여성 노동자들 굶어 죽고 공장에서 일하다가 죽고 손가락 잘리고 한 건 한 줄도 보도 안 했어요. 온 사회가 침묵했어요.[8]

노동자의 산업 재해는 이처럼 사회에 전혀 드러나지 않았다. 더 정확히 표현하면, 노동자는 사회에서 '보이는' 것이 허락되지 않았다. 특히 여성 노동자들은 사회에 자신의 목소리를 내려고 하는 순간 사회를 '더럽히는' 존재로 인식됐다. 그들에게 허락된 공간은 공장 안뿐이었다. 당시 여공들은 "장소를 더럽히는 존재로서만 사회 안에 현상"할 수 있었다. 즉, '깨끗한' 여성이란 "보이지 않는 여성"이었다(김현경 2015:

8 『경향신문』, 2014. 10. 19, "[창간기획: 쉰살, 구로공단과의 대화] 인명진 목사, '크낙새 죽으면 신문 사회면 톱인데 노동자 죽으면 기사 한 줄도 안 나와'".

78). 1978년에 벌어진 '동일방직 똥물 투척 사건'[9]은 이를 상징적으로 잘 보여 준다. 저임금과 고질적인 산업 재해에서 벗어나려 했던 1970년대 여공들의 노조 활동은 이처럼 권력과 폭력적인 남성성 앞에서 좌절되기 일쑤였다.

여공 사이에서 당시 직업병으로 가장 흔했던 것 중 하나는 결핵이었다. 봉제 공장에서 일하던 수많은 여공들은 결핵이라는 질병 앞에서 무력하기만 했다. 당시 널리 불렸던 민중가요 가사에도 '폐병 3기', '폐병쟁이'라는 표현이 명시되어 있을 정도였다.

> 돈 벌어 대는 것도 좋긴 하지만/ 무슨 통뼈 깡다구로 맨날 철야유?/ "누구든 하고 싶어 하느냐"면서/ 힘없이 하는 말이 **폐병** 3기래/ 남녀 모두 남 좋은 일 해 봐야 헛거지/ 고생하는 사람들만 손해야/ 3년만 지내 보면 알게 될 거다!/ 귀머거리 폐병쟁이 누구 누군지(김민기의 민중가요 '야근' 가사의 일부,강조는 필자)

1979년 8월 9일 YH 무역 주식회사의 부당한 폐업에 항의하며 신민당사에서 농성 중에 추락 사망한 노조원 김경숙의 일대기를 다룬 전기에는 당시 결핵이 봉제 공장 여공들에게 어떻게 고통을 주었는지 보다 더 생생하게 드러나 있다.

9 동일방직 똥물 투척 사건은 1978년에 회사 측이 노조의 대의원 선거를 무력화시키기 위해 사측 편에 선 남성 노동자 행동 대원들로 하여금 재래식 화장실에서 방화수 통에 똥을 담아와 여성조합 간부들에게 마구 뿌려 대게 한 사건이다. 당시 도망가던 여성조합원들을 끝까지 쫓아가 얼굴과 입, 그리고 젖가슴에 똥을 집어넣고 통째로 뒤집어씌우기도 했다. 이 모든 행위들이 경찰 앞에서 벌어졌다.

> 봉제 공장과 결핵, 이 둘은 떼려야 뗄 수 없는 함수 관계를 지니고 있었다. 처음엔 한 움큼의 알약을 동료들 몰래 삼키던 여공도 차차 시간이 지나면 창백한 얼굴을 가려 보고자 안간힘을 쓰곤 했다. 입술에 루즈를 바르고, 양 볼에 분 화장을 하는 모습은 경숙도 여러 차례 보아 온 터였다. 또한 그것은 연민을 넘어 같은 여자로서 참담한 아침이 아닐 수 없었다. 저기 저만큼에 죽음의 사선을 그어 놓고, 가난이라는 이름 때문에 미싱을 밟아야 한다는 것! 그것은 직접 겪어 보지 않은 사람이면 그 심정을 헤아리기가 어려웠다.(박영희 2003: 125)

결핵이 드리우는 죽음의 기운조차 화장으로 가리며 일해야 했던 삶이 1970-1980년대 여공이 처한 현실이었다. 오늘날에는 감정노동자가 자신의 감정을 숨기며 웃음을 강요받고 있지만, 과거 여공들은 이처럼 자신의 병든 모습마저 마치 '건강한' 듯 숨겨야만 했다. 나는 당시 실제 봉제 공장에서 일을 했던 여공들의 증언을 영화 '위로공단'을 통해 들을 수 있었다. 먼지가 많은 곳에서 장시간 업무가 많아 코를 풀면 시커먼 코가 나오기 일쑤였고, 그래서 3년만 봉제 공장에서 일하면 몸이 망가진다고 생각했다. 이때에는 못 먹어서 그런 건지 근무 환경이 안 좋아서 그런 건지 결핵 환자가 생각보다 훨씬 많았다고 한다. 당시에는 앞서 언급했듯 병에 걸리면 회사에서 책임지는 게 아니라 당사자가 회사를 떠나야만 했다. 그 시절 구로 공단 효성물산에서 일했던 김영미 씨는 예쁜 언니들이 결핵에 걸려 퇴사를 하게 되면 (다른 공장에 취직을 할 수가 없어) 술집[10]으로 많이 갔다고 기억한다. 그렇게 술집에서 일을 하는

10 당시 여공의 '술집'으로의 유입을 다른 시각으로 해석하는 경우도 있다. 김원(2006)은 『여공 1970, 그녀들의 反역사』에서 1970년대에 여공들이 술집으로 유입된 이유로, 첫째, 고수익을 기대할 수 있다는 점, 둘째, 공장에서보

언니를 공단 길을 걷다 우연히 마주쳤을 때 그녀는 '너는 병 걸리지 말고 건강히 있어라'는 이야기를 들었다고 회상했다. 당시 여공의 삶이 얼마나 취약한 상태에 놓여 있었는지를 적나라하게 드러내 주는 사례다.

마지막으로, 산업 재해의 논의 중에 잘 언급되지 않는 부분이 있다. 바로 연탄가스 중독이다. 당시 닭장과도 같은 작은 공간에서 생활하던 여공들은 연탄가스 중독으로 사망하는 일이 잦았다. 날씨가 차가워지면 연탄가스라는 무서운 불청객이 여공들을 기다리고 있었다. 닭장 집이 아닌 기숙사에서 잠을 자다 연탄가스 중독으로 사망하는 일들이 빈번했다. 타이밍을 먹고 졸린 눈을 뜨고 일을 할 때뿐만 아니라 일을 마치고 쉬는 취침 시간에마저 죽음의 공포에 노출됐었다. 다음 두 기사([그림 6-7], [그림 6-8] 참고)는 자취방과 기숙사에서 잠을 청하던 여공의 사망을 알리고 있다. 두 기사를 자세히 들여다 보면 여공들의 나이가 나온다. 17세(2명), 18세(2명), 19세(1명), 20세(3명). 이렇게 어린 여공들이 자신이 죽는 줄도 모른 채 깊은 잠에 빠졌던 시절이다. 그런데 이 기사에서 특별히 더 주목할 부분이 있다. 그것은 사고가 발생한 날짜다. 둘 다 겨울이 아니라 봄(4월)과 한여름(8월)에 발생한 연탄가스 중독이라는 사실이다. 낮이건 밤이건, 날씨가 춥건 덥건 여공들은 상시적으로 죽음의 위험에 노출되어 있었다. 그것도 아무도 책임져 주지 않는 죽음에 말이다.

다 오히려 더 존중받는다는 점을 꼽았다. 김원은 사고파는 연애일지라도 그 순간만은 애정에 숨을 수 있는 기회가 있었다고 강조한다. 이러한 해석은 당시 여공들의 삶의 열악함을 더욱 극명하게 드러내 준다. 즉, 술집에서 몸을 팔아야만 하는 비참한 삶 속에서 (잠시나마) 되레 위로를 얻을 만큼 여성 노동자의 삶이란 취약하기만 했다.

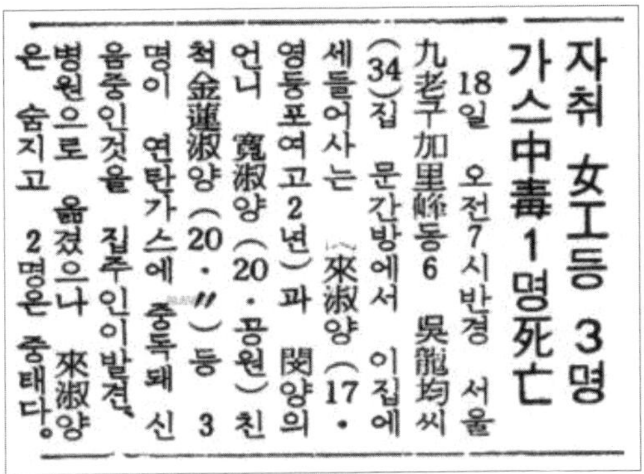

자취 女工등 3명
가스中毒 1명死亡

18일 오전7시반경 서울 九老구加里峰동6 吳龍均씨(34)집 문간방에서 이집에 세들어사는 來淑양(17·영등포여고2년)과 閔양의 언니 寬淑양(20·공원)친척金蓮淑양(20·〃)등 3명이 연탄가스에 중독돼 신음중인것을 집주인이발견, 병원으로 옮겼으나 來淑양은 숨지고 2명은 중태다。

[그림 6-7] 신문 기사 “자취 여공 등 3명 가스 중독 1명 사망”

출처: 『동아일보』, 1980. 8. 20.

네女工 煉炭가스死
寄宿舍서잠자다…1명重態

10일 상오7시쯤 서울구로구구로3동197의30 한국모자주식회사(대표李鳳吉·51·여)기숙사보일러실 바로옆1층방에서 잠자던 朴永淑양(19·강원도명주군구정면제비리592·75년입사)、金喜子양(18·전남영암군서호면몽해리498·79년입사)、李玉姬양(20·전북장수군장수면송천리1구1243·76년입사)、李綸山양(17·전북익산군랑산면랑산리39·78년입사)、진영임양(18·전남영광군홍농면칠곡리521·76년입사)등5명이 벽틈등으로스며든 연탄가스에중독、朴양등4명은 숨지고 진양은중태다。

이날사고는 방바로옆에 붙어있는 연탄보일러실의 연탄가스가 벽틈과 방안에 설치된길이 2m가량의 배관을통해 스며들어 일어났다。

[그림 6-8] 신문 기사 “네 여공 연탄가스사. 기숙사서 잠자다… 1명 중태”

출처: 『경향신문』, 1980. 4. 10.

5. 구로에서 G밸리[11]까지: 그 변화의 숨은 의미

서울디지털산업단지의 모습을 제대로 감상하기 위해서는 해질녘까지 기다려야 한다. 그래야만 이 새로이 발명된 도시가 행인에게 ‘쏘아 주는’(ballistic)[12] 메시지를 충분히 느낄 수 있다. 고층의 거대한 아파트형

11 서울디지털산업단지가 있는 가리봉동, 구로동, 가산동의 영문 공통 이니셜을 딴 애칭이다.

12 타우시그(Taussig 2007)는 일상에서 겪는 경험과 앎이란 촉감(tactility)이 중요한 요소로 작동한다고 보았다. 특히 타우시그는 ‘시각의 무의식성’(optic unconsciousness)이라는 개념을 제시했다. 그는 보는 사람이 무의식을 가진 것이 아니라 오히려 보이는 대상이 무의식을 가진 것으로 해석했다. 그는 도시라는 ‘공간’ 자체가 우리에게 (총알처럼) 쏘아 내는(“ballistics”) 촉각들이 존재한다고 보았다. 즉, 도시 공간이 우리의 시선을 빼앗아 혼란시킴(“distraction”)으로써 우리에게 던지는 메시지가 있다고 본 것이다.

공장들이 즐비한 서울디지털산업단지 안에 들어서면 누구든 '시선을 빼앗기기' 쉽다. 특히 해가 지면서 어두운 하늘빛과 건물 유리 벽에 비친 어둠이 서로 묘하게 조화를 이루며 보는 이로 하여금 그 규모와 차가움에 매혹되게 만든다. 내가 다음 사진([그림 6-9]) 속 광경을 처음으로 목격했을 때 느꼈던 것은 '외경심'이었다. 한 치의 오차도 없이 수없이 많은 직선들이 때로는 평행하게, 때로는 직각으로 주행하는 투명한 외관은 어설픈 감정의 실수는 용납하지 않는다는 듯 나의 동공에 이미지를 '쏘아 주었다.' 이러한 광경은 옛 구로 공단 여공의 흔적을 찾기 위해 발걸음을 옮긴 인류학자를 혼란에 빠트리기에 충분했다. '여기가 정말 공단이었단 말인가?'

구로 공단에서는 시대에 따라 주된 산업 분야가 변모했다. 1960-1970년대 섬유·봉제, 1980년대 전기·전자, 1990년대 종이·인쇄, 2000년 이후 IT로 변해 왔다. 특히 2000년 이후의 공단의 모습은 1997년 한국산업단지공단이 수립한 '구로 단지 첨단화 계획'에 의해 진행된 것이었다. 이 계획에 의해 1997년부터 10년간 고도기술, 벤처, 패션디자인, 지식산업 등의 첨단 네 개 업종이 주력 산업으로 배치됐다.[13] 이에 따라 2000년에 들어서면서 공단 지역의 정식 명칭을 '서울디지털산업단지'로 변경하기에 이르렀다. 내가 압도당한 수많은 고층의 아파트형 공장들은 이 같은 계획에 맞춰 지어졌으며, 아파트형 공장 입주 및 건축 시에는 자금 지원과 세제 혜택이 주어졌다. 그 결과 2010년에 공단 내 거대한 아파트형 공장이 무려 100곳을 넘게 되었다. 이러한 공장들은 비

13 구체적으로 과거 조립·금속(43%), 섬유(29%), 종이·인쇄(16%), 1차 금속(2%), 석유화학(6%), 기타(4%)로 구성됐던 산업 구조에서 오늘날 고도기술산업(49%), 벤처산업(17%), 패션디자인산업(28%), 기타 지식산업(6%)으로 변경됐다.

[그림 6-9] 해질녘 가산디지털단지 내 대규모 아파트형 공장의 외관

제조업 노동자들을 흡수했고, 이에 따라 2001년 비제조업 노동자가 1,000명에 그쳤던 것이 2011년에 이르러서는 무려 88,000명으로 약 66배가 증가했다(서울역사박물관 2015).

산업의 구조가 변경되면서 자연스레 공단 내 여성 노동자의 일자리 또한 변했다. 나는 그 변화된 일자리로 인해 여성 노동자가 경험하는 몸의 고통에 어떠한 변화가 생겼는지를 파악하고 싶었다. 다행히 2012년 약 1년 동안 여성 노동자에 대한 건강실태조사가 가산디지털단지를 중심으로 이루어졌다. 대상자는 변화된 산업 구조를 반영하듯 전자산업, 의류제조업, 콜센터 보유 업종, 정보통신업, 의류판매업, 건물청소업, 음식업 등 7개 업종을 중심으로 선정되었다. 연구 결과 콜센터 상담사는 여러 질병 — 확실 우울증 유병률 27.1%, 근골격계 질환 의심 유병률 31.3% — 과 흡연율(26%)에서 선두에 위치했다(금천구청 2013). 이렇게 명확하게 드러나는 조사 결과 덕에 나는 망설임 없이 콜센터 여성 상담사에 대한 조사에 착수했다. 그리고 얼마 지나지 않아 이들이 왜 모든 질병 수치에서 가장 높은 위치에 올라가 있는지 간접적으로나마 느낄 수 있었다. 그처럼 수없이 많은 괴물들(아파트형 공장) 속에서 그녀들은 도저히 찾을 수가 없었다. 그녀들은 서울디지털산업단지 어디에나 존재했지만, 그 어디에도 존재하지 않았다.

막상 콜센터를 찾아 나서려니 어디서부터 어떻게 찾아가야 하는지 막막했다. 콜센터가 진출하지 않은 분야가 없었고[14] 인터넷 구직 사이트를 통해 접속하면 언제든 일자리가 있었다. 그런데 대부분의 업체들이 하청 업체에 도급을 주었기 때문에 간판을 보고 이곳에 콜센터가 있는지를 쉽게 알 수 없었다. 하청에 의해 업무가 진행되다 보니 결국 도급을 받고 콜센터 업무를 대행해 주는 회사들—이런 회사들을 '콘택트 회사'라 부른다—이 증가했고 이들 중 몇몇 업체는 몸집을 불려 전국 어디에서나 콜센터를 운영하고 있었다([그림 6-10] 참고). 이렇게 정말 어디에나 존재했지만, 아이러니하게도—하청으로 이루어져—두 발로 찾기란 쉽지 않았다.

콜센터 상담사와 접촉하기 위한 나의 노력은 결국 노조를 찾는 일에 이르렀다. 분명 도움을 받을 수 있는 노조가 서울디지털산업단지 안에 있을 거라고 막연한 확신을 가졌다. 이 같은 확신은 한국전쟁 이후

14 콜센터가 하청을 받아 활동하는 분야는 "제조업/전기·가스·증기 및 수도사업/건설업/도매 및 소매업/운수업/숙박 및 음식점업/출판·영상·방송통신 및 정보서비스업/금융 및 보험업/부동산업 및 임대업/사업시설관리 및 사업지원서비스업/교육서비스업/보건업 및 사회복지 서비스업/예술·스포츠 및 여가 관련 서비스업/협회 및 단체, 수리 및 기타 개인서비스업/중앙 및 지자체/공공기관"(송민지 2014)에 이른다. 콜센터는 전 산업 분야에 걸쳐 정말 어디에나 존재했다.

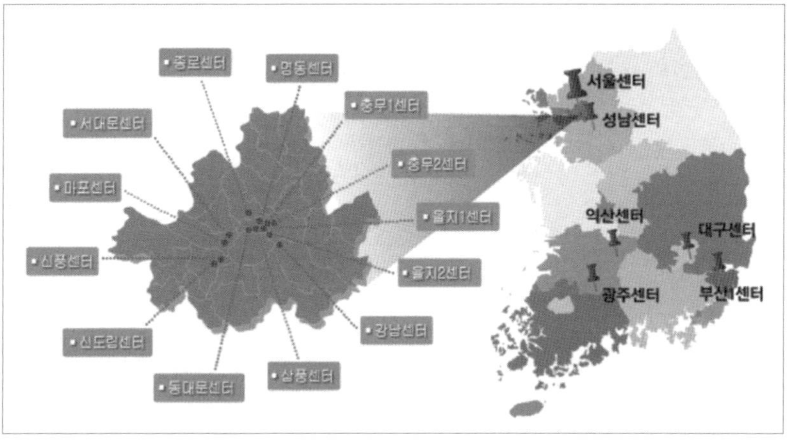

[그림 6-10] 한 콘택트 회사의 전국 센터 소개 화면

출처: http://metanetmcc.co.kr

최초의 동맹파업(구로동맹파업)이 발생했었던 과거의 구로에 대한 지나친 기대감 때문이었지도 모르겠다. 이러한 확신이 산산조각 나는 데에는 그리 오랜 시간이 필요하지 않았다. 그리고 이러한 경험은 서울디지털산업단지에 근무하는 여성 노동자—나의 표현대로 하면 '디지털 여공'—가 현재 어떠한 상황에 처해 있는지를 더욱 명확히 파악하는 계기가 되었다. '노조'란 이미 이곳에서는 사라진 단어였다.

예전에는 '구로에서 거제까지'라는 말이 있었다고 한다. 그만큼 한국의 노동 운동에 있어 구로는 공단의 규모만큼이나 중요한 위치를 차지했다. 노조 결성률은 거의 20%에 달해 전국 최고 수준을 자랑했다. 구로의 노조가 임금 협상에 성공하면 전국의 임금이 뒤따라 오른다는 이야기가 있을 정도였다. 그런데 제조업이 쇠퇴하고 공장들이 지방과 동남아시아 등으로 값싼 노동력을 찾아 이주하기 시작하면서 점차 노조 또한 쇠퇴하였다. 아파트형 공장이 들어선 후에는 하청에 하청을 주는 다단계 시스템이 기업에 자리 잡으면서 노조는 더더욱 설 자리를 잃게 되었다. 그 결과 서울디지털산업단지에 콜센터 노조[15]란 존재하지 않게 되었다. 이곳은 어느새 2%라는 전국 최저의 노조 결성률을 지닌 곳으로 변해 있었다. 이렇게 콜센터 상담사는 스스로의 목소리를 낼 수 있는 중요한 통로 하나를 가져 보지도 못한 채 불안정한 고용 상태에서 파견직 근무자로 일을 해야만 한다. 이것은 반대의 경우도 마찬가지이다. 상담사를 도와주고자 하는 외부의 손길은 중요한 접근 통로 하나를 상실한 것이다. 나는 여러 번 공식적인 방법을 통해 서울디지털산업단지 내 콜센터에 접촉을 시도해 보았지만, 번번이 거절당했다. 마치 상담사의 노동 현실이 외부인에게 보여 줘서는 안 되는 치부라는 듯 말이다.

6. 고객과의 전쟁: '탈진'되고 '오염'된 여성 상담사의 몸

옛 구로 공단 여공의 비교 대상으로 상담사를 선택한 데에는 이유가 있다. 그 단초는 '흡연'[16]이었다. 측정된 통계 수치들은 흡연이 '흘러내

15 이것은 물론 서울디지털산업단지만의 현실은 아니다. 전국 콜센터 업체 중에 노조를 가진 곳은 단 두 곳밖에 없다. 2012년 9월 12일에 민주노총 서울본부 희망연대노조 다산콜센터지부가 전국 최초로 설립되었다. 다산콜센터에 노조가 생긴 이후 C&M(케이블 방송 회사)의 콜센터 업체인 텔레웍스에 노조가 2013년 2월 13일에 설립되었다. 다산콜센터지부는 2015년 10월 현재 노조 가입률이 80%에 도달했으며, 텔레웍스의 경우 30%에 이르렀다. 노조 설립 이후 상담사들의 처우에 많은 개선이 이루어지면서 점점 더 많은 상담사들의 참여과 관심이 이루어지고 있는 상황이다.

16 가정의학과 의사인 나는 군의관 복무 시절 군병원 금연클리닉을 맡아 운영하는 기회를 얻었다. 이후 병사들의 흡연을 좀 더 이해하기 위해 두 편의 논문을 쓰고, 최근까지 흡연 관련 대중서를 두 권 집필한 이력을 가지고 있다. 이런 배경으로 인해 나에게 흡연은 자연스럽게 사회와 문화를 인식하는 중요한 렌즈가 되었다.

려' 특정한 집단(예를 들면 저학력·저소득 계층)에 점차 '고이고' 있음을 보여 준다(Khang et al. 2009; Kim et al. 2012). 하위문화를 본능적으로 찾고 있었던 인류학도인 나는 그 흡연의 물줄기를 따라 걷다 결국 콜센터라는 큰 '우물'에 도달했다. 여기서 내가 흡연을 강물로 은유하여 표현한 데에는 영국의 상징인류학자 더글라스가 영향을 주었다. 그녀(더글라스 2005[1966]: 197)는 자신의 책 『순수와 위험』에서 인도의 카스트 제도를 '오염의 정치화' 개념으로 분석하면서, 그에 대여 '오염이 하강한다'고 표현했다. 즉, 몸에서 더러운 오물이 아래로 향하듯 사회에서 '청정'의 체계는 '위'로, '오염'의 체계는 '아래'로 향한다는 상징적 은유가 상층 계급의 통치에 근거로 작동한다고 보았다. 콜센터 상담사의 높은 흡연율[17]은 감정노동에 대한 사회적 이슈화와 맞물려 이미 여러 보건(保健, public health)학계의 주요 관심사였기 때문에 나의 이목을 집중시키기엔 부족함이 없었다. 이렇게 나는 흡연의 경로를 따라 상담사에 주목하게 되었고, 2012년 2월 처음 콜센터 현지조사를 시작한 지 2개월이 지난 시점에 가산디지털단지에서 근무했던 여성 상담사 J — 그녀는 물론 흡연자였다 — 와 만나게 됐다. 당시 두 차례에 걸친 J와의 인터뷰가 2년 후 박사연구의 현지조사에 큰 기여를 하게 될 줄은 전혀 예상치 못했다.

서울디지털산업단지 콜센터가 J에게 '쏘아 준' 콜센터의 이미지는 옛 구로 공단 시절 공장들과 단절된 '현대식' 이미지였다. 아래 인터뷰 내용에서 볼 수 있는 것처럼 J에게 컴퓨터, 전화기, 책상으로 기억되는 콜센터의 이미지([그림 6-11] 참고)는 TV나 역사에서나 볼 수 있는 옛날

17 그동안 발표된 콜센터 여성 상담사의 흡연율은 37%(20대 47.5%, 30대 43.8%, 40대 9.8%)(서울특별시 울산대학교산학협력단 2012), 26%(10대 42.6%, 20대 36.7%, 30대 22.5%, 40대 9.0%)(금천구청 2013), 18.9%(한국노동사회연구소 2014)로 한국 성인 여성 평균 흡연율인 6.2%(20대 9.1%, 30대 6.9%, 40대 6.2%)(질병관리본부 2014)에 비해 월등히 높다.

[그림 6-11] 여성 상담사 J가 근무했던 콜센터의 최근 인터넷 광고 화면
J가 구직할 때 보았던 상담사의 이미지는 바로 이 같은 광고를 통해서 얻어졌을 것이다.
출처: https://www.alba.co.kr

식 공장과 다른 "뭔가 좀 하는" 장소로 비춰졌다. 20대 중반의 여성 J에게 공장은 역사적 과거일 뿐 현재로 다가오지 않았다. 특히 구직 사이트를 가득 메운 여성 일자리가 콜센터 관련 업무들뿐인 것도 이 같은 인식에 한몫했다. 한국 산업 구조의 변화는 그녀의 일상에서 이와 같이 구체적 현실로 구현됐다.

> 왠지 텔레마케터는 현대식이라 느껴진다. 컴퓨터가 있고, 전화가 있고. 공장 같은 데는 화학 약품 있고 그렇지 않나. 그리고 콜센터가 현대식인 건 알바 빼고, 공장 빼고 그러면 남는 게 콜센터밖에 없어서다. 인터넷 구직 사이트에 들어가면 공장은 올라오지도 않는다. 올라와도 젊은 여자들은 그걸 찾지도 않는다. 알바 자리는 커피숍 빼면 콜센터밖에 안 남는다. 나도 구직 사이트에 들어가서 콜센터 세 군데에 원서를 넣었는데 바로 연락이 왔다. 사실 젊은 여자들은 힘들어 보이는 데는 돈을 많이 줘도 가질 않는다. 몸 쓰는 건 안 한다. 공장 일은 옛날 공장 노동으로 이미지화되는 측면이 있다. 그래서 육체노동은 옛날식이라는 생각이 든다. 공장은 TV나 역사를 통해 봐서 옛날 것으로 여겨진다. 콜센터는 딱 생각해 보면 내 책상, 컴퓨터가 있으니깐 현대식이라고 생각하는 것 같

다. 그리고 이름도 잘 지었다. 텔레마케터라고. 뭔가 좀 하는 것처럼 느껴지게. 내가 벌어먹고 살아야 되는, 생계를 책임져야 하는 젊은 여자들이 콜센터에 많이 몰리는 것 같다. 한 1970년대의 저임금 봉제 공장이 이제는 콜센터인 것 같다.

이미지가 현실의 긍정을 뜻하지는 않았다. 그녀의 표현대로 옛날의 봉제 공장이 지금의 '현대식' 콜센터로 전환된 것일 뿐이었다. 그녀의 일터는 현대식이지만 창문도, 가습기도, 정수기도 제대로 구비되어 있지 않았다. 몸을 쓰는 옛날식 공장은 아니었지만, 결국 J가 목 디스크 재발로 2개월 만에 퇴사를 결정할 만큼 콜센터 일은 육체적으로도 고된 노동이었다("8시간 동안 같은 자세로 같은 자리에 앉아서 일을 하니 어깨와 목이 저리고, 손도 저렸다."). 그렇다고 감정노동이 용이한 것은 절대 아니었다. 고객에 따라서 그녀는 속칭 '감정 쓰레기통'이 되기 일쑤였다. 하지만 J의 경우에는 콜센터를 잠시 지나가는 직장으로 여겼고, 부양해야 할 가족도 없었기에 상대적으로 절박한 상황은 아니었다. 반면 그녀의 주변 동료들은 결혼을 한 30대 주부가 대다수였는데, 이들은 가사 노동을 위해 특정 시간대에만 일을 할 수 있다는 점과 경력 단절로 인한 구직의 어려움이 겹쳐 콜센터가 대부분 마지막 선택지였다("너무 힘들어서 다시는 안 오려고 해도 결국에는 다시 오게 된다."). 이들이 느끼는 감정노동의 강도는 이직의 어려움과 겹치면서 더욱 극명하게 표현됐다("차라리 식당 일을 할까? 거기는 욕이라도 안 먹지.").

감정노동의 강도와 그것이 노동자의 심신에 초래하는 실질적인 파장은 학술 이론으로는 분석의 한계가 있어 보인다. 물론 미국의 사회학자 혹실드(Arlie Russell Hochschild)를 필두로 그동안 서비스 노동의 부수적 측면으로 여겨졌던 감정노동("개인의 기분을 다스려 얼굴 표정이나 신체 표현을 통해 외부에 드러내 보이는 것"(혹실드 2009[1983]: 21))이 주변부에서 중심부로 이동되어 그에 적합한 인권이 논의되고 있는 것은 고무적이다(국가인권위원회 2008). 그렇지만 이들이 그 과정 중에 몸에 어떠한 고통을 느끼고 그 결과 몸이 어떠한 상태에 도달했는지, 혹은 어떠한 선택을 직간접적으로 강요받았는지를 구체적으로 보여 주는 데는 한계가 있어 보인다. 여기에는 콜센터라는 공간이 개인 정보 보호라는 대표적 이유를 통해 (연구자를 포함해서) 외부에 극단적으로 폐쇄적인 것도 적지 않은 영향이 있을 것이다. 또한 실제 상담사의 고통이라는 것이 개인의 감수성에 따라 편차가 크고 그로 인해 단순히 개인의 문제로 환원되는 시선도 그 같은 한계의 원인이 될 수 있다. 하지만 나는 카드 회사에서 일을 하는 한 여성 노동자의 진술처럼, 가족과 애인과 같은 주변인이 '남의 돈 벌기가 쉽냐?', '나도 내 고객 상대하느라 힘들다' 등과 같은 식으로 상담사의 감정노동을 당연하게 받아들이는 한국인 특유의 몰이해가 적지 않은 요인일 수 있다고 보았다. 한국의 감정노동자가 겪는 강요된 감정의 역치(閾値, threshold)는 미국 여성 승무원의 감정노동을 연구했던 혹실드의 '감정'의 틀로는 해석에 한계가 있을 것이다. 왜냐하면 미국에서 받아들일 수 없는 지나친 감정노동이 한국 문화 속에서는 당연한 서비스 수준일 수 있기 때문이다. 감정은 다분히 '문화적으로' 구성된 것이다(정향진 2013).

그렇다면 한국 상담사가 처한 감정노동의 현실은 그 역치가 어디까지일까. 콜센터 상담사 사이에서 속칭 외인부대로 여겨지는 C/S팀(주로 전날 접수된 고객 불만 사항들을 일일이 전화를 걸어 해결하는 업무를 담당하는 팀)에서 3년간 일한 K의 고백은 간접적으로나마 그 느낌을 전달해 준다. K는 불만 가득한 고객들을 연일 상대하는 "거지 같은" 일을 하다 하루는 극심한 업무 스트레스로 테라스로 뛰쳐나가 7층 높이에서 뛰어내리고 싶은 충동이 들었다고 말했다. 지속적인 모욕감은 이처럼 극단적인 선택을 불러일으키기에 충분하다. 그렇다면 이러한 현실은 상담사에게 어떠한 몸의 변화를 초래했을까. K는 자살보다는 10년간 끊었던 담배를 선택했다. 왜냐하면 그녀가 근무하던 인터넷 쇼핑몰에는 선택이 두 가지로 제한됐기 때문이다. '흡연이냐 아니면 뛰어내리기냐?' 감정노동이 그녀의 몸에 남긴 변화는 결국 흡연자의 몸이었다. 한국 사회에서 지극히 금기시되는 여성의 흡연은 콜센터라는 공간 안에서는 보다 많은 콜 수를 위해 용인되고 어느 면에서는 권장되기까지("가서 담배 한 대 피우고 와!") 했다(김관욱 2013, 2015). [그림 6-12]에서 볼 수 있듯이 콜센터에 여성 직원들을 위해 환기 시설과 방향 시설을 구비한 '하늘정원 흡연실'이 존재한다는 사실은 디지털 산업화 시대에 여성 노동자가 새로이 마주하고 있는 노동의 한 단면일지 모른다. 즉, 당장 죽음을 초래했던 과거 구로 공단의 중금속은 아니지만, 이제는 서서히 몸에 해로움을 축적시키는 담배 연기에 노출—그것도 온전히 '자발적인 선택'인 양 여겨지는—되어 있는 것이다. 이것은 앞서 [그림 6-2]에서 제시되었던 제2차 세계 대전 당시 여성 육체노동자의 흡연 장면과 어딘가 모르게 닮은 듯 느껴진다.

[그림 6-12] 한 콜센터의 외부 흡연실 전경

콜센터 상담사의 높은 흡연율은 이들이 처한 감정 스트레스의 크기를 간접적으로나마 드러내 준다.[18] 그렇지만 높은 것은 흡연율에 그치지 않았다. 2012년 금천구청이 시행한 가산디지털단지 여성 서비스직 노동자의 건강실태조사를 보면 콜센터 여성 상담사는 흡연율과 함께 우울증 유병률이 가장 높게 나타났다. 흡연율은 26%, 우울증 유병률은 27.1%로 마치 서로 연결되어 있는 듯 비슷한 수치를 보였다(금천구청 2013). 연구 초반 나를 가장 의문스럽게 한 것은 이처럼 높은 우울증 수치였다. 그래서 설문지로 측정된 것 말고 이들의 언어로 표현되는 실질적인 이유에 다가가고 싶었다. 다행히 구로디지털단지에 위치한 대규모 콜센터에서 장기간 심리 상담사로 일한 H와 인터뷰를 할 기회가 생겼고, 그녀와의 대화를 통해 상담사 우울증의 다양한 사례들을 들을 수 있었다. 가족 간 불화, 남편과 시댁 간의 문제, 남자친구와의 갈등, 제2금융권 빚, 비만, 회사 시스템 등 그 원인은 다양했다. 그중 H가 가장 공통되고 중요한 원인으로 손꼽은 것은 바로 '낮은 자존감'이었다. 그녀는 악순환 구조를 통해 상담사가 자존감이 낮은 상태로 고립되는 것이 우울증의 가장 큰 요인이라고 보았다. H는 다른 직장을 구할 수 없는 경력 부족에 대한 낮은 자존감, 입사 후 아무리 열심히 일을 해도 콜센터 외에는 경력을 인정받지 못하는 상황, 노동 강도에 비해 높지 않은 월급으로 인해 저축을 할 수 없는 상황, 그럼에도 좀 더 나은 직장으로 이직할 수 없는 상황들이 꼬리에 꼬리를 물고 상담사들을 우울한 심리 상태에 매몰되게 만든다고 보았다. 심리 상담사 H가 주로 하는 상담 내용이 '재정'과 '진로' 상담이라는 사실은 콜센터 상담사들이 처한 현실을 간접적으로 잘 드러내 준다.

18 물론 이 같은 해석에는 주의가 필요하다. 실제 나는 2012년 6개월간의 콜센터 현지조사를 통해 여성 상담사의 높은 흡연율이 이미 입사 이전에 형성된 것임을 파악했다. 즉, 콜센터에 입사해서 새로이 흡연을 시작한 경우는 극히 드물었다. 연구 당시 콜센터가 흡연 여성을 선호하는 것 아니냐는 우매한 질문을 내가 했을 정도로 다른 직군에 비해 흡연자의 비율이 높았다. 그렇지만

감정노동의 극단적 상태는 자주 '감정 탈진'으로 표현된다. 실제로 내가 현지조사 기간 만난 상담사들은 업무가 끝나고 퇴근할 때가 되면 자주 "진이 빠진다."라고 표현했다. 심한 경우 집 밖으로 외출하는 것조차 싫어져서 주말에는 집 밖을 나가지 않게 된다고 말하는 상담사도 있었다. 대다수의 상담사들은 장시간의 상담이 끝나면 무언가 몸속에서 바닥까지 소진된 듯한 느낌이 들어 술이든, 음식이든, 수다든 쇼핑이든 무엇으로든 다시 몸속을 '채워' 넣으려 했다. 그런데 내가 만난 다른 한 사람의 경우는 조금 특별했다. 카드 회사에서 발급을 담당하던 A는 상담사로 근무한 지 채 1년이 안 돼서 체중이 10kg이나 늘었다. 퇴근 후 먹지 못해 버려야 할 만큼 병적으로 음식을 사들인 결과였다. 이후 음식 대신 매니큐어를 사들이기 시작해 지금은 100개가 넘는다고 했다. 하지만 A가 나에게 특별하게 다가온 것은 체중 증가도, 매니큐어 구입도, 또한 근무 중 안면 마비에 걸렸던 과거 병력도 아니었다. 그녀는 감정노동이 여성의 몸에 남긴 상처가 단순히 감정 탈진을 넘어 감정의 '오염'에까지 이를 수 있음을 알게 해 주었다. 그녀의 표현을 그대로 옮기면, 상담사가 된 후 그녀는 "입이 더러워졌다."라고 표현했다. A는 자신을 포함해 주변 상담사들이 입사할 때는 욕도 잘 못했는데, 이제는 "입도 더러워지고, 예민해지고, 그래서 서로 문제만 조금 생기면 물고 뜯는" 수준이 되었다고 말한다. A는 이러한 변화가 회사 밖 일상생활에서도 점차 이어지는 것을 느꼈다. 쉽게 화를 내는 건 물론이고 말끝마다 욕을 하는 자신을 발견했다. 그녀는 "내가 왜 이러지?", "나 원래 안 그랬는데."라는 말을 되뇌면서 스스로 "미개한 사람"이 되는 것 같아 자존감

분명 콜센터에는 여성 흡연자가 금연보다는 지속적인 흡연을 유지하게끔 하는 직간접적 요인들이 확실히 존재했다. 여성 상담사들에게 접근성 좋은 쾌적한 여성 흡연실을 제공한 것은 부정할 수 없는 증거였다(김관욱 2013).

이 많이 떨어진 상태였다. 그래서 A는 우울했다. 이때 그녀는 우울한 감정의 원인을 체중 증가와 안면 마비에서 찾지 않았다. 그 대신 "고객 스트레스 때문에 안 하던 욕을 많이 하게 되고, 성격도 짜증을 잘 내게 되고, 그래서 자괴감이 생기고, 그래서 우울해지는 거다. 그런데도 이직을 못하는 상황이니 또다시 우울해진다."라고 설명했다. 혹실드의 감정노동 논의는 이 지점에서 한계를 맞는다. 고객의 무례함에 상냥한 미소를 지으며(표면 행동, superficial acting), 마음에서부터 친절함이 배어 나오게 하려는 노력(심층 행동, deep acting)보다는 '무례한 고객과 닮아 가는' 자신의 변화된 모습, 즉, '오염'되어 버린 자신의 감정을 보며 더 큰 자괴감과 우울증에 빠지게 되는 것이었다.

A가 느낀 감정의 오염은 육체노동이 초래한 피로와는 전혀 다른 성격의 것이다. 나는 미국의 사회학자 고프먼의 이론을 통해 이를 해석하고자 한다. 당혹감 혹은 모욕감과 같은 감정의 상처는 육체적 피로와 달리 사람과 사람 사이의 상호 작용의 결과이다. 고프먼은 『상호 작용 의례(*Interaction Ritual*)』에서 당혹감을 "비합리적 충동이 아니라 질서를 지키는 행동에 속한다."[19]라고 해석한다. 이것을 A가 경험한 감정의 '오염'에 대입해 보면, 온갖 욕설을 퍼붓는 고객 앞에서 상담사 A는 충분히 당혹스럽고 모욕감을 느끼며 상호 작용하기를 요구받는다. 혹실드의 '감정노동' 해석대로라면 상담사는 '표면 행동'으로는 상냥한 모습을 유지하고 '심층 행동'으로는 고객을 진심으로 이해하려는 마음을 가져야 하겠지만, 고프먼의 '상호 작용 의례'에 따른다면 고객은 실제로

19 고프먼(2013[1967]: 120)은 다음과 같이 당혹감에 대한 상호 작용의 의미를 해석하였다. "당혹감은 사회적으로 규정된 행동 규범을 깨뜨리는 비합리적 충동이 아니라 질서를 지키는 행동에 속한다. 당혹하는 것은 매우 충동적인 행동 범주에 속하는 극단적인 사례지만 의식적으로 하는 행동에 비해 사회적 요구와 의무가 적은 것은 아니다."

이해심보다는 마음속 깊이 모욕감을 느껴 주길 바랐을지 모른다. 이것이 이성을 잃은 고객이 상담사에게 원하는 진정한 상호 작용에 가까울지 모른다.[20] 상담사 A는 수없이 반복되는 악성 고객과의 상호 작용을 통해 당혹감과 모욕감에 대한 한국 사회의 '상호 작용 의례'를 습득했을지 모른다. 이것이 그녀의 표현대로 "입이 더러워진" 결과일지 모른다. 비유적 표현 그대로 고객이 왕의 위치라면, 왕은 신하에게 욕설을 퍼붓고 신하는 그 욕설을 쩔쩔매며 들어야 하는 '의례'적 관계에 위치해 있으니, 상담사 A의 더러운 입은 현실에서 결핍된 인간으로서의 성스러움[21] — '자존감'으로 표현할 수도 있을 것이다 — 을 얻고자 하는 몸부림일 수 있다. 이것의 가장 확실한 구현 방법이 스스로 돈을 소비하는 고객의 위치에 오르는 것이니, 과다한 음식물 구매와 매니큐어 구매는 상품 그 자체에 대한 만족보다는 돈을 지불하기까지의 그 짧은 순간에 향유할 수 있는 고객으로서의 성스러움 — 입이 더러워도 괜찮은 — 때문일지 모른다.

20 물론 나의 이 같은 해석은 아주 쉽게 허물어질 수 있다. 만일 콜센터 회사가 고객보다는 직원의 인권을 최우선적으로 여기고, 악성 고객에 대해 철저한 방어 시스템과 상담사 보호 시스템을 구축한다면 나의 해석은 무용지물일 수 있다. 하지만 안타깝게도 총 1년 6개월에 걸친 현지조사 기간 동안 그와 같은 시스템을 구축한 콜센터는 보지 못했다. 그 이유에 대해서 나는 이것이 콜센터 자체만의 문제가 아니라 한국 사회 전체를 가로지르는 중요한 문제이기 때문이라 생각한다. 이와 관련해 성공회대학교 사회학과 김찬호 교수(2014)는 『모욕감: 굴욕과 존엄의 감정사회학』에서 오늘날 한국 사회가 직면한 근본적인 문제에 대해 중요한 화두를 던지고 있다.

21 고프먼의 '상호 작용 의례' 개념이 인간의 성스러움을 기반으로 한다는 내용은 김현경(2015)의 『사람, 장소, 환대』 참고. 특히 '2장: 성원과 인정투쟁'과 '4장: 모욕의 의미'는 나의 상호 작용 의례를 통한 상담사 감정 분석과 깊이 연관되어 있다.

7. 관리자와의 전쟁: 통제된 디지털 여공의 몸

'육체노동력 중심의 제조업에서 감정노동 중심의 서비스 산업으로의 변화'라는 표현은 과연 얼마나 한국의 산업 근대화를 설명할 수 있을까. 질문을 달리하면, 1970-1980년대 구로 공단의 제조업을 오로지 육체노동으로만 한정 지을 수 있을까. 여공들이 폭력의 두려움 속에서 남성 관리자의 기분을 맞추려 한 것은 과연 오늘날 콜센터 상담사의 감정노동과 얼마나 다를까.[22] 반대로 콜센터 상담사의 경우 감정노동만으로 이들의 노동 활동을 온전히 설명할 수 있을까. 상담사가 행하는 육체노동(장시간 고정된 자세로 앉아 타이핑하기, 말하기 등)과 정신노동(신속하게 필요한 매뉴얼을 찾아 상황별로 처리하기 등)의 강도는 감정노동의 부수적 요소로 치부할 수 있을까. 확실한 것은 그것을 무엇으로 표현하더라도 노동의 형태를 결정짓는 것은 여성 노동자가 아니라 이들을 고용하는 자본가라는 점이다. 따라서 나는 한국 산업 '근대'화에 대해 이렇게 질문하고자 한다. '자본가는 제조업 시절과 달리 서비스업 시대에 어떻게 노동력을 관리하고 있으며, 그것은 여성 노동자의 몸에 어떠한 고통을 초래하는가?'

먼저 콜센터 상담사의 일과부터 살펴보자. 가산디지털단지에 위치한 손해보험 회사의 '하청의 하청' 회사에서 근무했던 J의 일상은 다음

22 김현미(1996)는 1980년대 후반 서울 근교의 미국계 금속조립 기업에 고용된 기혼 여성들에 대한 인류학적 조사를 통해 당시에 여성성이 어떻게 노동 통제의 기제로서 작동하는지를 보여 주었다. 당시 기혼 여성 노동자들은 일상적인 노동의 현장은 물론 노동 운동에 참여하는 과정에서까지 '성적 경험'(gendered experience) — "무식한 아줌마"라는 이미지 등 — 을 겪었다. 이는 당시에 여공들이 육체 노동 이외의 다양한 심리적 고통 속에 놓여 있었음을 잘 보여 준다.

과 같았다.

> 출근하면 9시 30분에 전화 목록을 준다. 즉, 아웃바운드[23] 거리를 준다. 30분마다 준다. 그 전화 목록을 따라 일일이 전화를 하는 것이다. 그러면서 그 사이사이에 인바운드 콜이 밀리면 받고 그런다. 콜 받다 보면 금방 시간이 지나가서 목록 전화가 밀리고. 진짜 정신이 없다. 그래서 어디 갈 수가 없다. 담배는 잠깐 화장실 가는 길에 옥상([그림 6-13] 참고)에 가서 피운다. 그런데 오전에는 너무 바빠서 한 번도 화장실에 못 가는 경우가 많다. 정신없이 걸고 받고 해서 업무 중간에는 못 피운다.

J가 말하듯 상담사는 업무 중에 화장실 갈 틈조차 없다. 전화를 걸어야 하는 명단은 매니저가 정기적으로(30분마다) 제공하고, 걸려 오는 전화 상담은 그저 정신없이 밀려온다. 여기서 일반인들의 흔한 오해는, 전화 목록을 주는 것도 '사람'(매니저)이고, 전화를 거는 것도 '사람'(고객)이라고 생각하는 것이다. 물론 맞는 말이다. 이로 인해 콜센터 상담사가 과거 공단의 여공들이 덜컹거리는 컨베이어 벨트 위 전자 제품에 쉼 없이 부속품을 끼우는 것과 다른 환경 속에서 일을 한다고 생각할지 모른다. 즉, 상담사들은 적어도 과거 기계 속 부속품과 같은 신세는 면했다고 생각할지 모른다. 그렇지만 콜센터로 걸려 오는 고객 전화는 전부 중앙 집중형 시스템(computer telephony integration system)을 거쳐 착신호 자동 분배 장치(automatic call distribution)을 통해 통화 대기 상태의 상담사에게

23 아웃바운드(outbound) 업무는 '고객에게 정보를 제공하거나 상품 판매를 목적으로 고객 정보를 이용하여 전화를 거는 업무'를 뜻한다. 반대로 인바운드(inbound) 업무는 '외부(고객)로부터 걸려 오는 전화에 대한 응대 업무'를 뜻한다.

[그림 6-13] J가 일했던 콜센터의 실제 옥상 흡연실 풍경
또 한 명의 J가 짧은 휴식 시간 동안 흡연을 하러 옥상에 들렀다.

개별적으로 분산된다(박종태 외 2009). 따라서 상담사는 칸막이 안에 홀로 앉아 있지만 스스로 노동 강도와 속도를 조절하지 못하고 '화장실 갈 틈도 없이' 전화를 받아야 한다. 전화를 밖으로 거는 아웃바운드 업무의 경우는 그래도 사정이 나을 수 있지만, 정해진 실적의 압박과 매니저가 끊임없이 밀어 넣는 전화 목록은 마치 자동응답기 기계처럼 "안녕하십니까? ○○ 카드 TM을 담당하는 상담사 ○○○입니다. 실례지만 ○○○ 고객님 되십니까? 잠시 통화 가능하십니까? 전화 드린 건 다름이 아니라…."를 반복하게 만든다. 이렇듯 상담사의 업무 과정을 조금만 들여다봐도 상담사는 기계 부속품처럼, 즉 과거 제조 공장의 여공들처럼 중앙의 통제를 받고 있다는 것을 어렵지 않게 이해할 수 있다.

J는 상담 중에는 화장실에 갈 시간조차 없었다. 이것은 그녀에게만 해당되는 경험은 아니었다. J가 가산디지털단지에서 일할 당시 이루어진 지역 내 건강실태조사 결과에 따르면 콜센터 상담사를 포함해 여성

서비스직 노동자는 방광염에 걸릴 위험도가 상대적으로 높은 것으로 밝혀졌다(금천구청 2013). 고객이 혹은 고객의 콜이 많으면 화장실에 가지 못하는 판매직 여성과 콜센터 상담사는 어디에다 호소하기도 불편한 보이지 않는 병치레를 하고 있었다. 보는 사람에 따라서는 겨우 방광염 정도로 노동 환경 운운하느냐 타박할 이도 있을 것이다. 그런데 여기서 내가 주목하는 것은 방광염이 미치는 신체의 해로움 그 자체가 아니라 그것을 초래하는 콜센터 내 권력의 작동 방식이다. 지극히 생리적인 현상을 통제하는 콜센터의 권력 기제는 매우 모욕적인 방식으로 상담사의 자존감을 훼손한다. 통신사 계열 콜센터에서 일한 T는 '손'을 들어야만 화장실에 갈 수 있었다.

> 8시 40분까지 출근했다. 원래 9시부터 일을 시작하는데 조회 때문에 40분까지 출근이다. 그리고 집중 시간이 하루 두 번 있다. 이석을 금지시키는 시간인데, 콜이 집중된다고 해서 오전 9시에서 10시, 오후 4시에서 6시 30분까지다. 이때는 이석하려면, 즉 화장실에 가려면 팀장한테 직접 승인을 받아야만 한다. 이 집중 시간이 끝나면 화장실이든 어디든 갈 수가 있는데, 무조건 한 번에 한 명씩만 이석할 수가 있다. 한 팀은 12명 정도다. 단체 메신저에 화장실을 갈 거면 이석할 거라고 올리고 간다. 급하면 미리 부탁하는 글을 올린다. 메신저 창에 '손' 또는 'ㅅ'만 쓰면 된다. 즉, 화장실 가려고 손 들었다는 의미다. 화장실을 다녀와서는 '내림' 또는 'ㄴㄹ'이라고 메신저 창에 올린다. 그러면 다른 손 든 사람이 화장실에 갈 수 있다. 급한 사람은 미리 메신저 창에 '급하니 이번에 내가 먼저 갔다 오겠다'고 글을 올린다.

손 들고 화장실 가기. "이제는 초등학생도 이렇진 않다."라고 격분하던 T는 팀장에게 직접 허락을 받고 화장실에 가야 할 때 느꼈던 모욕감을 잊을 수 없다고 말했다. 심지어 J의 경우에는 아예 화장실에 자주 가지 않도록 물을 자주 마시는 것—말을 많이 해야 하는 상담사에게 불가피한 것임에도—조차 통제받기도 했다. 화장실은 물론 쉴 때도 자기 자리에서 쉬라고 '지시'하는 콜센터도 있으니, 결국 상담사는 자동응답기 속 부품일 뿐이다. 나는 상담사들이 마치 기계 부속품처럼 '기름칠'을 당하고 있다는 사례를 듣게 됐다. 그것은 바로 실내 온도 조절이었다. 점심 식사 이후 식곤증으로 집중력이 떨어질 수도 있다는 이유로 매니저는 상담사들의 졸음을 방지하기 위해 초봄에도 에어컨을 틀었다. 쌀쌀한 실내 공기 탓에 상담사들은 카디건을 걸치고 일을 해야만 했다. 이 같은 콜센터의 관리 방식은 '타이밍'을 먹이며 일을 시켰던 구로 공단의 업주들의 그것과 얼마만큼 차이가 있을까. 이런 노동 현실 앞에서 육체노동과 감정노동의 이론적 구분선은 무의미하다.

콜센터에 대한 여러 연구들을 통해 상담사가 매월 통화 품질에 대한 개인별 평가를 받는다는 사실은 익히 알려져 있다. 하지만 그 평가로 인해 상담사가 받는 결과는 단순히 인센티브 십몇만 원에 그치지 않는다. '깨침방'이라는 한 콜센터의 상담실 명패([그림 6-14] 참고)가 보여주듯 상담사는 상시적인 평가 체계 속에서 깨우침을 받아야만 하는 부족한 존재로 여겨진다. 고객으로부터, 매니저로부터 유아적 취급을 받아야만 하는, 그럼에도 이직을 할 수도 없는 상담사의 처지는 음주, 흡연, 폭식 등과 같은 생활 습관에서부터 월경 주기 불순, 심한 월경통, 만성 두통, 우울증, 불면증, 공황 장애 등과 같은 신경정신과적 질환까지 유발하기도 한다. 콜센터에서는 '콜 수'가 곧 '인격'이다. 정해진 할당량을 채우지 못한 상담사는 부실한 부품일 뿐이다.

콜센터 상담사의 업무는 물리적 힘을 사용하지 않고 또한 물리적 힘에 의해 신체가 훼손되지 않는 것처럼 보이기에 마치 과거 구로 공단 여공의 처지보다 상대적으로 개선된 듯 보인다. 물론 확실히 부인

[그림 6-14] 한 콜센터의 회의실 입구
이곳의 이름이 '깨침방'인 것은 관리자의 시선에 비친 상담사의 위치를 상징적으로 보여 준다.

할 수 없는 측면들이 있다. 그렇지만 절대적인 비교는 당사자에게는 무의미하다. 상담사들이 실제 자신의 몸으로 겪은 '도덕적 경험'(moral experience)[24]이야말로 그 어떤 기술적 분석보다 이들이 온몸으로 겪는 '날것 그대로의' 고통을 전달해 준다.

그런 측면에서 [표 6-2]에서로 정리한 은유적 표현들은 상담사들이 겪고 있는 도덕적 경험을 여실히 드러내 준다. 특히 스스로의 입장을

24 '도덕적 경험'에 대한 이해는 낙인처럼 사회적으로 비난의 대상이 되는 주체들이 겪는 삶의 궤적을 추적하는 데 유효하다. 이에 관한 인류학적 논의는 Yang et al.(2007)과 Yang and Kleinman(2008) 참고. 이 논문들은 중국의 에이즈(AIDS) 및 정신병 환자에 대한 사회적 낙인을 다루고 있는데, 여기서 저자들은 낙인을 주체의 '도덕적 경험'으로 분석하였다. 즉, 낙인을 단순히 담론이나 해석적 과정으로 보지 않고 '온전히 체현된 신체적·감정적 과정'(a fully embodied, physical, and affective process)으로 보았다. 이 같은 개념은 실제 대상자가 일상에서 어떠한 고통 속에 놓여 있고 그것을 내면화하여 그에 적응하는지를 밀도 있게 파악할 수 있게 해 준다.

표현하는 용어들 중 '콜공장'과 '콜순이'는 과거 여공과 비교해서 현재 그들의 처지가 전혀 다를 바 없다는 것을 잘 보여 주고 있다.

'현상학적 인류학'(phenomenological anthropology)에서는 이와 같은 실제 삶의 경험에서 우러난 "은유적 표현"(lived metaphor)(Jackson 1996: 9)들이 지적 분석에 의한 논의의 '한계'—인류학자 잭슨(Jackson 1996: 8)은 이것을 이성으로 삶을 '명확히 밝힐 수 있다'는 존재론적 '착각'이라고까지 표현한다—를 벗어나서 실질적인 생활 세계(lifeworld)의 진면목을 보여 준다고 보았다. 인류학의 민족지 연구는 바로 이러한 지점에서 유리한 위치에 있다. 현장에서 실제로 대화를 하고, 함께 경험하고, 생각을 교환하면서 대상자의 몸의 언어를 생생히 담아낼 수 있기 때문이다. 나 역시 콜센터에 대한 총 1년 6개월의 현지조사를 통해 상담사들의 생생한 표현을 듣고 또 현장에서의 모습을 직접 목격할 수 있었다. 실제로 상담사가 자신들의 몸을 '쓰레기통', '받이', '말', '창녀' 등과 같이 은유적으로 표현한 것은 '감정노동'이라는 학술적 용어보다 나에게는 더 큰 울림으로 다가왔다. 이들의 삶은 전혀 나아지지 않았다. 이들의 몸의 언어가 바로 그 증거이다.

[표 6-2] 콜센터 고용주, 콜센터 상담사, 과거 공단 여공에 대한 은유적 표현들

콜센터 고용주	콜센터 상담사	과거 공단 여공[25]
콜공장 펌프	콜순이 삐끼(창녀) 욕받이 감정쓰레기통 경주마	공순이 기계 소매다리 촌년 촌닭

8. 동료 간의 전쟁: 짐승 탈을 쓴 '사람'에서 사람 탈을 쓴 '짐승'으로

8년 경력의 콜센터 상담사 E를 만나게 된 것은 평소 알고 지내던 동료 의사 B를 통해서였다. B가 보기에 사연 많고, 경력직 콜센터 상담사에, 흡연도 하고, 업무 스트레스 과다로 신경정신과 약까지 복용하는 E가 내가 꼭 만나야 하는 연구 대상자로 보였던 것이다.[26] 나는 이렇게 우연한 기회에 E를 만남으로써 이전까지 쉽게 파악하기 어려웠던 상담사 사이의 갈등에 대해 가감 없이 들을 수 있었다. E를 처음 만난 곳은 그녀의 집 근처였다. 자전거를 가져온 그녀는 나에게 자신의 아침 출근 모습을 그대로 재현해 보여 주었다. 그녀가 출근하며 지나가는 골목, 그리고 퇴근 후 들려서 몰래 담배를 피우는 가게 뒷골목. 그렇게 함께 그녀가 만든 일상의 소로(小路)를 따라 콜센터까지 이동했다. 이 때 그녀는 자신이 매일 아침 출근길에 듣는 노래를 나에게 들려주었다. 그것은 가수 안치환의 노래 '카오스'였다. 굉장히 강렬한 반주와 굵고 거친 목소

25 과거 공단 여공을 부르던 표현들은 내가 실제 1980년대 여공이었던 강명자 씨와의 인터뷰를 통해 직접 들은 것들이다. '소매다리'는 봉제 공장에서 맡고 있는 옷의 부위에 '다리'라는 표현을 붙인 것이다. 소매를 만들던 강명자 씨는 공장에서 이름이 아닌 '야, 소매다리'로 불렸다. 그 외에도 '에리다리', '오버다리' 등이 있었다고 한다.

26 여러 면에서 E는 나에게 특별하다. 그녀의 아버지는 구로 공단을 세운 장본인인 박정희 전 대통령으로부터 당시 우수 중소기업상을 받을 정도로 성공한 섬유 회사를 소유하고 있었다. 그녀는 그러한 집안의 귀한 딸로 자라 대학까지 졸업했다. 그런데 지금 그녀의 위치는 디지털 여공에 머물러 있다. 그녀의 삶이 보여 주는 이 같은 기묘한 대비는 무엇을 말해 주고 있는 것일까. 확실한 것은 당시 그녀 아버지의 섬유 공장에서 일하던 동갑내기 여공들은 지금 그녀가 디지털 여공, 그녀의 표현대로 하면 "여보세요"에서 일하는지 짐작조차 못할 것이라는 점이다.

리가 특징인 노래였다. 나중에 헤어지고 나서 가사, 특히, "표정관리", "두터운 가면들", "미친 것", "분탕질 미꾸라지"라는 표현을 보고 알았다. 왜 그녀가 이 노래를 들으며 매일 출근을 하는지를 말이다. E는 이 노래를 들으면서 "안녕하세요. 저는 상담사 ○○○입니다."를 연습하며 "또 다른 나"를 만든다고 했다. 그런데 그녀가 출근 송과 함께 준비하는 '가면'은 기존의 감정노동 논의에서 이야기하듯 고객을 위한 것이 아니었다. 그녀는 오히려 고객과의 상담을 즐겼고 나름의 보람도 느끼고 있었다. 그녀가 전의(戰意)를 불태우며 출근을 준비하는 것은 바로 '동료' 때문이었다.

> 밟히고 무너지고 깨지고 부서지고/ 이리저리 쫓기다 몰리다 뒹굴어도/ 더 이상 갈 곳 없어 도와 달라 외쳐 봐도/ 아무 대답이 없어/ 누구 하나 모든 걸 거는 이 하나 없어/ 알면서 모르는 척 모르면서 다 아는 척/ 계산기 두드리며 **표정관리** 하고 있어/ **두터운 가면들**뿐야/ 그래도 세상은 어물쩍 잘 돌아간다/ 계란으로 바위 쳐 봐 눈 하나 까딱이나/ **미친 것**이 나인가 그대인가 저들인가/ What a crazy World!/ **분탕질 미꾸라지** 적은 내 안에 있어/ 똑바로 봐 제대로 들어 모든 게 현실이야/ 미친 것이 나인가 그대인가 저들인가/ What a crazy world!(안치환의 노래 '카오스'의 가사, 강조는 필자)

E는 다른 콜센터에서 지금의 콜센터로 옮기면서 철저히 "두터운 가면"을 쓰기 시작했다. 그녀의 일상은 출근 송 내용들로 가득 차 있었다. 그녀는 실제 자신의 온몸으로 '카오스'를 부르는 듯했다. 이전 콜센터에서 "두터운 가면들"(고객이 아니라 동료 상담사)에게 인격 모독을 당한 후부터 그녀는 새로운 콜센터에서는 순진하고 아무것도 모르는 '숙맥' 가면을 썼다. 그리고 조용히 "떨빵한" 경주마가 됐다. 필요할 때는 매

니저에게 "악어의 눈물"—E는 이 표현을 아주 자주 사용했다—을 흘려 가며 마음속으로 "계산기 두드리며 표정관리"를 했고, 과거 자신처럼 "도와 달라" 외쳐 대는 미숙한 상담사를 도와주다 그가 결국에는 자신을 밟고 올라서자 "머리 검은 짐승"—이 표현 역시 반복적으로 사용했다—은 이제 키우지 않기로 독하게 마음을 먹었다. 이렇게 스스로도 "두터운 가면"을 쓰고, 철저한 "표정관리"를 했지만, 그러면서 점차 스스로가 자신이 비난했던 "미친 저들"과 똑같은 사람으로 변해 가는 것을 느끼게 됐다. 특히 항상 업체 내에서 콜 실적 1위를 달리던 그녀에게 새로운 경쟁자가 생길 때마다 그녀는 마치 자신의 기득권을 빼앗긴 듯 거칠어졌다고 고백했다. 어느새 그녀의 마음속에도 "분탕질 미꾸라지"가 번식하고 있었던 것이다.

E는 지금의 콜센터로 옮기기 전까지는 상담 중에도 담배를 피웠다. 그런데 2년 전 동료들의 지속적인 왕따와 견딜 수 없는 모욕 때문에 직장을 옮기면서부터 철저히 흡연 사실을 숨겨 왔다. 흡연 사실마저 새로운 직장에서 또 다른 비아냥거림의 빌미를 제공할까 봐 걱정한 것이다. 하지만 낮 시간 동안의 흡연량이 줄어든 만큼 이전에 아주 가끔씩 복용했던 신경정신과약(항불안제)의 복용 양과 횟수가 늘어났다. 퇴근 후에는 정확히 정해진 장소에서 정해진 시간에 열 개비의 담배를 나눠 피웠다.

> 신경안정제는 이전 콜센터 다닐 때는 가끔 복용했다. 그때는 화가 나면 나가서 흡연하고 오라고 팀장이 권해 줬고, 또 팀장이 술도 사 줬다. 그런데 지금 ○○ 카드에서는 매일매일 신경안정제를 먹는다. 여기서는 이미지 메이킹을 위해서 근무 중에 담배를 안 피운다. 사실 담배를 피운다고 스트레스가 풀리는 건 아니다. 담배 피우는 것은 단순 휴식이다. 시간이 되면 그냥 피운다. 전에는 하루에 한 갑 피웠다. 지금은 반 갑

정도 피운다. 나는 모든 걸 시간을 맞춰서 한다. 담배도 스케줄에 맞춰서 피우는 거다. 지금은 아침에 두 개비 피우고 근무 중에는 한 개비도 안 피운다. 이러던 게 2년째다. 내가 니코틴 중독이 아닌 이유다. 나는 내가 날 통제한다. 시간의 스케줄 속에 나를 통제했다. 사우나, 체육관을 정해진 시간에 다니듯. 이렇게 규칙적인 스케줄을 지키기는 것이 나를 지키는 방법이다.

내가 E의 삶에서 특히 주목하는 것은 콜센터 근무 중 겪는 심리적 고통이 동료들로부터 발생한다는 점이다. 콜센터의 감정노동에 대한 여러 연구들을 통해 콜센터 업무가 철저히 실적 위주의 경쟁을 기반으로 한다는 것은 이미 잘 알려져 있다. 그렇지만 이로 인해 상담사들 사이에 극단적인 따돌림까지 일어난다는 사실은 그동안 주목받지 못했다. 고객과 관리자에게 항상 '을'의 위치에서 수동적으로 당하는 존재로만 인식되고[27] '을'의 위치에서 서로 살기 위해 물어뜯는 약육강식의 정글의 법칙이 작동한다는 사실은 간과됐다. 좀 더 구체적인 사례들을 보자. E를 통해 들은 상담사 간의 경쟁은 출근 직후 상담이 이루어지기 전부터 시작됐다. 그것은 바로 '상납'이었다. 아침부터 상담사들은 팀장에게 '빵 셔틀', '커피 셔틀', '과일 셔틀'을 하기 바빴다. 서로 좋은 고객 데이터를 받기 위해 출근과 동시에 팀장에게 커피, 음료수, 비타민, 빵, 아이스크림, 과일(E는 과일이 제일 비싸고 가장 효과적이어서 자신은 과일 셔틀만 한다고 했다) 등을 윙크와 함께 주는 것이다. 이와 함께 '팀장

27 앞서 언급했듯이 이 같은 논의들은 감정노동자의 인권을 보호하기 위한 근거를 만들어 왔다는 점에서 그 자체로 매우 중요한 의미를 지닌다. 나는 기존의 논의들이 무가치하다고 말하려는 것이 아니라 그러한 논의 속에서 상담사들 간의 생존 경쟁이 서로에게 극심한 고통을 유발할 수 있다는 사실을 보여 주려 하는 것이다.

이 틀렸다고 하면 틀린 것이고 맞다고 하면 맞는 것'이라는 철칙을 준수하며, 좋은 고객 데이터가 주어졌을 때는 최대한 실적을 올리려 애썼다. 이렇게 노력하면 크게는 한 달에 약 15만 원 안팎의 월급 차이를 만들 수 있었다. 관리자급은 이러한 상담사 간의 경쟁을 전체 실적 조절을 위해 매우 적극적으로 활용했다. E와 같이 상담 기술이 좋고 실적이 좋은 직원에게는 일부러 좋은 고객 데이터를 제공해—일종의 당근이다—더 많은 일일 실적을 만들게 하고—이런 상담사를 '경주마'라 부른다—다른 상담사들에게는 왜 1등 상담사를 쫓아가지 못하냐고 채찍질을 했다. 그 밖에도 상시적으로 경쟁 심리를 이용해 실적을 끌어올리려 했다. 특히 '스팟 프로모션'이라고 하는 이벤트를 자주 활용했는데, 이것은 적당한 상금을 걸고 성공한 상담사에게 주는 식의 이벤트였다.[28]

E는 거의 매번 '이달의 우수직원'으로 뽑혔다. 그렇지만 오히려 이 같은 실적이 그녀를 왕따로 만들고 결국 신경정신과 약을 정기적으로 복용하게 만들었다. 나는 이와 같은 콜센터 내 경쟁 체제가 구로 공단 시절 여공들의 노동 환경과 매우 대비되는 중요한 지점이라 생각한다. 이전 콜센터를 왜 그만두었나 하는 질문에 대한 E의 대답은 다음과 같았다.

> 지속적 왕따 때문이다. 팀장은 같은 팀원 사이에 경쟁을 붙인다. 그런데 이게 너무 심하다. 그래서 상담사들이 끼리끼리 뭉친다. 그러면서

28 E가 소개한 스팟 프로모션의 예로는, 편지 봉투에 천 원에서 3천 원 정도의 돈을 넣어 놓고 속에 얼마를 넣었는지는 모르게 한 다음 창문에 15개 정도를 붙여 놓고 접수를 두 개 성공하면 그중 하나를 떼어 가라고 공고하는 것이 있었다. 돈 봉투가 아닌 경우에는 과자를 걸어 놓고 스팟 프로모션을 하기도 했다.

[그림 6-15] '이달의 우수직원'이 공개된 모니터 화면
콜센터 상담사 E는 자신의 사진이 올라온 화면을 촬영해 기록으로 남겼다.

> 희생양을 찾는다. 뒷담화를 위해서. 그러니 적당히 어울리고, 음담패설도 하고, 팀장도 같이 욕하고 그래야 하는데 내가 그걸 안 한 게 문제였다. 나는 원래 순대, 닭을 못 먹는다. 그런데 이네들은 잘 먹는다. 문제는 내가 못 먹는다고 흉을 본다는 거다. 그러니깐 자기네랑 어울리면서 서로 빵셔틀도 하고, 순대, 닭도 먹으면서 어울려야 하는데 내가 그걸 안 한다고 뭐라고 하는 거다. 나는 정말 자기네를 인정했는데, 왜 날 인정해 주지 않는지. 그게 너무 싫어서 그만둘 생각으로 센터에서 조금씩 짐을 뺐다.

어떠한 패거리에도 속하지 못하고 노골적인 따돌림과 무시를 당하는 상황은 E에게 견디기 힘들 만큼 모멸감을 줬다. 그 결과 E는 신경정신과 약을 정기적으로 복용하게 되었고 철저히 계획된 시간에 맞춰서만 흡연을 하게 됐다. 또한 새로이 옮긴 콜센터에서는 이 같은 왕따를 당하지 않기 위해, 즉 스스로의 인격을 지키기 위해 극도의 긴장감 속에서 철저히 상황에 맞는 역할을 '수행'해야만 했다. 물론 어떻게 보면 그녀를 따돌렸던 상담사들 역시 1등이 될 수 없는 상황에서 스스로를 지키기 위해 그때그때 요구되는 '상황'적 역할들(매니저에 대한 욕이든, 다른 상담사에 대한 비난이든)을 '수행'한 것으로 해석할 수도 있다.

내가 여기에서 '상황'(situation)과 역할 '수행'(performance)을 강조한 것은 사람의 '수행성'(performativity)을 강조한 사회학자 고프먼의 논의를 통해 상담사가 처한 현실에 대한 이해를 돕고자 함이다. 고프먼(Goffman 1974[1959]; 고프먼 2013[1967])은 상황에 맞는 '상호 작용 의례'를 수행할 때 비로소 사람이 인격체로 존중받는다고 말한다. 그에게 사람은 '수행하는 사람'(performing person)이다. 즉, "사람이 수행적이라는 것은 사람다움(personality)이 우리 안에 있지 않다는 뜻이다."(김현경 2015: 83) 따라서 E가 쓴 "두터운 가면"도, 그녀를 따돌린 상담사들의 행동도 그들이 처한 상황이 요구하는 수행성을 본능적으로 따른 것이라 해석할 수 있다. 바로 이 지점에서 구로 공단 여공의 삶과 서울디지털산업단지 콜센터의 여성 상담사의 삶을 비교해 볼 수 있다. 과거 구로 공단 시절에는 지금처럼 여공들에게 노동자 간의 모멸감까지 수행하기를 요구하지는 않았다.[29] 비유적 표현으로 접근해 보면, 과거에는 사람에게 '소'처럼 일만 하기를 강요했다. 즉, 사람의 얼굴에 재갈을 물리고 끝까지 짐승처럼 일만 하기를 강요했다. 일을 하다 다친 것을 산업 재해라고 판단하는 합리적 사고는 허용되지 않았다. 이에 반해 오늘날 '미소 띤 음성'을 강조하는 콜센터는 사람의 얼굴, 그것도 항상 웃고 있는 이상적인 얼굴을 강요하지만 극단적인 실적 경쟁을 통해 노동자들의

29 물론 이것은 일반적인 상황에 적용되는 이야기다. 1970~1980년대 공장 안에서 노조 활동을 했던 여성 노동자는 사측으로부터 직접적인 탄압도 받았지만, 사측에 회유된 주변 노동자들로부터 따돌림을 당하기도 했다. 하지만 그것은 지금의 콜센터에서 작동되는 상담사 간의 따돌림과는 다르다. 그것은 관리자에 의해 지시받은 것이 아니라 스스로 극단적인 경쟁 체제하에서 생존하기 위한 본능적이고 자발적인 선택이다.

성격을 짐승처럼 공격적으로 변하게 한다. 그 대표적 사례가 바로 E다. '짐승' 같은 동료들에게 상처받고 "머리 검은 짐승"을 키우지 않기로 마음먹었지만, 이제 자신도 그들과 다르지 않은 포식자로 변하고 있음을 느끼고 있다. 나는 바로 이 지점에서 구로 공단의 여공과 서울디지털산업단지 콜센터의 여성 상담사가 차별된다고 본다. 이는 짐승의 탈을 쓴 사람에서 사람의 탈을 쓴 짐승으로의 전환이다. 그 결과 여성 노동자의 몸은 (사람이) 짐승처럼 일하다 육체적 손상을 입었던 과거에서 (짐승 같은) 사람들과 일을 하다 마음의 상처를 입는 현재로 이동하게 되었다.[30]

30 이와 관련하여 참고할 만한 흥미로운 것으로 2005년 국가인권위원회에서 제작한 인권 영화 '별별이야기' 중 박재동 감독의 '사람이 되어라'라는 애니메이션 영화가 있다. 이 영화는 대학 합격만이 '사람'이 되는 유일한 길임을 강요하는 한국 사회를 비판한 단편 애니메이션이다. 모든 고등학생들은 각종 짐승들의 얼굴을 하고 있고, 오로지 대학에 합격한 이들만 비로소 사람의 모습을 얻게 된다는 이야기이다. 이때 고릴라 얼굴을 한 학생이 자연의 동물들과 교감을 하며 인간다움을 스스로 깨닫게 되면서 '사람'의 얼굴을 지니게 되는데, 이는 학교 전체에 불미스러운 것으로 치부되어 그는 오히려 처벌된다. 흥미로운 점은 대학에 가서 '사람'이 된 성인들은 인격을 상실한 '짐승'처럼 묘사되고, 반면에 대학에 가지 못해 '짐승'의 얼굴을 한 이들은 되레 '사람'다운 냄새를 풍긴다는 점이다. 인상적인 장면 중 하나는 스스로 인간다움을 깨달아 대학을 가기 전에 사람다운 얼굴을 갖게 된 아들에 대하여 자신은 대학에 진학하지 못해서 사람이 되지 못했고, 그래서 사람의 탈을 쓰고 살아간다는 아버지의 고백 장면이다(고백과 함께 인간의 탈을 벗는데 그 속에 고릴라의 얼굴이 있다). 산업 근대화가 오늘날 노동자에게 원하는 것이 어떤 모습인지 사뭇 진지하게 질문하게 만드는 애니메이션이다. 이에 관한 추가적인 논의는 김현경(2015)의 『사람, 장소, 환대』의 '사람이 되어라' 부분 참고.

9. 나오며: 여전히 절실한 디지털 여공의 삶

'걷기'란 인류학자에게 많은 것을 깨닫게 해 준다. 만일 도시가 디자인된 방식 자체가 '근대'의 특징을 보여 준다면, 그 도시를 걷는 것이야말로 근대를 몸으로 이해하는 훌륭한 방법일 것이다. 발걸음이 내는 소리가 또 다른 몸의 목소리[31]라고 한다면, 나는 참으로 많은 대화를 옛 구로 공단의 길과 함께했다. 1년여를 서울디지털산업단지를 걸으면서 몸으로 체험한 시각, 청각, 후각의 기억은 한국의 '산업 근대화'가 여전히 과거와 현재가 복합된 미완의 근대라는 생각이 들게 했다. 가리봉동에서는 조선족 음식이 뿜어내는 특유의 강렬한 향과 길거리에 버려진 간밤의 음식 잔여물이 내뿜는 시큼한 냄새가 나의 '후각'을 자극했다. 옛 가리봉 오거리를 벗어나면 요란한 K-pop 음악들이 나의 '청각'을 자극해 패션아울렛에 진입했음을 알게 해 줬다. 이어서 패션의 거리를 통과해 수출의 다리를 지나 가산디지털단지로 들어서면 후각과 청각은 소실되고 거대한 유리벽에 반사되는 차가움에 '시각'이 자극됐다. 각각의 감각에 맞춰 나의 발걸음은 도시와의 대화를 조절했다. 때로는 빠르게, 때로는 즐기면서 지금의 서울디지털산업단지를 걸어 왔다. 구획마

31 프랑스의 철학자, 신학자, 역사학자인 세르토(de Certeau 2007)는 특히 '도시에서의 걷기'(Walking in the city)가 도시를 경험하는 가장 기초적인 형태라 강조한다. 그는 '걷기'를 일종의 '발화 행위'(pedestrian speech act)라 설명한다. 즉, 그는 걷기가 길을 따라 수동적으로 이루어지기도 하지만, 걷는 이의 선택에 따라 능동적으로 구체적 양상은 저마다 다를 수 있다고 지적한다. 또한 걷기가 말하기와 같이 '사교적인, 교감적인'(phatic) 측면(말하기에서는 'hello', 'well' 등)이 있다고 보았다. 그는 이러한 걷기 중간중간의 틈(crack)이 실제로 공간을 완성시킨다고 해석하였다. 나는 장기간 홀로 도시(서울디지털산업단지) 속 걷기를 행함으로써 걷기가 '대화'에 가깝다는 세르토의 말을 경험해 보려 했다.

다 나의 몸이 전혀 다른 감각을 경험한 만큼이나 서울디지털산업단지는 과거와 현재가 혼재되어 있었다. 봉제 공장에서 젊은 시절을 보냈던 여공들은 가산디지털단지의 외곽에 있는 독산동에서 여전히 재봉틀을 돌리며 생계를 꾸리고 있었다. 여공들이 고된 몸을 숨기던 가리봉동 닭장 집에는 돈을 벌기 위해 한국으로 이주해 온 해외 노동자들, 특히 조선족 이주 노동자들이 집성촌을 이루며 지내고 있었다. 그리고 가산동에는 스키니진을 입고 한 손에는 스마트폰을, 다른 한 손에는 아메리카노를 든 젊은 여성들이 거리와 아무런 대화도 없이 걸음을 재촉하고 있었다. 이 모든 것이 동시간대에 공존하는 곳이 바로 한국의 산업 근대화가 만들어 낸 오늘날의 서울디지털산업단지다.

과거와 현재가 혼재한다는 사실은 구로 공단 50주년을 맞아 역사 세우기에 한창인 해당 구청의 바람과는 다소 어긋난다. 구청은 과거 공단의 기억은 역사 속에 남겨 두고 이제는 그 희생이 일궈 낸 근대화의 결과물을 잘 가꾸고자 여념이 없다. 그래서 여전히 진행 중인 디지털 여공의 고통을 보이지 않는 것으로 치부한다. 그 구체적 노동과 삶의 양상, 그리고 그에 따른 질병의 양상은 세월이 지나면서 조금씩 변했지만, 여성 노동자가 처한 고단한 삶의 현장은 변화된 건물의 외형만큼 진전되지 못했다.

나는 여성 노동자의 과거와 현재를 다룬 다큐멘터리 영화 '위로공단'을 공식상영 전에 두 번 볼 기회가 있었다. 영화에 직접 참여한 콜센터 노조원들과 감상평을 이야기하며 나는 영화 제목에 불만을 토로했다. 감독의 의도는 정확히 모르겠지만, 과연 이 영화가 여공들이 겪었던 과거의 고통을 '위로'할 수 있을까 강한 의문이 들었다. 실제 감독에게도 이 같은 생각을 전달하기도 했다. 그렇지만 실제 영화에 참여한 상담사의 답변을 통해 나의 의문이 얼마나 바보 같았는지를 그 즉시 깨닫게 됐다. 상담사는 나에게 이렇게 답했다. "네가 아직 절실하지 않아서 그래.” 내가 만일 그녀만큼 현재의 삶이 절실했다면 영화의 제목이 어떻든 아무렇지 않았을지 모른다. 어떤 작은 손길이라도 삶이 절실한 사람들에게는 크나큰 위로가 된다는 것을 또다시 새기게 되는 계기가 됐다. 그녀들은, 여전히 절실했다.

제7장 국제 보건의 시간: 에티오피아에서 상상된 아시아의 근대화

박영수(스탠퍼드대학교 인류학과)

1. 들어가며: 국제 보건과 '시간'

랜드크루저를 타고 에티오피아의 수도 아디스아바바에서 출발하여 2시간 남짓을 달려 오로미아(Oromia) 주의 아르시(Arsi) 존에 들어서면, 에티오피아의 여느 농촌 지역과는 달리 우기에도 사용할 수 있는 상대적으로 잘 포장된 도로가 일직선으로 놓여 있는 것을 발견하게 된다. 해발 고도가 높은 수도와 북부 산악 지역과는 달리, 드넓고 비옥한 평야의 풍경이 눈앞에 펼쳐진다. 이 풍경의 주목할 만한 부분 중 하나는 이토록 광활한 평원의 거주민인 오로모(Oromo) 인들의 가옥이 경작지 주변에 자연발생적으로 생긴 것이 아니라, 아디스아바바라는 중심으로 향하는 잘 닦인 도로 주변에 가지런히 집중되어 배치되어 있다는 것이다. 그리고 원형의 오로모 전통 가옥이 아닌 사각형의 집들이 짓다가 만 채로 서 있는 모습들이 종종 발견된다. 건기에는 오로모 농부들이 경험하는 잦은 물 부족을 상징하는, 커다란 노란 물통을 양쪽으로 짊어진 당나귀의 기나긴 행렬이 이 도로의 풍경을 수놓는다. 이 물을 위한 순례길 건너편에서는, 대조적으로 외국계 자본이 투입된 국영기업의 사탕수수 플랜테이션 농장을 위한 스프링쿨러가 힘찬 분수 쇼를 펼치고 있다. 하나의 청사진을 가지고 계획된 것처럼 다소 단순하고 직설적인 아르시 지역의 지리적 풍경은 에티오피아의 중앙 권력과 얽혀 있는 복잡한 지역의 역사로 조각되어 있다.

[그림 7-1] 새마을 리더와 함께 에티오피아 연구 지역의 새마을 회관에서 촬영한 사진

마을 어귀에 들어서면 초입부터 한국 국기가 크게 새겨진 이정표가 이곳이 한국 프로젝트의 현장임을 분명하게 알리고 있다. 마을 거리에서는 한글로 '새마을'이라고 쓰인 녹색 모자를 쓴, 한국인이 아닌 현지인 새마을 리더들을 만날 수 있다. 그리고 한국 기관이 세워 준 자물쇠가 굳게 채워진 마을 회관의 벽에는 현지 언어(오로모 어나 암하릭 어)나 영어가 아닌, 한글로 '새마을'이라고 쓰인 새마을 마크가 그려져 있고, 녹색의 새마을 깃발이 휘날리고 있다. 에티오피아 현지인들이 이해하지 못하는 언어로 쓰인 이 기호들의 독자는 누구일까?

이와는 대조적으로, 마차와 가축, 사람들이 건기의 흙먼지와 어지럽게 뒤엉켜 오가는 마을의 중심 교차로에서는, 작고한 멜레스 제나위(Meles Zenawi) 총리가 에티오피아 르네상스 댐과 고속도로로 상징되는 경제 발전의 미래를 향해 손가락을 가리키고 있는 대형 포스터를 접할 수 있다([그림 7-2] 참고). 에티오피아의 집권 정당인 에티오피아인민혁명민주전선(Ethiopia People's Revolutionary Democratic Front; EPRDF)의 수장으로 1991년부터 2012년까지 통치했던 그는 재임 중에 네덜란드 에

[그림 7-2] 멜레스 제나위 총리와 아프리카 르네상스 댐 선전물

라스무스대학교에 제출한 경제학 석사학위논문에서 한국의 개발 독재가 아프리카 국가의 경제 발전 모델이라고 주장한 바 있다(Meles Zenawi 2006).[1]

실제로 멜레스 제나위를 배출한 티그라이 주의 주도 메켈레 시를 가 보면, 유럽의 여느 계획도시를 방불케 하는 깨끗한 포장도로와 가로등이 있고, 전국에서 가장 큰 주경기장이 있으며, 정부 주도로 6개의 수출기업을 포함한 산업 단지가 조성되어 중화학 공업 도입이 한창이다. 재임 기간 동안 한국을 세 번 방문했던 멜레스 제나위는 두 눈으로 에티오피아의 미래를 한국에서 확인하였고, 한강의 기적을 이룬 개발 독재와 새마을운동을 극찬하였다.

1 에티오피아는 성(family name)이 없고, 본인의 이름 뒤에 아버지의 이름을 쓴다. 그래서 에티오피아 저자들의 이름은 성만 기재하는 대신에, 본인 이름과 아버지 이름을 모두 기재하는 방식(full name)을 따랐다.

그러나 티그라이 족이 지배하는 정부의 방송이 수력 발전을 위한 대규모 댐 건설을 비롯한 사회간접자본 구축과 전례 없는 경제 발전을 매일 선전하고 있는 것과는 달리, 주변부에 거주하는 오로모 족 농부들은 반복되는 가뭄 속에서 일상적인 굶주림과 정전의 어둠, 전화 네트워크의 단절, 며칠씩 지속되는 단수를 경험하고 있다. 오로모 족에게 에티오피아 중심부 권력이 제시하는 경제적 근대화와 진보의 약속이란 그들 자신의 당면한 미래로 경험되기보다는 그들과 동떨어진 머나먼 곳에 존재하는 낯선 타자의 이야기로 들린다. 티그라이 족과 티그라이 주의 발전, 수도 아디스아바바와 도시의 발전, 그리고 한국이라는 어느 먼 나라의 발전.

이처럼 한국 기관들이 가족계획과 새마을운동을 비롯한 다양한 국제 개발 사업을 수행 중인 이곳은 단기간의 프로젝트가 정형화된 결과물을 낼 수 있는 진공 상태의 실험실이 아니라, 에티오피아에서 근대와 개발이 갖는 다층적인 역사적 의미로 가득 찬 공간이다. 아시아 국가를 모델로 한 제국주의, 공산주의, 개발 독재 근대화 과정을 겪은 에티오피아는 그 복잡한 역사적 맥락과 민족 간 갈등의 특수성으로 인해, 아시아의 근대성을 의료인류학적으로 고찰할 수 있는 흥미로운 장소로 나타난다.

오늘날 국제 보건(global health)에서 '국제적'(global)인 것의 의미를 파악하는 것은 단순히 국경을 넘어서 지리적 공간을 확장하는 현상만을 의미하는 것은 아니며, 국제적인 기준과 헤게모니로서 작동하는 공통된 기본 가정과 논리가 무엇인지를 질문하는 것이다. 오늘날 국제 보건의 국제성은 점차 과학적 합리성을 가진 연구로서 논문화할 가치를 지녔는지, 상업화될 잠재력을 가질 수 있도록 프로젝트화되었는지, 신자유주의적 사상을 이식하는 기전으로 작동하는지의 여부를 기준으로 판단되고 있다(Biehl and Petryna 2013). 또한 사립 재단이나 민간-공공 파트너십의 주도로 구축된 국제 보건 기금의 지원 아래 국제 보건 사업에 뛰어든 NGO들은 마치 벤처나 신생 기업처럼 행동하며, 즉각적인 기술적 해결책을 내놓기 위해 경쟁하고 있다(Adams, Burke, and Whitmarsh 2014). 이러한 기업가적 환경, 그리고 과학과 근거에 기반을 둔 국제 보건 사업이라는 이름하에, 국제 보건에 대한 "마법의 탄환"식 접근은 다시 되살아나고 있다(Cueto 2013).

지금까지 국제 보건에 대한 인류학적 연구들은 대개 '공간'에 대해 문제를 제기해 왔다. '국제 보건의 인류학'의 주된 문제의식은 질병의 불평등한 공간적 분포와 이를 결정지은 정치경제적 구조, 그리고 전 지구적으로 작동하고 있는 헤게모니 담론에 대한 분석에 초점을 맞춰 왔다. 예를 들어 팔머(Palmer 2009)는 서구 의과학이 열대 질병을 정복해 왔다는 공간적 도식에 반론을 제기하면서, 그 사례로 구충(hookworm) 질환이 열대 풍토병이 아니라 식민지 자본에 의해 이주 노동자가 모여 있던 곳에서 발생한 역병임을 보여 주었다. 거꾸로 구충 질환에 대한 획기적인 과학적 발견은 사실상 제국의 중심이 아닌 주변부 국가에서 이루어졌다. 이처럼 국제 보건의 인류학은 국제 보건을 통해 상상되는 서구-비서구의 공간적 위계질서에 문제를 제기하면서, 국제 보건의 장에 참가하는 서구와 비서구의 구성원들이 근대와 야만으로 분리된 것이 아니라 함께 상호 작용하며 진화해 왔다는 사실을 드러내 왔다. 공간의 담론을 매개로 국제 보건의 서구 근대성 중심적 사고에 의문을 제기한 것이다.

한편 최근에는 국제 보건의 '시간'에 대한 논의들이 새롭게 제기되고 있다. 자원 착취를 위해 열대의 공간을 통제하고 정복하고자 했던 식민지 권력과는 달리, 오늘날에 진행되고 있는 국제 보건 활동의 동기를 국제적 위계질서 안에서 권력을 성취하고자 하는 것으로 설명하는 것은 한계가 있다. 오히려 오늘날 국제 보건 활동가들은 종교, 인도주의,

국가적 발전, 근대화와 같은 시간적 함의를 지니고 있는 다양한 윤리적 담론에 의해 동기를 부여받고 있다. 생명이 경각에 달린 이들을 위한 긴급 구호의 인도주의와 영원한 시간의 구원을 지향하는 종교적 가치는 국제 보건에서 '시간'의 문제를 둘러싸고 도덕적인 경합을 벌이는 중이다. 또한 국제 보건 사업의 수혜자의 기대 속에서 건강의 증진은 경제적 발전과 사회적 진보, 근대화에 대한 희망과 떼어 놓을 수 없는 밀접한 관계를 맺고 있다(Prince and Marsland 2013). 이처럼 국제 보건의 정치와 담론을 이해하는 데 기여했던 공간적 비판과는 달리 국제 보건의 시간성에 대한 논의는 국제 보건 활동가와 수혜자들의 도덕적 동기를 이해하는 데 더욱 적합한 틀을 제공할 수 있다.

인류학자들 역시 국제 보건의 시간성에 주목함으로써 국제 보건 담론을 지배해 온 공간적 논의와 차별화된 이론적 방향을 모색해 왔다. 단기적이고 프로젝트화된 국제 보건 활동이 넘쳐나고 있는 현 시점에서는 무엇보다 과거의 활동을 성찰할 수 있는 국제 보건의 역사성에 대한 연구가 요청되고 있다(Packard 1997). 과거 식민주의 의학의 인프라와 조직, 기억은 오늘날 의료와 돌봄을 구성하는 관계부터 미디어의 표상, 정치적 수사와 차별에 대한 저항에 이르기까지 지속된다(Fassin 2007; Vaughan 1991). 냉전 시대 발전국가에서 생의학적 국제 보건 프로젝트를 수행하는 것은 식민주의적 과거의 기억을 불러일으키는 동시에, 탈식민주의적 조건을 극복하기 위해 반식민주의적인 국가 건설을 지향하는 것이기도 하다(Geissler 2011). 그리고 수평적인 협력이라는 수사에도 불구하고, 수여자와 공여자의 불평등한 관계에 토대를 둔 과거 개발 원조의 논리는 여전히 국제 보건 체제를 지배하고 있다(Crane 2013). 이처럼 수많은 시간성이 공존하는 지점에서, 국제 보건 활동에 참가하는 이들은 식민지 근대화와 개발 독재의 과거, 분열된 현재, 불투명한 미래의 상충하는 시간적 비전을 경험하고 있다(Prince and Marsland 2013).

국제 보건에서 '시간'의 문제는 무엇보다 국제 보건 사업이 현지인들로 하여금 미래에 대한 비전으로서 근대 국가를 상상하고 실천하게 하는 데 어떻게 역할해 왔는가에 주목하게끔 한다. 가이슬러(Geissler 2011)는 케냐의 공무원 의과학자들의 기억에 대한 민족지를 통해, 국가 건설과 과학적 진보의 수사로 미화된 발전국가의 시간성이 어떻게 삶의 궤적에 방향성을 부여하고 실험실 안팎의 일상생활과 밀접하게 얽혀 있었는지를 보여 주었다. 오늘날 신자유주의 질서하에 발전국가의 후퇴와 넘쳐나는 외국의 국제 보건 사업이 대조되는 맥락 속에서, 국가라는 집단적 프로젝트의 상실은 그 프로젝트의 일부였던 개인들의 가족사에 깊은 흔적을 남겼다. 문을 닫은 병원과 실험실의 단절된 시간성은 단지 물질적 역량의 부족으로만 경험되는 것이 아니라, 탈식민 발전국가라는 낙관적인 한 시대의 상실을 의미하는 것이다(Tousignant 2013). 이처럼 물질적 환경과 기억으로 남겨진 과거의 조각들은 현재의 일상적인 보건 의료 활동의 시간성과 미래에 대한 상상을 빚어낸다. 또한 공중 보건 인력들의 살아 있는 기억은 현재의 국제 보건 현장에서의 소외를 미래에 대한 변화의 가능성으로 바라보게 하는 원천이 되기도 한다.

『역사철학을 위한 테제』에서 벤야민(Benjamin 1968)은 역사를 변혁시키기 위해서 미래의 유토피아보다는 과거의 이미지와 기억의 파편을 굳게 붙잡을 것을 제안했다. 벤야민에 기대어 벅모스(Buck-Morss 2002)는 탈냉전 시기에는 산업화를 통한 대중 민주주의 유토피아라는 '꿈의 세계'(dreamworld)가 더 이상 '이야기'가 되지 못하며, 과거의 파편과 '이미지'로만 남아 있다고 분석했다. 비슷한 맥락에서 인류학자 코헨(Cohen 2012)은 2000년까지 모든 나라에 포괄적인 1차 의료 체계를 구축하고자 했던 알마아타 선언의 유토피아적 모델을 '진료소'(clinic)의 이미지에 비유한다. 탈사회주의 체제 변환과 복지 국가의 후퇴 속에서 더 이상 진료소로 상징되는 유토피아는 실현 불가능해졌지만, 필수 약품을 공급하는 진료소의 파편처럼 '모든 이를 위한 약품'(Drugs for All) 운동이 국제 보건의 새로운 과제로 등장하고 있다는 것이다.

이처럼 국제 보건의 '시간'에 대한 분석은 그동안 충분히 조명되지 못했던 국제 보건 활동가들의 도덕적 동기와 국제 보건 수여자들의 정치적 열망에 담겨 있는 개인의 행위주체성을 풍부하게 기술하는 통로가 될 수 있다. 또한 시간성에 대한 탐구는 국제 보건을 역사적 연속성과 사회 변화의 지평 위에 재위치시키는 데 기여할 수 있다. 이러한 점들을 고려할 때, 아시아 근대성의 다양한 파편이 상상되고 공존해 온 장으로서 에티오피아는 국제 보건의 중층적 시간성을 살펴보기 위해 매우 적합한 지점으로 나타난다.

지금까지의 논의를 바탕으로, 다음 절에서는 에티오피아의 근대사에서 아시아의 근대화가 어떻게 상상되었으며, 실제로 에티오피아를 구성하는 민족들에게 아시아를 모델로 한 근대화는 각 시기마다 어떻게 서로 다르게 경험되었는지, 그리고 아시아의 근대는 에티오피아에서 수행되는 국제 보건 사업에서 어떤 의미가 있는지에 대해 논의하고자 한다. 그리고 에티오피아에서 수행되고 있는 한국의 국제 보건 사업의 사례를 통해 국제 보건의 현장에서 어떻게 공여국과 수여국의 수많은 역사적 시간들이 서로 공존하고 경합하는지를 살펴보고자 한다.

2. 제국의 시간(1890년대-1974년): 일본과 한국전쟁

시골 읍내 마을 이테야(Iteya)의 공간을 무슬림 지역과 정교회 지역으로 크게 둘로 나누는 교차점이 되는 은행 앞에서 만날 사람을 기다리며 두리번거리고 있으면, 건너편에서 미용실을 운영하는 친구가 커피 한잔 하고 가라며 손을 흔든다. 여섯 명이 어깨를 맞대고 들어앉으면 꽉 차는

좁은 커피숍(bunna suqii)에는 숯으로 커피를 볶는 향이 가득하다. 커피숍에 앉아서 이야기 나누던 동네 사람들과 오른손으로 악수를 하고 어깨를 맞부딪치며 반갑게 긴 인사를 주고받는다. 자리를 잡고 앉으면, 체에 거른 밀크 커피를 설탕 가득한 작은 잔에 넘치도록 따라 준다. 정교회의 부활절 금식 기간이라서 그런지, 서로 다른 종교를 가진 마을 사람들 간에 토론이 활발하다. 정육점을 하는 정교회 신자 친구는 고기를 한 달 반 넘도록 못 팔아 시무룩한 표정이다. 내 종교가 뭐냐고 물어 오면, 나는 '와께파타'(waqeefataa, 오로모 민속 신앙을 따라 세상을 창조한 하늘신 와까(waqaa)를 믿는 사람)라고 농담한다. 가구를 만드는 수줍은 청년은 자신이 남수단에서 온 난민이라고 하며 자신에게 일자리를 소개해 주고 한국에 데려가 달라고 농담을 건넨다. 이 틈바구니 속에서 짧은 오로모 어로 대화를 이어 나가려고 노력하는 나의 어깨를 두드리며, 마을 사람들은 나를 '나마케냐'(namakenya, 우리 사람)라고 부른다. 나이 지긋한 동네 어른들은 족보를 읊으며, 나를 이테야의 아들인 헤토사(Hexoosa) 씨족에 속한 오로모 사람이라고 하면서, 본인들의 이름을 앞으로 성씨로 사용하라고 한다. 오로모 어로 말하고 있는 나에게 갑자기 지나가던 행인이 오로모 어를 이렇게 잘해 줘서 고맙다며 악수를 청하기도 하고, 커피 값을 대신 내 주기도 한다. 우리 동네에 무슨 일을 하러 왔냐고 물어보면, 나는 아르시 오로모의 역사와 문화에 대해 배우러 왔다고 이야기한다. 그러면 조용히 귓속말로 아놀레(Aanolee) 마을에 한번 가 보라고 속삭인다. 아르시 오로모 족 사람 누구나 나와 단둘이 있는 비밀이 보장된 공간에서는 지역의 역사를 알려 주겠다며 가장 먼저 아놀레 이야기를 조심스럽게 꺼냈다.

에티오피아의 정 가운데 위치한 오로미아 주 아르시 지역은 1880년대부터 시작된 메넬리크(Menelik) 2세의 정복 전쟁이 시작되기 전에는 에티오피아 제국의 일부가 아니었다. 그 지역의 아르시 오로모 족은 다른 지역의 오로모 족보다 격렬히 저항하여, 이탈리아 군의 침공도 막아 낸 메넬리크 2세의 군대에게 서른 여덟 차례 격퇴되는 수치를 안겨 주었다. 1886년 에티오피아 제국의 군대는 수년간의 저항에도 무릎 꿇지 않는 아르시 오로모 족 수천 명의 오른쪽 손목과 오른쪽 가슴, 성기를 자르는 치욕적인 학살과 폭력을 가했으며 주변 민족들에게 공포를 조성했다(Abbas Gnamo 2014). 그 당시 오로모 족 전통 정치 조직인 가다(Gadaa) 회의가 열리는 오다(Oda) 나무 아래서 마을 사람들을 모아 놓고 무차별적인 학살을 자행한 곳이 바로 아놀레 마을이었다. 100년도 넘게 지난 일을 어떻게 기억하느냐고 물어보면, 마을 사람들은 한 세대의 어른들이 오른손이 없었는데 어떻게 기억하지 않을 수 있느냐고 되묻는다. 오른손을 맞잡고 인사를 나누고, 오른손으로 음식을 먹고, 오른손이 권리를 의미한다고 믿는 오로모 족에게, 한 세대의 오른손이 잘린 것은 쉽사리 지워질 수 없는 몸으로 기억된 상징적인 역사적 상처였다. 2014년에는 1886년에 학살된 오로모 족들을 기억하기 위해, 잘린 가슴과 손목을 형상화한 아놀레 기념탑이 세워졌다([그림 7-3] 참고). 이테야 마을의 중심 길을 걸어 아놀레 기념탑으로 가는 길이 표시된 이정표가 보이는 시장 골목을 지나면, 한국국제협력단(KOICA)이 세워 준 오로미아 주 공중보건훈련센터와 지역 개발 사업을 하는 마을로 가는 표지판, 한국 NGO가 세운 직업훈련학교 표지판들이 차례로 보인다. 한국의 국제 개발과 국제 보건 실험이 진행되고 있는 이 지역은 무균 상태의 실험실이 아닌, 폭력적인 식민지 근대화의 역사적 기억에 의해 이미 오염된 장소였다.

일본은 20세기 초 근대에 눈을 뜬 에티오피아의 근대화 모델이었다. 황제의 이름으로 진행된 근대화, 서구 열강의 틈바구니에서 국가적 생존을 모색하고 단호하게 실천에 옮긴 개혁, 60여 년의 짧은 기간에 서구의 수준에 비견될 업적을 이룩한 압축적 성장 등 일본 근대화의 기적적 면모들은 에티오피아의 지식인들과 지배 계층을 매료시켰고, 비서구 근대화에 대한 강렬한 환상을 심어 주었다. 일본의 근대화 모델은 에티오피아에서 지적 담론으로 소비되는 데 그치지 않았다. 에티오피아 헌법은 1889년 메이지 헌법을 기초로 1931년 제정되었다(Bahru Zewde 1990).

[그림 7-3] 잘린 손목과 가슴을 형상화한 아놀레 기념탑

주변 민족의 침략을 통한 식민지 근대화도 일본과 에티오피아의 공통된 궤적이었다. 80개가 넘는 민족으로 구성된 에티오피아에서 근대화는 필연적으로 '누구에 의한 근대화이며, 누구를 위한 근대화인가' 하는 질문을 피해 갈 수 없었다. 19세기 후반부터 암하라(Amhara) 족을 중심으로 구성된 에티오피아 제국의 팽창과 근대화 과정은 피지배 민족에게는 암하라화 과정으로 경험되었다(Asafa Jalata 2010). 암하릭 어 이외의 언어는 1991년까지 사용이 금지되었고, 근대 교육을 받고자 하는 아이들은 학교에서 암하릭 어를 배워야 했다. 오로모 족이지만 학교에서 오로모 어를 쓰면 선생님께 혼나는 경험을 해야 했다. 무슬림이 다수였던 주변부 민족들에게는 암하라 족의 종교인 에티오피아 정교회로의 개종이 강요되었다. 관직에 오르기 위해서는 암하라 식 이름으로 개명을 해야 했고, 무슬림은 관직에서 철저히 배제되었다. 족보를 거슬러 올

라가 조상을 통해 자신의 토지 소유권(*rist*)을 주장하는 암하라의 문화에 따라, 혼합된 민족 혈통을 가진 개인들은 수 세대 이전의 조상까지 끌어내서라도 암하라의 정체성을 선택했다. 식민 지배의 논리는 피지배 민족의 이름과 문화를 미개한 야만인의 행태로서 조롱거리가 되도록 세뇌했고, 그들 스스로의 역사와 문화를 부정하고 살아가게 만들었다 (Begna Dugassa 2011). 근대를 꿈꾼 피지배 민족 엘리트들은 암하라 족이 아닌 민족 정체성은 숨긴 채 직업을 찾고 사회생활을 해 나가야 했다. 오로모 족 대학 교수들도, 오로모 족 교사들도 암하라식 이름을 쓰고 사적인 공간에서만 비밀리에 오로모 어를 사용해야 했다. 현장조사를 진행 중인 현재에도 오로모 족이 대다수인 오로미아 주의 병원이나 보건소에서 암하릭 어로만 기재된 안내 표지와 브로슈어를 쉽게 발견할 수 있다.

에티오피아 제국에 편입된 피지배 민족의 현실은 일제 치하의 학교에서 일본어를 사용해야 했고 창씨개명을 해야 했으며 신사참배를 해야 했던 조선 사람의 입장을 떠올리게 한다. 비슷한 역사적 상황에 대한 공감은 암하라 족이 아닌 주변부 민족인 오로모 족을 연구하기 위해서는 어떤 언어를 배워야 할지에 대한 도덕적 고민으로 이어졌다. 미국의 대학에는 지배 민족의 언어이자 에티오피아의 공식 언어인 암하릭 어 정규 수업만이 개설되어 있었다. 공식 언어인 암하릭 어를 배워야 할까? 아니면 환경이 여의치 않더라도 오로모 어를 배우려는 노력을 기울여야 할까? 일제 식민 지배하의 조선에 찾아온 인류학자가 일본어 정규 과정 수업이 제공되는 서구의 대학에서 공부했기 때문에 일본어로만 이야기를 건넨다면 조선 사람의 입장에서는 어떤 생각이 들까? 고민 끝에 나는 오로모 어를 배우기로 결정했다. 내 판단이 틀리지 않았다는 사실은 현장연구의 시작과 더불어 오로모 사람들이 보여 준 특별한 환대로 증명되었다.

아놀레 학살 이후 아르시 오로모 족은 암하라화와 식민지화 과정을 겪었다. 모스크가 파괴된 자리 위에는 조직적으로 에티오피아 정교회 교회가 세워졌고, 개종이 강요되었으며, 전쟁에 공을 세운 장군들에게는 거대한 토지가 수여되었다. 또한 정복자들의 이름이 아르시 지역에 세워진 학교와 병원의 이름으로 남게 되었다. 아르시 지역은 에티오피아 중앙 권력이 주도한 대규모 근대화 사업의 실험실이 되었다. 국가의 근대화 사업에는 플랜테이션 농업 개발과 민족의 강제 이주 정책이 포함되어 있었다. 한 오로모 족 정보 제공자는 자신의 선조가 수도 아디스아바바 주변 지역인 쇼아(Shoa)에서 내려온 암하라 족 정복자들의 노예(gabarro)였고, 나중에는 대지주가 된 암하라 족 밑에서 수확량의 2/3를 바쳐야 했던 소작농이 되었다고 이야기했다. 1970년대 초반 스웨덴 국제 개발처(SIDA)의 지원으로 시행된 칠랄로 농업개발단위(Chilalo Agricultural Devleopment Unit; CADU) 사업은 농업의 상업화와 시장 형성을 통해 아르시 오로모 농부들의 자본주의 시장 체제로의 편입을 의도했다. 그러나 식민지 정복으로 형성된 토지 소유의 불평등으로 인해 부의 불평등이 가속화되는 결과를 낳았고, 보건 사업을 포함한 총체적인 개발 프로젝트는 결국 오로모 농부들의 강력한 저항에 부딪혔다(Cohen 1974). 식민지 근대화 과정에 저항한 아르시 지역의 오로모 족들은 이슬람교를 저항의 이데올로기로 택하여 1900년대 초반부터 30년 동안 대다수가 이슬람교로 개종하게 된다. 그리고 1966년, 마침내 아르시 지역의 이테야에 위치한 정복자의 이름을 지닌 초등학교에 수만 명의 오로모 인들이 운집하여 범오로모 민족주의 운동을 출범시켰는데, 이는 후일 오로모 해방전선(Oromo Liberation Front)의 토대가 된다. 정부와 해외원조를 통한 근대화에 대한 부정적 역사의 기억을 가지고 있고, 그러한 역사가 지리적 공간에 새겨진 장에서 한국 기관의 국제 보건과 지역 개발 사업이 시행되고 있었던 것이다.

전쟁의 기억은 근대 국가 형성 과정의 주요한 토대가 될 뿐만 아니라, 국제 개발 사업의 논리를 제공하는 역사적 배경이 될 수 있다. 두 번에 걸친 이탈리아의 침공은 에티오피아 지배 집단의 근대화에 대한 열망을 더욱 거세게 불러일으켰다. 1935년 무솔리니 치하 이탈리아의 2차 침략 전쟁은 에티오피아의 황제 하일레 셀라시에 1세를 피난길에 오르게 했다. 그는 국제 연맹(League of Nations)에서 집단 안보의 원칙하에 군사적 지원을 호소했지만, 아무런 지원도 받지 못하는 좌절을 겪으며 현대화된 군대의 증강을 포함한 근대화의 필요성을 절실히 깨닫게 된다. 그리고 당시 영국 식민지하에 있던 이웃 국가 수단에서 재무장하여, 제2차 세계 대전 중 이탈리아 패망의 시기에 맞춰 에티오피아를 영국군과 함께 재탈환한다. 하일레 셀라시에 1세의 황실 근위대는 유럽에서 유학한 엘리트 군인 지도자를 포함한 집단으로 실전 경험까지 보유한 근대적 군대가 된다.

'강뉴(Kagnew) 부대'라는 이름을 하사받은 황실 근위대는 국제 연합(United Nations; UN) 출범 이후 첫 번째로 맞이한 집단 안보의 원칙의 시험대가 된 한국전쟁에 투입된다(Skordilçs 1954). 5년 동안 6,037명의 에티오피아 군인이 남한 측 연합군 전선에 파견되었다. 당시 인종주의적 편견은 백인이었던 미군 고위 간부가 아프리카에서 온 이 흑인 부대를 가장 험난한 전선에 배치하는 배경이 되었고, 이는 북측의 부대에는 식인종 부대가 왔으니 절대로 포로로 잡히면 안 된다는 공포에 떨게 하는 효과를 가져오기도 했다. 이후 이들은 산세가 험한 강원도 지역에서 발생한 253번의 전투에서 253번 승리하고 단 한 명의 전쟁포로도 허락하지 않은 전설적인 부대로 이름을 알리게 된다. 전투 이외에도 강뉴 부대 대원들은 동두천 보화고아원을 방문하여 전쟁고아를 돌보는 봉사를 하였다. 한국이 전쟁으로 고아를 양산하게 되었을 때 찾아왔던 에티오피아 참전용사들의 이야기는 이후 한국의 에티오피아 대외 원조 사업

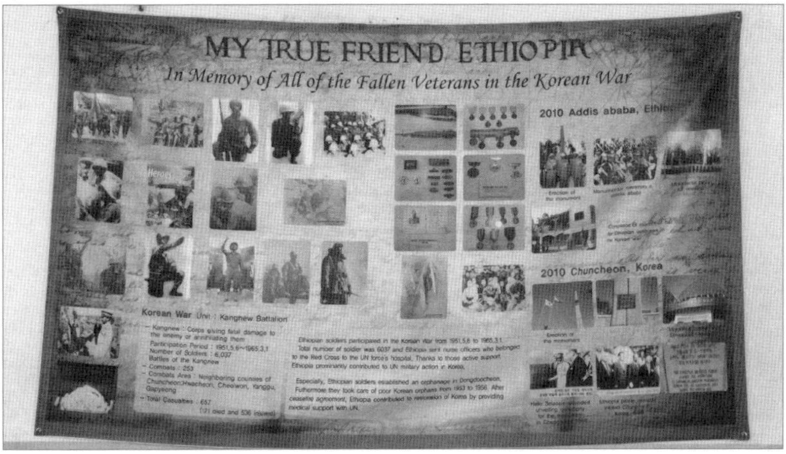

[그림 7-4] 에티오피아의 한국전쟁 참전을 설명하고 있는 공중보건훈련센터의 대형 플래카드

을 논의하는 자리에서 반복적인 레퍼토리로 사용되었다.

이테야 마을 사람들이 한국에 다녀왔다는 이야기를 처음 들었을 때는 한국에 단기 연수를 다녀온 경험을 이야기하는 것인 줄로 알았다. 이테야에는 사람들이 '코리아'라고 부르는 곳들이 있다. 오로미아 주 공중보건훈련센터가 있는 보건소, 한국국제협력단이 지어 준 도서관과 한국국제협력단 봉사단원 선생님들이 와 있는 초등학교, 한국 NGO가 세워 준 복지관과 직업훈련학교가 '코리아'라고 불리는 장소들이다. 오로미아 주 공중보건훈련센터에서 회의실로 사용하는 라운지에는 한국인 사진 작가에 의해 촬영된 에티오피아 참전용사와 죽은 참전용사의 영정을 들고 있는 가족들의 사진전이 전시되어 있다. 수백 명을 수용할 수 있는 강당에는 "My True Friend Ethiopia"라는 이름으로 에티오피아의 한국전쟁 참전용사를 기리기 위해 한국전쟁 참전의 전 과정을 설명하는 대형 플래카드가 뒷 벽면을 가득 채우고 있다([그림 7-4] 참고). 지역 주민들 사이에서 한국 기관들 다수가 모자 보건 사업, 새마을운동 사업, 직업훈련 사업을 하고 있는 오로미아 주의 아르시 지역이 집중적인 사업 대상지로 선정되었던 것은 그곳이 많은 한국전쟁 참전용사들의 고향이었기 때문이라고 설명된다. 주 에티오피아 한국 대사관에서 발행한 참전용사 기념 자료에 나온 이름을 소리 내어 한 명 한 명 읽어 보는데, 한국 기관에서 근무하는 오로모 인 직원이 참전용사의 절반은 암하라식 이름이 아닌 오로모식 이름을 가지고 있다고 지적했다. 에티오피아에서 한국의 국제 개발 사업은 한국전쟁에 대한 기억을 재조명하고 한국전쟁에서 원조의 당위성을 찾는 방식으로 그 지역이 선택되어 왔다.

3. 혁명의 시간(1974-1991년): 중국과 강제마을화

1974년 더그(Derg, 임시군사행정평의회) 정권은 에티오피아 왕정을 무너뜨리고 마르크스주의에 입각한 공산 정권을 설립했다. 중국은 더그 정권의 사회주의적 근대화 모델이었다. 노동자 계급이 소수에 불과하고 여러 민족으로 구성된 비서구의 후진국에서 사회 통합과 혁명, 국제적 존경을 이룩한 마오쩌둥의 중국 혁명은 에티오피아를 비롯한 탈식민 시대 아프리카 사회주의 국가들의 마르크스주의 근대화의 모델로 받아들여졌다. 1974년부터 1991년까지 지속된 에티오피아의 공산 정권은 중국의 공산 혁명을 에티오피아 역사에서 재현한다는 이상에 기반을 두고 있었다. 냉전 시대의 이분법 속에서, 더그 정권의 입장에서는 자본주의와 미국의 원조로 상징되는 하일레 셀라시에 1세의 근대화와 결별하기 위해서 사회주의적 근대화 모델을 채택하는 것은 다소 불가피했다.

'선전'(*Zemecha*)이라는 이름하에 인민복을 입은 5만 명의 에티오피아의 학생들은 마오쩌둥의 '소홍서'(小紅書)를 들고 농촌으로 들어갔다. 학생들은 당장 농사에 필요한 소와 비료를 달라고 요청하는 농민들을 대상으로 계급투쟁과 집단 농장의 필요성을 역설하는 계몽 운동의 전위가 되어야 했다(Donham 1999). 그들은 읽고 쓰는 것뿐만 아니라, 위생과 자조의 원칙을 가르쳤다. 한국의 새마을운동을 실천하러 온 젊은 이들의 정신 교육을 받는 에티오피아 농민들에게는, 적어도 낯선 젊은 이들이 시골 마을까지 찾아와서 계몽을 하는 것이 역사적으로 그리 낯선 풍경은 아닌 것이다. 중국 혁명은 에티오피아 공산 혁명의 모델을 제시했지만, 구체적인 국제 원조는 소련과 쿠바, 동독, 그리고 북한으로부터 제공되었다.

북한의 의료인들은 최근까지 에티오피아의 거점 병원에서부터 농촌 지역 보건소에 이르기까지 다양한 수준에서 의료 서비스에 참여해 왔다. 그 때문인지 한국에서 온 의사이며 인류학자라고 소개하면 북한에서 왔는지 남한에서 왔는지 물어보는 경우가 많았다. 2015년에 오로미아 주 시골의 1차 병원을 방문했을 때, 북한의 의료진이 바로 한 해 전까지 근무했었다는 이야기를 들을 수 있었고, 수도의 병원에서 근무했던 에티오피아 간호사는 북한 의사들과 함께 진료했었다는 이야기를 전해 주기도 했다. 수도 아디스아바바의 블랙 라이언(Black Lion) 병원 앞에는 아직도 북한 만수대 예술단이 에티오피아 공산 정권 10주년을 기념하여 세워 준 에티오피아-소말리아 전승 기념탑(Tiglachin Monument)이 남아 있다([그림 7-5] 참고). 암스트롱(Armstrong 2013)에 따르면, 북한은 1977년부터 수백 명의 전문가와 기술자를 에티오피아로 파견하여, 에티오피아 자체적으로 무기를 생산할 수 있는 공장 두 개를 짓고 아디스아바바의 하수 시스템을 재정비했을 뿐만 아니라, 대규모 행진과 카드 섹션, 집단 체조를 전수하여 에티오피아 인들에게 깊은 인상을 남겼다. 한국전쟁 이후 구소련의 원조로 평양을 재건했던 북한은 아디스아바바를 사회주의 도시로 재건하는 데 심혈을 기울였다. 적어도 에티오피아 인들에게는 원조 수여국의 위치에서 원조 공여국의 지위로 변모하

[그림 7-5] 북한이 세워 준 에티오피아-소말리아 전승 기념탑

여 다가온 낯선 동양인 손님이 남한의 한국인들이 처음은 아니었던 것이다.

더그 정권이 지배하는 18년 동안, 북한을 상대로 싸웠던 한국전쟁 참전용사들은 곧 공산 정권의 적이 되었다. 군대와 정부의 주요 요직을 차지하고 있던 참전용사들의 지위는 박탈당하였고, 연금은 중단되었으며, 그 자녀들은 공산 정권 치하 18년 동안 가난과 사회적 차별을 견뎌 내야 했다. 하일레 셀라시에 1세 황제가 한국전 참전용사들에게 하사했던 한국 마을(Korea Village)은 그 거주민의 사회적 지위의 추락과 발맞춰 아디스아바바의 슬럼가로 전락하게 되었다. 에티오피아 참전용사 후원회 회원들이 처음 에티오피아에 참전용사들을 찾아왔을 때, 지팡이와 고성으로 환대를 받은 것은 우연이 아니었다. 냉전의 역사에서 방치되어 왔던 참전용사와 그 가족들에게 한국전쟁은 쓰라린 기억과 처참한 현실의 원인이었던 것이다.

공산 혁명 초기의 민족 해방에 대한 기대는, 중앙집권화를 추구했던 더그 정권이 암하라 족-에티오피아 정교회를 중심으로 한 기존의 민족-종교의 통치술을 재도입함에 따라 그리 오래 지속되지 않았다. 민족 문제에 대한 해법이 불분명했던 혁명 초창기에는 과거 암하라 족의 지배하에서 자신의 민족 정체성을 숨겨 왔던 오로모 족들이 공적인 공간에서 오로모 족임을 공개하는 일들이 빈번하게 있었다(Donham 1999). 혁명 초기에는 에티오피아 정교회의 영향력을 약화시키기 위해, 국토의 1/3을 소유하고 있던 정교회의 토지를 국유화하고 정교회의 수장을 정권에 호의적인 인사로 교체하였다. 개신교 선교사들은 사회주의에 위협이 될 뿐만 아니라, 비에티오피아적이라는 이유로 모든 선교 활동을 중단하고 추방되어야 했다. 그러나 더그 정권은 집권 후기로 갈수록 정권의 영향력을 강화하기 위해 에티오피아 정교회를 서구 제국주의에 대항하는 국가 종교로 다시 전용한다. 하일레 셀라시에 1세를 몰아내고 정권을 잡았던 멩기스투는 시간이 지날수록 자신이 몰아냈던 황제처럼 암하라 족-에티오피아 정교회의 통치자의 자리로 회귀하였다. 문화 혁명의 표어 아래 다시 구시대의 민족-종교 정치로 되돌아간 것이다. 무엇보다 토지 개혁을 통한 계급 해방의 이름하에 진행된 '강제마을화'는 주변부 민족들에게 전례 없는 고통을 가져왔다.

스콧(Scott 1998)은 그의 책 『국가처럼 보기(*Seeing Like a State*)』에서 에티오피아의 강제마을화 정책을 중국의 대약진운동과 함께 20세기 전체주의 국가의 대규모 근대화 프로젝트가 인명과 공동체, 자연에 돌이킬 수 없는 파괴를 가져온 대표적인 비극적 사례 중 하나로 꼽고 있다. 1985년 후반부터 시작된 강제마을화는 1989년 말까지 농촌 인구의 40%에 달하는 1,400만 명의 농민을 강제 이주시켰다. 강제마을화를 원치 않았던 일부 농민들은 무기를 들고 정책을 입안하고 집행하는 이들을 공격하며 저항하기도 했지만, 정부의 폭력과 위협 속에서 어쩔 수 없이 수세기 동안 흩어져 살던 자신들의 집을 부수고, 정부의 편의대로 규격화하여 지워진 마을로, 선택의 여지없이 지정된 가옥으로 이주하여야 했다. 정부군은 강제 이주를 위해 기존의 가옥을 방화하고 마을 여성들을 집단 성폭행하는 것도 서슴지 않았다. 그리고 이러한 폭력적인 강제마을화와 집단 이주는 지금도 영국국제개발국(Department for

International Development; DfID)을 비롯한 외국 원조 기관의 지원을 받아 시행한 'Protection of Basic Services'라는 정책하에 시행되기도 하고, 외국 자본의 대규모 농장과 공장 건설을 위해 원주민들을 내쫓기 위해 계속되고 있다. 아르시 지역의 강제 이주를 집행했던 고위 공무원이었던 정보 제공자는 곡창 지역인 아르시 지역의 대규모 정부 농장을 경작하기 위해 흩어져 살던 수많은 오로모 족 농부들을 정부 농장 주변에 밀집한 마을로 이주시키는 정책을 실행했다고 했다. 이 장의 서두에서 그렸던 수도로 통하는 도로 주변에 밀집된 사각형 가옥들의 풍경은 강제마을화와 집단 이주가 진행된 흔적이었던 것이다.

강제마을화는 오로모 족 사람들의 사회·문화생활과 생태적 환경에 커다란 변화를 가져왔다(Tadesse Berisso 2002). 무엇보다 경작지와 가옥의 거리가 평균 3km 정도로 멀리 떨어지게 되어 농업생산성이 감소하였고, 농민들은 일상의 많은 시간을 밭과 마을 사이를 이동하는 데 소모하게 되었다. 가축과 텃밭, 양봉을 위한 공간이 줄어들었기 때문에 곡물의 기근에 대한 대비를 할 수 없게 되었다. 일부다처제 가정은 강제마을화 이전에 생태적으로 상이한 곳에 부인들의 집을 떨어뜨려 지어서 부인들 간의 다툼을 방지하고 가축의 질병과 가뭄에 대비하는 기능이 있었지만, 그러한 기능을 상실하게 되었다. 이전에는 '악한 눈'(evil eye)과 주술에 대한 두려움 때문에 서로 떨어져 살고 사생활에 대한 간섭을 하지 않았지만, 이웃과 담을 마주하게 된 마을 속에서는 사적인 이야기도 곧바로 공적인 공간에 노출되었다. 이전에는 존재하지 않았던 술집이 사회적 만남의 장소가 되었고, 음주는 농민 소득을 잠식했으며 범죄와 매춘 증가의 원인이 되었다. 강제마을화 이전에는 집 옆에 무덤이 있었지만, 강제마을화 이후 무덤을 마을 밖에 두게 하였기 때문에 오로모 농부들은 자신들의 죽은 가족 및 조상들과 더욱 분리되게 되었다. 새 집을 건축하는 과정에서 주변의 나무들을 목재로 많이 활용하여 삼림이 소실되었고, 과밀화된 사람들과 가축이 토양을 침식하여 도로가 건기에는 먼지가 날리고 우기에는 진흙이 되어 이동을 어렵게 했다. 오물 처리와 보건 의료 체계가 갖춰지지 않은 상황에서 마을화로 인한 밀집은 전염병을 창궐하게 했다. 이러한 강제마을화가 가져온 폐해를 토대로 1980년대 중반 발생한 에티오피아의 대기근은 단순한 자연재해가 아니라, 강제마을화가 가져온 생태적 파괴와 기근의 시기를 서로 도움으로써 극복해 왔던 공동체적 관계의 파괴, 그에 대한 저항력 약화로 인한 인재였다고 분석하는 시각도 있다(Scott 1998). 그러나 기존에 소외되어 왔던 이들에게는 마을화가 가져온 장점도 있었다. 산통이 있는 여성을 위한 병원으로 이송이 용이해졌고, 여성들에게 더 많은 교육과 직업의 기회가 주어졌으며, 고립되어 있던 가구들이 사회적 접촉을 하게 되는 기회도 주어졌다. 그러나 보건 의료와 교육을 지원하겠다고 했던 공산 정권의 약속은 더디게 지켜졌다.

무엇보다 강제마을화의 가장 큰 수혜자는 더그 정권이었다. 1980년대 당시 에티오피아에는 민족 공동체에 토대를 둔 20개의 반군이 활동하고 있었다. 강제마을화는 반군에 대한 보급과 충원을 차단하고, 정부군을 위한 조세와 동원 모병, 정치 선전을 용이하게 하기 위한 군사적·정치적 전략이었다. 강제마을화의 근대화 실험은 공산 정권의 주변부 지역 사회 침투를 위한 통제 구조 편입(encardrement)을 목표로 하고 있었다(Donham 2002). 비인간적인 속도로 잔혹한 폭력을 동반하여 수행되었고, 수많은 고통과 질병, 공동체 파괴, 경제적·사회적 실패를 가져온 강제마을화는 정치적으로는 일부 성공을 거둔 것이다. 그러나 강제마을화의 정치적 성공은 오래가지 못했다. 강제마을화가 가져온 기근과 고통이 더그 정권을 무너뜨린 민족주의 반군들의 굳건한 지지 기반이 되었기 때문이다.

4. 개발의 시간(1991년-현재): 한국의 가족계획과 새마을운동

1975년, 아디스아바바대학교 의과대학 2학년 학생이었던 멜레스 제나위는 티그라이 족 농부들이 굶주리며 학살당하고 있다는 소식을 듣고 더그 정권에 저항하는 티그라이 인민해방전선(Tigray People's Liberation Front; TPLF) 게릴라에 뛰어들기 위해 자퇴하였다. 티그라이 인민해방전선의 초창기 시절부터 총리로 집권한 이후까지 경제학 이론가 역할을 자처했던 그가 신자유주의적 경제 논리에 대항하는 예시로서 가장 선호했던 것은 한국의 발전국가였다(de Waal 2012). 유럽 연합에서 에티오피아 경제 발전 관련 정부 기구의 역량 강화를 위해 3,500만 유로의 재정 지원과 유럽 경제학자들의 파견을 제시했을 때, 에티오피아 정부는 한국의 경제 발전 모델을 배우고 싶다면서 한국의 개발 경제학자를 보내 줄 것을 요청했다. 도시 지역 중산층 에티오피아 인들은 한국 기업이 수행하고 있는 도로 건설에 대해서, 그것이 국가적 발전의 토대가 되어 자신들의 삶에도 진보를 가져올 것으로 전망하며 재정적 후원과 정치적 지지를 보내고 있다(Mains 2012).

그러나 에티오피아 지도자와 집권 세력이 가진 개발 독재 근대화의 방향성에도 불구하고, 개발 독재의 헤게모니가 에티오피아 주변부 민족에게 얼마나 내재화되어 있는가는 의문의 여지가 남는다. 매년 두 자릿수의 GDP 성장률을 기록했다고 공표하는 에티오피아 정부의 통계와는 달리, 기층부 민중들의 일상생활은 크게 개선되지 못했다. GDP 성장률에서 정권의 정당성을 찾는 현 정부하에서는 해외 원조 자금에 의존한 대규모 건설 사업이 GDP 증가를 주도하고 있고, 이를 위해 역사적으로 소외되어 왔던 소수 민족의 땅은 정치적으로 무관한 외국 자본이나 정권의 협력자들에게 개발이라는 이름하에 넘겨졌다(Abbink 2011). 정부만이 유일한 공급자인 TV 방송에서 그들이 속한 민족은 여전히 미개하고 폭력적이며 시대에 뒤떨어진 집단으로 그려지고 있다. 특히 선거철이 다가오면 오로모 족은 잔혹한 전사이며 위험한 존재라는 인종주의적 편견을 조장하는 영상물이 공영방송 시간을 장악하게 된다. 정부는 발전과 문명을 상징하는 미래로 그려 내고, 피지배 소수민족은 이를 저해하는 전통과 야만을 상징하는 과거로 그려 내는 시간 정치가 작동하고 있는 것이다(Smith 2009). 그리고 일상적인 정전과 전화, 인터넷 네트워크 단절은 선거와 같은 정치적으로 민감한 시기에 더욱 오래 지속되는 것처럼 느껴진다. 오로모 족 청년들은 에티오피아에서는 출신 민족이 취직과 출세에서 가장 중요한 판단 기준이라는 점에서 수많은 차별을 겪고 좌절감 속에서 살아간다. 오로모 족을 비롯한 주변부 민족은 상실이라는 역사적 기억을 현재에서 반복적으로 재경험하고 있다.

손정원과 김동완(Sonn and Gimm 2013)은 1960년대부터 1970년대까지 지속된 한국의 발전국가가 가지는 고유한 통치성을 '개발주의적 통치성'(developmentalist governmentality)으로 명명하고, 이 개념을 통해 국가의 행위자 입장에서 바라본 통치의 논리와 실천, 그리고 이러한 통치성을 통해 생산된 주체성에 대해서 살펴본 바 있다. 푸코의 통치성 개념은 서구의 자유주의적 민주주의의 역사적 배경에서 탄생한 것이기 때문에, 한국의 개발 독재 통치성을 이해하기 위해서는 냉전의 특수한 지역적 맥락을 고려한 접근이 필요하다. 한국의 가족계획 사업과 새마을운동 사업은 이러한 한국 개발 독재의 통치성을 살펴보는 하나의 창이 될 수 있다.

한반도의 냉전은 재현하기 힘든 급속한 발전국가의 성장을 가능케 한 여건을 형성하였다. 개발 지향적 독재는 역사적으로 항상 경제적 발전을 실현하지는 못했고, 일부 국가에서만 경제 발전을 통해 정권의 정당성을 확보할 수 있었다. 강한 국가를 통한 경제 발전 명제에 대한 반론으로, 한일 국교 정상화와 월남전 참진이 미국을 정점으로 하는 냉전 국제 정치경제 질서하의 지역적 분업 체계로의 편입을 가져와 급속한 산업화를 가능케 했다는 시각이 있다(Lie 2000). 비슷한 맥락에서 브래진스키(Brazinsky 2007)는 미국의 해외 원조와 교육 훈련이 한국의 개발 독재에서 주도권을 쥐었던 근대적 군대와 경제 엘리트 형성에 결정적 역할을 했다고 보았다. 무엇보다도 냉전은 북한과의 체제 경쟁을 위한 근대화라는 국가적 과제를 상정하게 함으로써 개발 독재의 정당성을 뒷받침했다. 위기, 긴박함, 생존이라는 시간의 수사가 반공 이데올로기와 경제적 민족주의에 맞물려 북한과의 경제적 경주에 있어 국가 주도의 경제 발전과 노동 탄압의 불가피성을 역설하는 데 동원되었다(Cho 2000). 한국전쟁의 경험과 냉전 상황은 반공주의 발전국가의 근대화를 위한 반공 주체 형성에 기여했고, 한국의 발전국가의 통치성은 국가에 순종하는 훈육된 반공 주체인 '국민'으로서 한국 노동자를 호명했다(문승숙 2007).

거시적인 냉전의 정치경제학적 설명은 냉전 주변부 국가의 주체로 살아왔던 한국인들의 삶의 경험을 통해 보완될 때 비로소 한국의 발전국가의 현실을 잘 반영하게 된다. 개발 독재 통치성과 주체성의 복잡한 상호 작용은 가족계획 사업 및 새마을운동의 사례에서 가장 극적으로 드러난다. 먼저 한국의 가족계획 사업은 급박한 시간성, 국가를 위한 개인의 희생, 실행 방식에 있어서의 폭력성, 냉전 개입주의 등 여러 가지 측면에서 발전국가의 통치성을 반영하고 있다. 박정희 정권은 인구 억제를 국가적 우선순위 과제로 천명했다. 정부가 주도권을 쥐고 가족계획 사업을 추진함으로써 한국의 여성들이 '애국적 피임'을 통해 발전국가의 건설 과정의 일부가 되게 하였다(문승숙 2007). 한국 정부가 가족계획을 통한 인구 정책을 적극적으로 추진한 배경에는 냉전 시기 원조를 제공한 미국의 의도가 강력하게 작동하고 있었다. 미국국제개발원조처

(USAID)는 대외 원조의 선행 조건으로 가족계획 정책을 포함시켰고, 한국 가족계획 사업 예산의 2/3를 제공하였다(Cho, Arnold, and Kwon). 당시에는 인구 증가 조절에 있어서 가족계획 사업이 갖는 효과가 불분명했음에도 불구하고, 미국의 지원하에 임상적으로 안전성이 확립되지 않은 실험적인 단계에 있었던 자궁 내 삽입 기구(IUD)를 대규모로 한국에 도입하도록 의료인들에게 경제적인 인센티브를 제공하는 사업을 실시하였다(Connelly 2009).

가족계획 사업에 대한 미국의 원조가 중단된 이후에도 한국 정부는 의료인과 지역 사회 조직, 다양한 경제적·사회적 인센티브를 동원하여 가족계획 사업을 가열히 추진하였고, IUD 삽입과 난관결찰 수술과 같이 장기적인 효과를 갖지만 침습적인 시술을 장려하였다(DiMoia 2013). 당시에는 침습적 시술로 인한 합병증을 치료할 보건 의료 체계의 인프라가 갖춰지지 않은 여건이었음에도 불구하고, 여성의 몸을 희생시키고 그 가족의 삶의 주기를 중단시켜 가며 국가적인 총력전을 펼친 가족계획 사업은 국토 전역을 휩쓸었다(배은경2005). 발전국가의 통치성은 구성원들의 신체적 안녕이나 여성의 고통에 대한 고려 없이, 경제적으로 효율적인 방식으로 인구 증가율 억제의 목표를 달성하기 위해 적은 비용으로 장기적인 효과를 얻을 수 있는 IUD 등을 가족계획의 우선순위로 만든다. 발전국가의 남성 관료들의 시각 속에서 농촌 여성이나 도시 빈민 여성의 몸은 경제개발 5개년 계획의 목표 달성을 위해 축소되어야 할 인구 통계의 숫자에 불과했다(문승숙 2007).

그러나 가부장적인 한국 사회의 억압하에서 개인의 자율성을 누리고 자신의 삶을 설계하고자 한 여성의 바람이 가족계획을 통한 실천으로 가능했던 면도 간과할 수 없다(배은경 2005; DiMoia 2013). 피임약의 보편적 보급과 난관결찰을 통해 가족계획 사업은 한국 여성들의 삶에 갈등, 저항, 해방을 포함한 다양한 의미를 발생시켰고, 이는 기존의 발전

국가 논의의 틀에서 충분히 담아내기 어렵다.

가족계획 사업과 더불어, 발전국가의 통치성은 새마을운동의 전개 과정의 시간성에 깊이 녹아들어 있다. 새마을운동이 한국 경제 발전의 원동력이었다는 통념과는 달리, 그것은 저곡가 정책을 통해 도시 노동자들의 저임금을 유지하려 했던 기조와 그 과정에서 발생한 도농 간의 격차로 인한 농촌 지역 민심의 이탈을 방지하기 위한 개발 독재의 정치적 전략이었다. 새마을운동의 전신이었던 이승만 정권의 지역 사회 개발 사업이 냉전 체제하에서 제3세계 농민들의 사회적 소요를 억제하고 반공주의를 공고히 다지기 위한 미국의 지정학적 전략의 일환으로서의 원조를 기반으로 시행되었던 것처럼, 새마을운동 역시 그 기반이 흔들리고 있던 박정희 정권의 정치적 기획이었다.

새마을운동은 잉여 생산된 시멘트를 비롯한 구체적인 물질적 자원과 지역 사회 개발을 위한 인센티브를 제공하여 농촌 지역 공동체들 간의 경쟁과 발전을 이끌어 냈다는 점에서 이전의 농촌 개발 사업과는 차별점이 있었다. 그러나 대대적으로 내세운 '자조'의 구호와는 달리, '지도'라는 이름하에 지방 관료들의 압박과 위협, 폭력이 지역 주민들에게 종종 사용되었다. 지역적·지리적 차이와는 상관없이 통일벼를 심는 것이 강요되기도 했다. 마치 전쟁을 방불케 하는 작전명과 제한된 기간 안에 달성 불가능해 보이는 목표치들이 제시되었고, 총력전의 시간성이 새마을운동을 지배했다. 에티오피아에서 실천된 새마을운동 사업도 새마을 단원이 파견된 1년이라는 프로젝트 기간 동안에 달성되어야 하는 목표들 때문에, 때로는 자조가 아닌 지도의 수단들이 동원되기도 했다. 새마을 사업의 일환으로 주거위생 개선과 설사 관련 질환 유병의 방지를 위해 기획된 화장실 짓기 운동은, 프로젝트 종료 직전에는 화장실을 짓지 않는 가정을 마을 공무원들과 함께 시찰하며 벌금을 매기겠다고 겁을 주는 방법으로 참여하게 만들기도 했다는 이야기를 들을 수 있었다. 이처럼 한국 기관이 국제 개발 사업을 진행하는 방식에 대해 한국국제협력단 사업을 수행했던 한 NGO 직원은, 주민들과 긴밀한 사전 협의 과정을 거치지 않고서 사업 지역과 내용, 방식을 윗선에서 일방적으로 정해 놓고 프로젝트 기간 내에 주민들의 갑작스런 행동 변화를 요구하는 것이 한국의 개발 독재 방식을 닮았다고 비판하기도 했다. 한국에 단기 연수를 다녀온 한 시골 보건소장이 당시 한국 대통령의 아버지인 박정희 장군에게서 배운 구호라며 보건소 벽에 붙여 놓은 것처럼, "We can do it! We will do it! We must do it!"

박정희의 연설에서 언급된 것처럼, 새마을운동은 농민들이 국가적인 농촌 개발 사업에 자조정신을 가지고 참여하게 하는 정신의 혁명인 '새마음' 운동이었고, 이는 개발 독재가 가져온 사회적 문제를 사사화하여 개인의 태도나 동기의 문제로 받아들이게 하고자 한 통치의 전략이었다(오유석 2014). 에티오피아에서 새마을운동 세계화 사업을 하던 새마을 단원들도 오로모 족 농부들의 정신 개조 교육이 가장 힘든 일이었다고 토로했다. 마을 공동체를 위한 도로, 물탱크, 회관을 건립하는 일에도 참여가 저조했고, 소득 증대 사업도 새마을 사업 프로젝트 기간이 끝나면 지속성 없이 중단되고 사후 관리가 안 되었기 때문이다. 1년이라는 기간은 소수의 새마을 단원들이 마을공동체의 의식을 변화시키기에는 너무 짧은 시간이라는 점이 이해되지만, 그 시각에 있어서 오로모 족이 경험하는 사회적 차별과 정치적 소외, 저발전 상태가 아닌 오로모 족 농부 개개인이 가진 개인주의적 소질을 문제시한 것이다.

반면에 새마을운동 프로젝트를 진행한 마을에서 시작한, 한국 NGO가 설립을 지원한 협동조합은 시작한 지 1년도 안 되어 600명이 넘는 오로모 족 농부가 회비를 내고 가입하여 조합원들을 중심으로 독자적으로 조합을 운영하는 성과를 거두었다. 그리고 한 마을에서 시작된 조합의 성공이 이웃 마을 주민들의 자발적인 조합 설립으로 확산되고 있다. 1965년 시작된 오로모 족 농부들의 'Mecha-Tulema' 조합 운동은 아르시 지역에서 가장 큰 성공을 거두었지만, 조합 지도자들의 커진 정치적 영향력이 오로모 족 독립운동으로 전환되는 것을 경계한 정부에 의해 좌절된 역사가 있었다(Keller 1995). 분리 독립 민족주의 운동이 활발한 지역에서 조합 운동이 환영받는 것은 지배 민족이 장악한 정부를 우회한 경제적 자립을 기반으로 삼아 정치적 독립을 모색하기 위함이다. 새마을운동이 지향하는 바처럼 농촌 지역 개발 사업은 농민 개인의 자질을 개선해야 하는 문제가 아닌, 지역의 역사적·정치적 맥락 속에서 농민들이 어떤 동기를 부여받고, 어떤 개발의 주체로 세워져 가느냐의 문제일 수 있는 것이다.

새마을운동은 농촌 부채를 증가시켜 농민들의 정부에 대한 의존을 심화시키고 이촌향도의 과정을 촉진시킨 경제적으로는 실패한 사업이었지만, 정치적으로는 개발 독재의 훈육과 정치적 통제가 주변부의 국민들에게까지 뻗치게 했다는 점에서 커다란 성공을 가져온 사업이었다. 새마을운동은 발전국가의 통치성을 내재화한 개발 세대를 탄생시켰다. 농민들은 단순히 발전국가가 가져온 폭력의 수동적인 희생양이 아니었고, 새마을운동이 가져온 기회를 자신들의 목적을 위해 활용한 능동적인 주체이기도 했다(김영미 2009). 새마을운동은 농촌 공동체의 전통적 권위의 쇠퇴를 가속화했고, 기존의 공동체에서 소외되어 왔던 여성과 빈농들이 부녀회와 공동체적 활동에 참여할 수 있는 통로를 가져오기도 했다. 군대와 교육을 통해 이미 국가를 경험했던 새마을운동 지도자들은 지역 공무원들과 협상하여 공화당에 대한 정치적 선전을 대가로 공동체의 이익을 보호하고 정부의 지원을 끌어내는 수완을 발휘하기도 했다. 새마을운동의 참가자들은 개발 독재 시절을 인생의 황금기로 회상한다. 어쩌면 새마을운동의 시절은 근대화 과정에서 늘 뒤처지고 소외되어 왔던 농민들이 국가적인 진보와 발전의 주체로 호명되었던 유일한 시기였을지도 모른다. 결과적으로 새마을운동을 통과한 농민들 다수는 개발 독재와 그 유산을 물려받은 보수 정권의 열렬한 지지층이 된다. 발전국가의 통치성은 한국인들의 주체성과 현대 한국 사회의 정치적 조건에 지울 수 없는 흔적을 남긴 것이다.

이처럼 한국 개발 독재의 통치성을 담지하고 있는 가족계획 사업과 새마을운동은 어느덧 폭력적 근대화 과정은 삭제된 채 한국식 경제 발전 모델의 성공을 가능케 한 개발의 필수적 요소로 변형되어 에티오피아를 비롯한 원조 수여국에 한국형 ODA 모델로 수출되고 있다. 에티오피아에서 진행되는 한국의 가족계획 사업에 대한 한 기사는 "저출산까지 부른 '한국 산아(産兒) 제한 노하우' 에티오피아 수출"이라는 비판적인 제목을 부여했다.[2] 해당 기사의 영문판을 인용한 해외의 오로모 민족 운동 계열의 언론은 에티오피아 제국이 식민지의 인구를 제한하는 것을 한국이 돕고 있다는 해석을 내놓았다.[3] 제국과 식민지라는 용어의 사용에서부터 그 정치적 입장을 추측할 수 있는 이 논평은 파시스트 우생학과 인종 청소와 같은 용어를 동원하며 한국의 가족계획 사업이 오로모 족의 인구를 한국과 같은 수준으로 억제시킬 것이라는 우려

2 『조선일보』, 2014. 7. 11, "저출산까지 부른 '한국 산아(産兒) 제한 노하우' 에티오피아 수출".

3 *Finfinne Tribune*, 2014. 8. 20, "Too'anna Da'umsaaf Koriyaan Itophiyaa Gargaaruufi—Oromoo waan tuqu qabaa laata?"("Korea to Help Ethiopia with Birth Control—Is there implication for the Oromo?"). 'Finfinne'는 에티오피아의 수도 아디스아바바의 오로모 명칭으로, 에티오피아 제국에 점령당하기 전 오로모의 땅이었던 아디스아바바에 대한 오로모 민족주의를 대표한다. 오로미아 주정부 건물을 아디스아바바에서 아다마로 옮기는 것에 대해 오로모 족들이 거센 저항을 보인 것도 비슷한 맥락에서 이해할 수 있다. 기존의 오로모식 지명(Finfinne-Adama-Bishoftu)을 사용하는지, 하일레 셀라시에 1세에 의해 개명된 암하라식 지명(Addis Ababa-Nazret-Debra Zeit)을 사용하는지 하는 문제는 에티오피아에서 정치적 함의가 있다.

를 표명하고 있다. 에티오피아 전체 인구의 35%를 차지하는 오로모 족은 에티오피아에서 가장 인구가 많은 민족이지만, 두 번째로 인구가 많은 암하라 족(27%)을 중심으로 구성된 정권들의 지배를 받아 왔다. 현재는 인구의 6%에 불과한 티그라이 족이 정치적 실권을 잡고 있는데, 언어와 종교를 비롯한 문화를 공유하는 티그라이-암하라 지배 세력은 1인 1표의 원칙에 입각한 선거가 오로모 민족 운동에 가져올 정치적 효과에 대해서 경계하고 있다. 해외에 거주하는 오로모 족 출신 지식인들과 해외로 추방된 오로모 해방전선의 구성원들은 자신들의 인구 증가가 둔화되어, 암하라 족과 티그라이 족을 합한 인구가 오로모 족의 인구를 능가하게 하기 위한 것이 가족계획을 통한 인구 억제 사업의 배경이라고 보고 있다.

오로모 족의 인구 문제에 대해서, 티그라이 족 사람들이나 에티오피아에 거주하는 한국인들로부터 '티그라이 족들은 서구인이나 동양인처럼 아이큐가 좋아서 자녀도 적게 낳고 경제적으로 사고하는데, 아이큐가 낮은 오로모 족들이 자녀를 많이 낳아서 에티오피아 전체 평균을 떨어뜨린다'는 논조의 이야기를 현지조사 중에 몇 차례 들을 기회가 있었다. 그러나 에티오피아 정부의 인구건강조사(Demographic and Health Survey; DHS)에 따르면, 티그라이 족과 암하라 족, 오로모 족의 출산율이나 평균 자녀 수에는 큰 차이가 없다. 오히려 생물학적 특징을 통해 인종 차별적 체제를 정당화하고자 했던 식민의학적 담론이 지배 민족의 이데올로기로 전용되어 에티오피아의 민족 갈등의 맥락에서 적용된 것으로 바라볼 수 있을 것이다.

현 정권이 민족주의 반군들의 연합체로 시작되었기 때문에, 집권 정당인 에티오피아인민혁명민주전선(EPRDF)이 표방한 민족 연방주의는 주변부 민족들의 억눌린 민족 해방과 종교적 정체성 표현에 대한 열망을 표출시켰다. '1민족-1영토'의 원칙에 따라 행정 구역 지도가 새롭게 그려졌고, 각 민족은 자신들의 대표자를 국회에 보내게 됐다(Donham 2002). 오로미아 주 곳곳에 모스크와 이슬람 학교가 새롭게 세워지고, 히잡이나 니캅을 착용한 오로모 여성들도 눈에 띄게 증가했다. 비록 민족을 대표한다는 민주주의적 허구를 통해 체제를 유지하고 있다는 비판이 있지만, 원칙적으로는 각 민족의 인구수에 비례해서 국회 의석 수가 배정되고 연방 정부 재정이 주정부에 지원되게 되어 있다. 이런 민족 연방주의의 맥락 속에서, 개발 국가의 인구 증가 억제를 통한 GDP 성장은 각 개별 민족의 인구수에 비례한 정치경제적 이해관계와 상충한다. 가족계획 사업에 참여한 경험이 있었던 한 오로모 보건 의료인의 사례는 이러한 종족 정치가 발전국가의 인구 문제에서 갖는 복잡성을 드러내 주고 있다. 다음은 그 오로모 보건 의료인과 나눈 대화를 인용한 것이다.

> 오로미아의 오로모 족 사람들은 에티오피아 정부가 하는 일에 대해 기본적으로 불신이 있다. 나는 처음에 교회의 일원으로서 오로모 사람들을 대상으로 가족계획 사업과 에이즈 예방 사업을 벌였다. 정부가 아닌 교회를 통해 들어왔기 때문에 오로모 사람들은 비교적 우리를 신뢰했다. 그런데 어느 날 가족계획 실천율에 대한 지역별 통계를 보니, 티그라이 사람들은 거의 가족계획을 사용하지 않는데, 오로미아에서만 열심히 가족계획 사용이 증가하는 추세에 있다는 사실을 알게 되었다. 나는 정부가 무슨 의도를 가지고 있는지 알고 있었기 때문에, 오로모 사람들에게 가족계획을 장려하는 것에 의구심을 갖게 되었다. 물론 나도 처음에는 오로모 사람들이 가난하기 때문에 가족계획을 통해 이들의 경제적 사정이 나아지길 바랐다. 그렇지만 정부의 뜻대로 오로모 사람들의 인구 증가는 억제되고 암하라-티그라이 사람들의 수만 늘어나는 것도 원하지 않았다. 그 뒤로 나는 가족계획에 대해서는 함구하게 되었다. 그리

고 무슬림이 대부분인 오로모 사람들이 가족계획은 생육하고 번성하라는 신의 뜻에 반대되는 것이기 때문에 할 수 없다는 태도를 보이는 것을 마음속으로 응원하게 되었다. 그렇다고 드러내 놓고 정부가 추진하는 가족계획에 대해서 반대할 수는 없었다. 에티오피아에서 정부에 반대하는 것(anti-government)은 개발에 반대하는 것(anti-development)을 의미한다. 나는 개발에 반대하는 사람으로 비치고 싶지 않았다. 나는 외국 NGO들과 일할 때도 오로모 족의 인종적 갈등에 대한 이야기는 거의 하지 않았다. 개발에 반대하는 사람으로 보이고 싶지 않았기 때문이다.

역사적으로 피지배 상태를 경험해 온 오로모 종족 정체성과 발전국가의 인구 담론이 이 보건 의료인의 가족계획 사업에 대한 입장에서 충돌하고 있다. 한국의 가족계획 사업의 경험을 그대로 복제하기에는 에티오피아에서 인구 통계는 복잡한 정치적 함의와 맥락을 지니고 있다. 역사적 배경으로만 모든 보건 사업의 성패를 설명할 수는 없지만, 현 정부의 핵심 세력의 배경인 티그라이 주에서는 지역 사회의 적극적인 협조 속에서 보건 사업이 잘 수행되는 반면 오로미아 주에서는 보건 사업이 잘 진행되지 않는 이유의 일부를 내부 식민지 근대화의 역사적 과정에서 검토해 볼 여지는 있을 것이다. 저자가 방문한 티그라이 주 시골 지역에서는 지역사회보건조직(Health Development Army; HDA)이 100% 조직되어 효과적으로 작동하고 있지만, 연구 지역의 오로모 농촌에는 조직되어 있지 않았다. 2005년 부정 선거 이후부터는 오로미아 주에서 외국 NGO가 직접 지역사회보건사업이나 지역사회보건인력(Health Extension Workers; HEWs) 교육 사업을 하는 것을 중앙 정부에서 막고 있다. 이러한 조처에 대해 지역 사회 수준의 국제 개발 사업이 주민 참여를 통해 민주주의를 가르치는 것을 방지하기 위한 것이라는 시각도 있었다.

지역사회보건인력이 가가호호 방문하여 기록하고 보건소를 거쳐 정부에 제출하는 건강기록부를 살펴보면, 질병 기록을 제외한 지면의 1/4이 가족계획에 할애되어 있다(나머지 1/4은 각각 에이즈와 결핵에 할애되어 있다). 지역사회보건인력이 제공하는 서비스가 말라리아 진단과 약 처방, 결핵과 에이즈 약 복용 관리, 주거 환경 개선, 산전 진찰, 영양 교육 등 20개에 달한다는 점을 고려하면, 가족계획이 차지하고 있는 기록의 공간은 그 업무의 중요성을 대변하고 있다고 볼 수 있다. 여성뿐만 아니라 남성의 건강기록부에도 가족계획이 동일한 자리를 차지하고 있고, 12회에 걸쳐 사유까지 자세히 기록할 수 있게 되어 있다([그림 7-6] 참고).

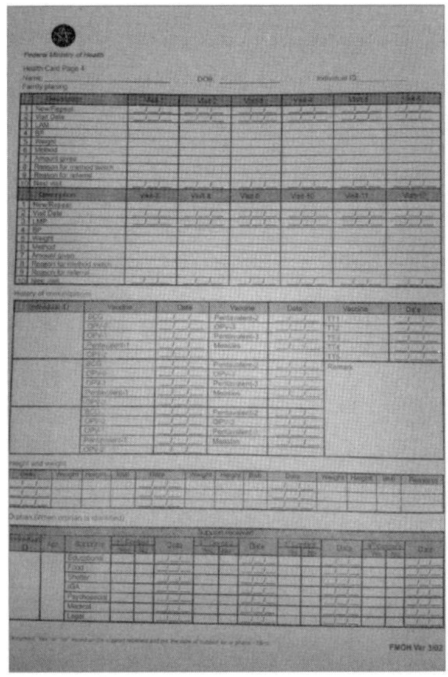

[그림 7-6] 지역사회보건인력 건강기록부의 가족계획 부분(그림 상단의 첫 번째 표)

사회적 인프라가 제한적인 에티오피아에서 공중 보건 체계를 마을 단위까지 획기적으로 확장한 것으로 평가받는 지역사회보건인력은 단순히 보건과 관련된 업무뿐만 아니라 세금 징수와 정치적 프로파간다 역할을 함께 수행하는 최말단 수준에서 주민을 통제하는 공무원이다. 단기간 내에 상대적으로 적은 비용이 드는 보건 영역을 중앙 정부의 영향력이 미치기 힘든 시골 마을까지 확장시킴으로써 개발 독재의 정당성을 확보해 주는 데 동원되고 있다. 그리고 개발국가를 지탱하는 정권의 정당성을 대변하는 핵심 지표인 GDP 성장률에서, 그 분모인 인구가 증가하는 것을 억제하기 위한 가족계획이 지역사회보건인력을 매개로 치밀하게 전개되고 있다. 에티오피아에서 진행되고 있는 대부분의 국제 보건 사업이 보건부와의 협의하에 이뤄지고 있는 데 반해, 인구보건복지협회의 가족계획 사업은 재정경제발전부(Ministry of Finance and Economic Development)와 국가기획처(National Planning Commission)를 파트너로 하여 시행되어 왔던 점은 가족계획을 보건보다는 국가 경제 발전을 위한 인구 문제로 바라보는 에티오피아 연방 정부의 시각을 대변하고 있다. 에티오피아 정부에 대한 보건 분야 원조보다 인구 분야 원조액수가 더 크다는 점도 인구 문제를 보건 문제보다 우위에 두는 방향성을 짐작할 수 있게 한다.

여전히 에티오피아에서 진행되고 있는 국제 보건 사업의 맥락에서, 해당 지역 주민의 종교적 신념, 친족 체계, 결혼 의례, 젠더 관계를 포괄하는 문화는 가족계획 사업을 시행하는 데 있어서 극복되어야 할 장벽으로 다뤄지고 있다. 오로모 족은 신(와까, Waqaa)이 허락한 자녀에 대해서 인간적 개입을 하는 것을 죄라고 믿고 있으며, 신부대를 지급하고 결혼한 오로모 족 여성은 남편의 씨족에 아들을 낳아 주어야 할 의무를 가지고 살아가고 있는 것이 사실이다(Hirut Terefe 2012). 그러나 파머(Farmer 1999)의 비판의료인류학적 시각에서 국제 보건 사업의 수혜자가 에티오피아의 종족 정치적 맥락에서 소외되어 온 구조적 폭력의 희생자는 아닐지 의문을 제기해 볼 필요가 있다. 그리고 담론 분석을 통해 가족계획 사업이라는 표면적 기호에 내재되어 있는 인구 조절과 경제 발전, 종족 정치, 그리고 그 위에 중층적으로 쌓여온 역사적 의미들의 두께를 펼쳐 내 볼 수 있을 것이다. 그런 의미에서 오로미아 주에서 한국의 가족계획 사업을 시행할 때 사용한 "Children not by chance, but by choice"라는 구호는 젠더 불평등과 종족 정치, 경제적 차별의 구조적 폭력의 맥락에 놓여 있는 오로모 여성의 입장에서는 상상하기 힘든 '선택'(choice)이라는 단어가 등장했다는 점에서 재고할 여지가 있다.

[그림 7-7] 에티오피아 가족계획 사업 현수막

현장연구 중이던 2015년 11월에 발표된 아디스아바바 통합 개발 계획(Addis Ababa Master Plan)의 발표는 오로모 족에 대한 차별로부터 쌓여 온 상실이 분노로 표출되는 계기가 되었다. 마스터 플랜은 아디스아바바를 주변의 오로미아 주 지역을 통합시켜 동서남북 각각 100km씩 확장시키는 거대한 도시 개발 확장 계획이다. 이 확장 계획의 결과로 약 200만 명의 오로모 농부들이 살아온 터전을 잃고 땅을 빼앗기고 떠나야 하는 것으로 예상되었다. 그리고 확장 계획에 포함된 지역 중 하나인 비쇼프투(Bishoftu)는 1년에 한 번 와까 신에게 오로모와 세상의 평화를 기원하는 오로모 족의 가장 큰 민족 행사인 이레차(Iressa)가 10만 명 가까운 오로모 족 인파를 모아 성대하게 열리는 곳이다. 확장 계획에 반대하는 오로모 족 시민들의 평화적인 행진과 대학생들의 침묵 시위가 에티오피아 전역에서 발생하였고, 해외에 거주하는 오로모 족 디아스포라가 동조하였다. 에티오피아 정부가 시위대를 향해 실탄을 발포하는 연방 경찰을 동원하여 200여 명의 사상자가 발생하였고, 소요 사태는 격화되어 3개월 넘게 지속되었다. 시위에 참여한 학생들이 감옥에 갇히거나 총에 맞아 죽고, 수업 거부는 계속되고 캠퍼스에서 총소리가 들리며 연방 경찰의 탱크가 교문을 지키고, 오로모 족 시민들이 정부군이 들어오지 못하도록 길을 막고, 외국인이 운영하던 농장과 티그라이 족 여당 당원이 운영하던 호텔이 불타고, 두려움에 떠는 학부모들은 아이들을 학교에 보내지 않는다는 소식을 들을 수 있었다. 공중보건훈련센터 강당에서는 지역 공무원과 주민 대표들이 서아르시 존(West Arsi Zone)의 유혈 사태가 아르시 존에 확산되는 것을 방지할 방안에 대한 회의를 수차례 가졌다. 마을 청년들은 페이스북에 올라온 폭력적 진압과 사망한 오로모 족 시민들의 사진을 보여 주며 분노하였다. 이테야에서도 경찰의 경고 사격과 수류탄이 터졌고, 돌을 던지며 저항하던 오로모 족 시민들은 경찰의 폭력 앞에 흩어지고 경찰서 감옥에서 며칠간을 보내야만 했다. 마을 어디를 가도 긴장과 분노, 두려움의 공기가 가득했다. 오로모 족에게 개발이나 종족 정치는 추상적인 이념이 아니었고, 발전이라는 미명하에 땅과 자유를 빼앗겨 왔던 오로모 족의 폭력적인 근대화의 역사적 경험은 지금도 재현되고 있었다.

5. 나오며: 국제 보건의 시간 정치학

2008년 시행된 한 설문조사에서 한국인들이 가장 자랑스럽게 생각하는 대한민국의 업적으로 새마을운동이 선정된 바 있다. 그리고 새마을운동의 역사적 경험에 기초한 박근혜 정권은 '제2의 새마을운동'을 선포하고 전 세계 130여 개 국가에 연간 550억의 예산을 투입하여 새마을운동을 한국 개발국가의 모델로, 한국형 ODA 모델로 수출하고 있다. 박근혜 대통령은 2015년 개발정상회의에서 새마을운동을 개발 도상국 발전 모델로 천명했고, 국제 연합(UN)과 세계은행이 이를 재창했다. 국내 정치에서 국정 교과서 도입이 추진되었던 시기다. 개발 독재 시기를 인생의 전성기로 통과한 개발 세대의 기억 속에 잠재되어 있던 개발 독재의 향수를 불러일으키고, 박정희 정권에 대한 재평가를 통해 역사 다시 쓰기를 하고자 하는 공여국의 시간 정치학이 국제 개발 해외 원조 사업에서 작동하고 있는 것이다.

전쟁을 기념하는 의례는 국가 건설 과정에서 중대한 역할을 수행한다. 노무현 정권의 주요한 국제 보건 사업은 베트남에서 한국군에 의해 학살이 일어난 지역에 병원을 건립하는 것이었다(권헌익 2012). 이는 탈냉전 시대에도 여전히 한국 사회에 뿌리 깊게 남아 있는 냉전의 유산인 반공 이데올로기를 극복하기 위한 역사 다시 쓰기 작업으로 해석할 수 있다. 이와는 대조적으로 에티오피아의 참전용사 기념 사업은 해외 원조를 통해 한반도의 냉전을 상징하는 한국전쟁의 기억을 다시 불러일으키고 있다. 에티오피아 참전용사 후원회 대표는 한복과 갓을 갖춰 입고 참전용사 한 사람 한 사람에게 절을 하며 "세계사에 길이 남을 한국 현대사의 영웅이 바로 박정희 대통령과 에티오피아 참전용사들이다. 예수님이 우리를 죄에서 구원하신 것처럼, 우리나라가 공산화될 역사의 변곡점에서 우리를 구원해 낸 구세주 같은 존재들이다."라고 했다([그림 7-8] 참고). 2012년에 에티오피아는 한국국제협력단의 해외 원조를 가장 많이 받는 아프리카 국가가 되었다. 한국의 국제 보건 사업 현장이, 전쟁의 기억이 경합하는 기억의 전쟁의 장이 되고 있다.

에티오피아 참전용사들의 존재는 에티오피아에서 한국의 기관들이 시행 중인 국제 보건 사업을 한국전쟁에 대한 역사적 부채를 되갚기 위해 지연된 호혜성의 표현으로 이해하는 근거를 제공한다. 한국 정부는 에티오피아의 한국전쟁 참전용사와 자녀들에게 연금을 제공하고, 에티오피아의 한국 마을을 재개발하는 프로젝트를 시행하고 있다. 한국국제협력단은 한국 마을의 초등학교 건물을 새로 짓고, 한국 선생님

[그림 7-8] 에티오피아 참전용사에게 한복을 입고 절하는 에티오피아 참전용사 후원회 대표

들을 파견하고 있다. 일부 참전용사 자녀들은 한국 대학에서 공부할 수 있는 장학금을 수여받기도 했다. 에티오피아의 수도 아디스아바바에 소재한 한국 병원(명성기독병원)은 참전용사들에게 무상 의료를 제공한다. 한국 기관들은 직원 채용에 있어 참전용사 자녀들에게 특혜를 주기도 한다. 이러한 참전용사와 그 후손에게 집중된 지원은 일부 에티오피아 인들이 한국인들의 지원을 끌어내기 위해 참전용사와 그 후손의 정체성을 가짜로 흉내 내게 만들기까지 했다. 한 에티오피아 젊은이는 한국국제협력단의 로고가 새겨진 티셔츠와 시계를 보여 주며 참전용사의 자녀 정체성을 보여 주고자 했다. 빈곤한 시기를 이기지 못한 참전용사는 다른 에티오피아 인에게 참전용사 확인증을 팔아야 했고, 가짜 참전용사는 부정확한 기억으로 참전용사 후원회 사람들의 분노를 낳았다. 물론 60년의 세월이 지난 이야기를 80대의 참전용사들이 정확하게 기억하기를 바라는 것은 무리지만, 그들의 기억보다 더 오랜 기억을 지구 반대편의 한국인들에게 남기고자 하는 국제 개발 사업이 진행되고 있는 것이다.

국제 보건 사업은 공여국뿐만 아니라 수여국의 국내 정치의 맥락에서도 함의를 지닌다. 국제 보건 사업 대상 지역을 선정함에 있어서, 사업 대상 질환의 낮은 유병률에도 불구하고 반란이 빈번하고 반군의 근거지가 되는 지역이 정치적으로 선택되기도 한다(Birn and Solórzano 1999). 지리적·역사적 원인으로 인해 중앙 정부의 통제력이 효과적으로 작동하지 못한 지역에 의도적으로 국제 개발 사업을 유치함으로써, 사업 종료 후에 남은 조직과 인프라가 해당 지역에 대한 중앙의 통제만을 강화시키는 결과를 낳기도 한다(Ferguson 1994). 공여국의 국제 개발 활동가들은 정치적 진공 상태인 것으로 상상되는 사업 지역에서 정치적 의도 없이 중립적인 위치에서 국제 개발 사업을 수행한다고 믿지만, 사업 대상 지역 선정에서부터 수여국의 국내 정치의 역사적 맥락은 작동하고 있다. 대상 지역에서 살아온 주민들은 역사가 없는 민족이 아니라 긴 역사의 흐름 속에서 수여국의 중앙 정부와 특정한 관계를 맺어 왔고, 그러한 과거의 식민화와 근대화의 기억들은 지금의 국제 보건 사업에 참여하거나 거리를 두는 배경이 될 수 있다.

에티오피아 근대사의 각 시기에 상상된 아시아의 근대는 아시아의 근대성을 조명하는 새로운 시각을 제공한다. 아시아의 근대성이 비서구 근대화의 모델이 되었다는 점에서, 서구 근대성을 준거점으로 바라본 기존의 근대성 논의의 구도에 균열을 낼 수 있다. 또한 서구 근대성이 식민지 근대화로 강요된 것과는 달리, 에티오피아에서는 불평등한 위계적 관계 없이 아시아의 근대성이 채택되었다는 점에서 다른 정치적 맥락에서 근대화가 실천되었다고 할 수 있다. 그러나 에티오피아에서 실천된 아시아의 근대성은 서구 근대성의 한계를 극복하는 대안을 제시하지 못했고, 오히려 아시아의 근대성이 가지고 있는 한계를 드러냈다. 무엇보다 민족-국가에 대한 아시아의 근대화 과정이 보여 준 해법의 폭력성이 아시아의 근대성 모델을 지향한 다민족 국가 에티오피아의 맥락에서 극명하게 재현되었다. 일본의 메이지 유신을 모델로 한 하일레 셀라시에 1세의 제국주의 근대화와 오로모 족의 식민 지배 경험, 마오쩌둥의 중국 혁명을 모델로 한 더그 정권의 공산주의 근대화와 강제 이주의 고통, 박정희의 개발 독재를 모델로 한 현 정권의 근대화와 반복되는 종족 정치의 차별은 아시아를 모델로 한 근대성이 에티오피아의 소수 민족에게 얼마나 폭력적으로 경험되었는지를 드러내 주었다. 소수 집단에 대한 폭력성의 모순을 공유한다는 측면에서, 서구 근대성과 아시아의 근대성은 서로 대조적인 이분법적 구도를 이루기보다는 그 경계가 명확하지 않은 연속선상에 놓여 있다고도 볼 수 있다. 에티오피아의 피지배 민족의 입장에서 경험된 현실은 아시아의 근대성 속에 녹아들어 있는 과격하게 진행된 서구 근대성 도입의 역사적 상흔을 재발견하게 한다. 압축적 산업화, 문화대혁명, 체제 경쟁, 수출 증대 총력전과 같이 속도의 시간성으로 표현되는 아시아적 근대성이 그 구성원들에게 가져온 사회적 고통의 깊이를 다시 가늠해 보게 한다. 에티오피아에서 국제 보건이라는 서구적 근대성을 추구하는 과정에서, 속도라고 하는 아시아적 근대성이 개입하고 있을 때 초래될 수 있는 사회적 결과를 재고해 보게 한다. 타자로 상상되고 만들어지는 국제 보건 사업의 대상자는, 우리 혹은 자아라고 착각해 온 국제 보건의 행위자를 어떤 타자로 상상하고 있는가? 국제 보건은 어떤 근대성을 지향하고 있고, 어떤 근대성과 충돌하고 있는가? 그리고 그러한 근대성의 추구는 어떻게 경험되고 어떤 결과들을 낳는가?

한국 NGO를 통해 시작된 협동조합 모임을 하던 날 아침, 오로모 족 농부들은 어제 지역 공무원들과 마을 회의를 했던 조합 창고 앞에 있는 나무 밑이 아닌, 공중보건센터 마당에 있는 오다 나무([그림 7-9] 참고) 밑에서 조합 모임을 갖고 싶다고 했다. 오로모 족 전통의 정치 체제인 가다 회의는 바로 이 오다 나무 밑에서 열렸다. 오다 나무 밑에서 아

[그림 7-9] 오로미아 주 공중보건센터 마당의 오다 나무

놀레의 학살을 비롯한 수많은 역사적 사건이 있었다. 오로모 족 농부들은 오다 나무를 공중보건센터라는 정부의 영향력이 말단까지 미치는 영역 안에 가두려 했던 정치적 기획을 극복하고, 자립과 독립을 위한 협동조합 운동을 오다 나무 밑에서 다시 시작하고 있었다. 오로모 족은 8년에 한 번씩 마을의 지도 그룹이 바뀌는 가다 체제의 민주주의적 특성에 대해 자부심이 대단했다. 서구 문명이 미국에 민주주의 국가를 건국하기 전에, 오로모 족이 400년 전에 민주주의적 정치 체제를 발명했다고 자랑스럽게 이야기한다. 가다 체제를 상징하는 오다 나무는 오로미아 주 국기 한가운데 자리하고 있다. 현재의 독재에 대한 민주주의적 대안을 자신들의 과거에서 발견하고 있는 것이다. 더 이상 가다 체제가 온전하게 존속하지 않고 있더라도, 오로모 족은 오다 나무 밑에서 협동조합 모임을 갖고 국기에 오다 나무를 새김으로써 그 역사적 기억의 파편을 붙들고 있는 것이다. 벤야민(Benjamin 1968)의 표현을 빌려 오면, 오다 나무라는 가다 체제의 과거의 파편을 굳게 붙잡음으로써, 아직 다가오지 않은 민주화와 독립의 미래를 꿈꾸며 독재와 차별의 현실을 극복하

려고 몸부림치는 것이다. 오다 나무는 그 가지가 땅에 닿으면 다시 새로운 나무가 뿌리를 내리고 자라난다고 한다. 수많은 오로모 족의 피가 흘려진 과거와 현재의 희생을 토대로, 수백 명의 사람들이 그늘에서 쉬며 토론할 수 있는 미래의 오다 나무가 평화의 가지를 넓게 뻗치기를 고대하고 있다. 이토록 수많은 정치적 함의가 담긴 오다 나무가, 한국국제협력단이 건축한 오로미아 주 공중보건센터 한가운데, 유력한 오로모 족 정치인에 의해 심어진 것은 아마 우연히 아닐 것이다.

국제 보건의 현장은 여러 층위의 과거에 대한 기억과 미래에 대한 비전이 상호 작용하는 공간이다. 그것은 단지 수여국의 과거뿐만 아니라 공여국의 과거의 기억을 끌어오고, 과거를 새롭게 재정의하게 하며, 이를 통해 미래에 대한 상상을 변형시켜 가는, 여러 방향으로 작동하는 시간성이 교차하는 공간이다.

참고문헌

제1장 서장: 근대성, 아시아, 그리고 의료인류학

경성제국대학위생조사부 엮음, 2010, 『토막민의 생활과 위생: 1940년 경성의 풍경』, 민속원.

마리, 갸바 외, 2013, 「프랑스와 동아시아의학과의 만남: 18세기, 19세기, 20세기 대표적 인물과 저서의 관점 비평」, 『한국의사학회지』 26(1): 97-106.

백영서, 2005, 『동아시아의 지역질서: 제국을 넘어 공동체로』, 창작과비평사.

스케히로, 히라카와, 노영희 옮김, 2002, 『마테오 리치: 동서문명교류의 인문학 서사시』, 동아시아.

쑨거·윤여일, 2013, 『사상을 잇다: 문화와 역사의 간극을 넘어선 대화』, 돌베개.

왕후이, 이욱연 옮김, 2003, 『새로운 아시아를 상상한다』, 창작과비평사.

조선농촌사회위생조사회 엮음, 2008, 『조선의 농촌 위생: 경상남도 울산읍 달리의 사회위생학적 조사』, 국립민속박물관.

포스터, 조지 M.·바바라 G. 앤더슨, 구본인 옮김, 1994, 『의료인류학』, 한울.

푸코, 미셸, 홍성민 옮김, 2006, 『임상의학의 탄생: 의학적 시선에 대한 고고학』, 이매진.

Anderson, Benedict, 1991, *Imagined Communities: Reflections on the Origin and Spread of Nationalism*, London: Verso.

Benedict, Ruth, 1934, "Anthropology and the Abnormal," *The Journal of General Psychology* 10(1): 59-82.

Brodwin, Paul, 2013, *Everyday Ethics: Voices from the Front Line of Community Psychiatry*, Berkeley: University of California Press.

Cho, Hae-Joang, 2000, "Constructing and Deconstructing "Koreanness"," in Dru Gladney (ed.), *Making Majorities: Constituting the Nation in Japan, Korea, China, Malaysia, Fiji, Turkey, and the United States*, Stanford: Stanford University Press.

Clarke, Adele, Laura Mamo, Jenniffer Fosket, Jeniffer Fishman, and Jannet Shim (eds.), 2010, *Biomedicalization: Technoscience, Health, and Illness in the U.S.*, Durham, NC: Duke University Press.

Clifford, James and George Marcus, 1986, *Writing Culture: The Poetics and Politics of Ethnography*, Berkeley: University of California Press.

Comaroff, John L. and Jean Comaroff, 1991, *Of Revelation and Revolution, Vol. 2: The Dialectics of Modernity on a South African Frontier*, Chicago: University of Chicago Press.

Das, Veena, 2015, *Affliction: Health, Disease, Poverty*, New York: Fordham University Press.

Desjarais, Robert, 1994, *Body and Emotion: The Aesthetics of Illness and Healing in the Nepal Himalayas*, Philadelphia: University of Pennsylvania Press.

Dumit, Joseph, 2007, *Picturing Personhood: Brain Scans and Biomedical Identity*, Princeton: Princeton University Press.

Dumit, Joseph, 2012, *Drugs for Life: How Pharmaceutical Companies Define Our Health*, Durham, NC: Duke University Press.

Evans-Pritchard, E. E., 1937, *Witchcraft, Oracles and Magic among the Azande*, Oxford: Oxford University Press.

Farquhar, Judith, 1994, *Knowing Practice: The Clinical Encounter of Chinese Medicine*, Boulder: Westview Press.

Farquhar, Judith and Qicheng Zhang, 2012, *Ten Thousand Things: Nurturing Life in Contemporary Beijing*, New York: Zone Books.

Fassin, Diddier, 2012, *Humanitarian Reason: A Moral History of the Present*, Berkeley: University of California Press.

Foucault, Michel, 1990, *The History of Sexuality I: An Introduction*, New York: Vintage.

Fullwiley, Duana, 2011, *The Enculturated Gene: Sickle Cell Health Politics and Biological Difference in West Africa*, Princeton: Princeton University Press.

Greenhalgh, Susan, 2012, "Weighty Subjects: The Biopolitics of the U.S. War on Fat," *American Ethnologist* 39(3): 471-487.

Habermas, Jurgen, 1985, *The Philosophical Discourse of Modernity*, Cambridge: Polity Press.

Han, Clara, 2012, *Life in Debt: Times of Care and Violence in Neoliberal Chile*, Berkeley: University of California Press.

Helman, Cecil, 2006, "Why Medical Anthropology Matters," *Anthropology Today* 22(1): 3-4.

Jackson, Michael, 1996, *Things as They Are: New Directions in Phenomenological Anthropology*, Bloomington: Indiana University Press.

Jenkins, Janis H., 2010, *Pharmaceutical Self: The Global Shaping of Experience in an Age of Psychopharmacology*, Santa Fe: School for Advanced Research Press.

Kaufman, Sharon, 2005, *And a Time to Die: How American Hospitals Shape the End of Life*, Chicago: University of Chicago Press.

Kleinman, Arthur, 1980, *Patients and Healers in the Context of Culture: An Exploration of the Borderland between Anthropology, Medicine, and Psychiatry*, Berkeley: University of California Press.

Kleinman, Arthur, Veena Das, and Margaret Lock, 1997, *Social Suffering*, Berkeley: University of California Press.

Lakoff, Andrew, 2005, *Pharmaceutical Reason: Knowledge and Value in Global Psychiatry*, Cambridge: Cambridge University Press.

Langwick, Stacey, 2011, *Bodies, Politics and African Healing: The Matter of Maladies in Tanzania*, Bloomington: Indiana University Press.

Leslie, Charles, 1976, *Asian Medical Systems: A Comparative Study*, Berkeley: University of California Press.

Lock, Margaret, 1980, *East Asian Medicine in Urban Japan: Varieties of Medical Experience*, Berkeley: University of California Press.

Longford, Jean, 2002, *Fluent Bodies: Ayurvedic Remedies for Postcolonial Imbalance*, Durham, NC: Duke University Press.

Marcus, George and Michael Fischer, 1986, *Anthropology as Cultural Critique: An Experimental Moment in the Human Sciences*, Chicago: University of Chicago Press.

Marx, Karl and Frederic Engel, 1994[1869], *German Ideology*, New York: Prometheus Books.

Marx, Karl, 2011[1867], *Capital, Volume One: A Critique of Political Economy*, translated by Samuel Moore and Edward Aveling, New York: Dover Publications.

Mol, Annemarie, 2002, *The Body Multiple: Ontology in Medical Practice*, Durham, NC: Duke University Press.

Nguyen, Vinh-Kim, 2010, *The Republic of Therapy: Triage and Sovereignty in West Africa's Time of AIDS*, Durham, NC: Duke University Press.

Ong, Aihwa and Nancy Chen, 2010, *Asian Biotech: Ethics and Communities of Fate*, Durham, NC: Duke University Press.

Patryna, Adriana, 2002, *Life Exposed: Biological Citizens after Chernobyl*, Princeton: Princeton University Press.

Petryna, Adriana, 2009, *When Experiements Travel: Clinical Trials and the Global Search for Human Subjects*, Princeton: Princeton University Press.

Prentice, Rachel, 2013, *Bodies in Formation: An Ethnography of Anatomy and Surgery Education*, Durham, NC: Duke University Press.

Rabinow, Paul, 1996, *Essays on the Anthropology of Reason*, Princeton: Princeton University Press.

Rivers, William Halse Rivers, 1924, *Medicine, Magic and Religion*, London: Routlege.

Said, Edward, 1979, *Orientalism*, New York: Vintage.

Saunders, Barry, 2008, *CT Suite: The Work of Diagnosis in the Age of Noninvasive Cutting*, Durham, NC: Duke University Press.

Scheid, Volker, 2002 *Chinese Medicine in Contemporary China: Plurality and Synthesis*, Durham, NC: Duke University Press.

Scheper-Hughes, Nancy and Margaret Lock, 1987, "The Mindful Body: A Prolegomenon to Future Work in Medical Anthropology," *Medical Anthropology Quarterly* 1.1: 6-41.

Spivak, Gayatri, 1988, "Can the Subaltern Speak?" in Cary Nelson and Lawrence Grossberg (eds.), *Marxism and the Interpretation of Culture*, Urbana Champaign, IL: University of Illinois Press, 271-313.

Sunder Rajan, Kaushik, 2006, *Biocapitcal: The Constitution of Postgenomic Life*, Durham, NC: Duke University Press.

Ticktin, Miriam, 2011, *Casualities of Care: Immigration and the Politics of Humanitarianism in France*, Berkeley: University of California Press.

Tu, Weiming, 1996, *Confucian Traditions in East Asian Modernity: Moral Education and Economic Culture in Japan and the Four Mini-Dragons*, Cambridge: Harvard University Press.

Turner, Victor, 1980, "Social Drama and Stories about Them," *Critical Inquiry* 7(1): 141-168.

Wallerstein, Immanuel, 1983, *Historical Capitalism*, London: Verso.

Weber, Max, 2012[1958], *The Protestant Ethic and the Spirit of Capitalism*, translated by Talcott Parsons, New York: Dover Publications.

Wilkinson, Iain and Arthur Kleinman, 2016, *A Passion for Society: How We Think About Human Suffering*, Berkeley: University of California Press.

Wolf, Eric, 1982, *People without History*, Berkeley: University of California Press.

Wu, Yi-Li, 2013, "The Qing Period," in T. J. Hinrichs and Linda L. Barnes (eds.), *Chinese Medicine and Healing: An Illustrated History*, Cambridge, MA: Harvard University Press, 161-208.

제2장 동아시아의학, 동아시아 근대성을 읽는 창

김남일, 2006, 「한국한의학 학술유파에 관한 시론」, 『한국의사학회지』 17: 3-25.

김옥주·미야가와, 2011, 「에도 말 메이지 초 일본 서양의사의 형성에 대하여」, 『의사학』 20: 493-554.

마리, 갸바 외, 2013, 「프랑스와 동아시아의학과의 만남: 18세기, 19세기, 20세기 대표적 인물과 저서의 관점 비평」, 『한국의사학회지』 26(1): 97-106.

스기타, 겐파쿠, 김성수 옮김, 2014, 『해체신서』, 한길사.

여인석·황상익, 1994, 「일본이 해부학 도입과 정착 과정」, 『의사학』 3(2): 1-12.

연세대학교 의사학연구소, 2008, 『한의학, 식민지를 앓다: 식민지 시기와 한의학의 근대화 연구』, 아카넷.

Andrews, Bridie, 2013, "The Republic of China," in T. J. Hinrichs and Linda L. Barnes (eds.), *Chinese Medicine and Healing: An Illustrated History*, Cambridge, MA: Harvard University Press, 209-238.

Clarke, Adele, Laura Mamo, Jenniffer Fosket, Jeniffer Fishman, and Jannet Shim (eds.), 2010, *Biomedicalization: Technoscience, Health, and Illness in the U.S.*, Durham, NC: Duke University Press.

Farquhar, Judith, 1994, *Knowing Practice: The Clinical Encounter of Chinese Medicine*, Boulder: Westview Press.

Foucault, Michel, 1990, *The History of Sexuality I: An Introduction*, New York: Vintage.

Geertz, Clifford, 1973, *The Interpretation of Cultures*, New York: Basic Books.

Hobsbawm, Eric and Terence Ranger (eds.), 1983, *The Invention of Tradition*, Cambridge: Cambridge University Press.

Karchmer, Eric, 2010, "Chinese Medicine in Action: On the Postcoloniality of Medical Practice in China," *Medical Anthropology* 29(3): 226-252.

Lock, Margaret, 1980, *East Asian Medicine in Urban Japan: Varieties of Medical Experience*, Berkeley: University of California Press.

Lock, Magaret, 1990, "Rationalization of Japanese Herbal Medication: The Hegemony of Orchestrated Pluralism," *Human Organization* 49: 41-47.

Scheid, Volker, 2002, *Chinese Medicine in Contemporary China: Plurality and Synthesis*, Durham, NC: Duke University Press.

Scheid, Volker, 2007, *Currents of Tradition in Chinese Medicine 1626-2006*, Seattle: Eastland Press.

Shao, Jing, 1999, *'Hospitalizing' Traditional Chinese Medicine: Identity, Knowledge, and*

Reification, Ph.D. Dissertation University of Chicago.

Taylor, Kim, 2005, *Chinese Medicine in Early Communist China, 1945-63: A Medicine of Revolution*, London: Routledge.

Unschuld, Paul, 2009, *What Is Medicine?: Western and Eastern Approaches to Healing*, Berkeley: University of Califronia Press.

Wu, Li-Yi, 2013, "The Qing Period," in T. J. Hinrichs and Linda L. Barnes (eds.), *Chinese Medicine and Healing: An Illustrated History*, Cambridge, MA: Harvard University Press, 209-238.

제3장 중국 근대화와 사회적 고통: 개혁시기 자살 예방 프로그램의 사례

백승욱, 2012, 『중국 문화대혁명과 정치의 아포리아』, 그린비.

베버, 막스, 2010[1920], 김덕영 옮김, 『프로테스탄티즘의 윤리와 자본주의 정신』, 도서출판 길.

왕후이, 2000a, 「세계화 속의 중국, 자기 변혁의 추구(1)」, 『당대비평』 10: 229-256.

왕후이, 2000b, 「세계화 속의 중국, 자기 변혁의 추구(2)」, 『당대비평』 11: 262-283.

이보경, 2005, 「중국적 근대성의 한 테제 '아이를 구하라' 재독: 우생학적 기획으로 읽기」, 『중국현대문학』 35: 37-57.

이현정, 2011, 「중국 농촌 여성의 자살은 과연 저항인가: 서구 저항 담론에 대한 비판적 검토와 자살행위에 관한 인류학적 사례분석」, 『한국문화인류학』 43(3): 75-124.

장영석, 2010, 「중국 보건의료체제의 재구축과 발전 방향」, 『현대중국연구』 12(1): 113-154.

최찬호, 2009, 「역사적 과정에서 본 중국의 보건의료 변화」, 『역사문화연구』 33: 249-272.

황경진, 2010, 「중국 팍스콘 노동자 연쇄 투신자살과 혼다 자동차 하업의 경과 및 주요 쟁점」, 『국제노동브리프』 8(7): 72-119.

羅鳴春·蘇丹, 2008, 「國外健康促進政策對我國心理健康服務體系建設的啓示」, 『西南大學學報(社會科學版)』, 第34號(第5期), 48-53.

肖水源·王小平·徐慧蘭, 2003, 「我國現階段自殺硏究及預防工作中的幾個問題」, 『中华精神科雜志』, 第36卷(第3期), 129-131.

徐大眞, 2007, 「中國心理健康服務體系現狀與對策硏究」, 『信陽師范學院學報(哲學社會科學版)』, 第27號(第1期), 48-52.

徐慧蘭·肖水源·陳繼萍, 1999, 「城市居民自殺流行學硏究」, 『臨床 精神醫學雜志』, 第

9號, 196-198.
黃希庭·鄭涌·畢重增·陳幼貞, 2007, 「关于中國心理健康服務體系建設的若干問题」, 『心理科學』, 第30號(第1期), 2-5.

Bourdieu, Pierre, 1984, *Distinction: A Social Critique of the Judgment of Taste*, translated by Richard Nice, Cambridge: Harvard University Press.
Chan, Jenny and Ngai Pun, 2010, "Suicide as Protest for the New Generation of Chinese Migrant Workers: Foxconn, Global Capital, and the State," *The Asia-Pacific Journal: Japan Focus* 37: 2-10.
Cohen, Myron L., 1993, "Cultural and Political Inventions in Modern China: The Case of the Chinese "Peasant"," *Daedalus* 122(2): 151-170.
Durkheim, Émile, 1951, *Suicide*, translated by George Simpson and John A. Spaulding, New York: Free Press.
Evans, Harriet, 2002, "Past, Perfect or Imperfect: Changing Images of the Ideal Wife," in Susan Brownell and Jeffrey N. Wasserstrom (eds.), *Chinese Femininities/Chinese Masculinities: A Reader*, Berkeley: University of California Press, 335-360.
Fewsmith, Joseph, 2001, *China since Tiananmen: The Politics of Transition*, Cambridge: Cambridge University Press.
Foucault, Michel, 1991, "Govenmentality," in Graham Burchell, Colin Gordon, and Peter Miller (eds.), *The Foucault Effect: Studies in Governmentality*, Chicago: University of Chicago Press, 87-104.
Greenhalgh, Susan and Edwin A. Winckler, 2005, *Governing China's Population: From Leninist Neoliberal Biopolitics*, Stanford: Stanford University Press.
Hall, Stuart and Paul du Gay, 1996, *Questions of Cultural Identity*, London: Sage Publications.
He, Zhao Xiong and D. Lester, 1997, "Gender Difference in Chinese Suicide Rates," *Archives of Suicide Research* 3: 81-89.
Hobsbawm, Eric and Terence Ranger, (eds.), 1983, *The Invention of Tradition*, Cambridge: Cambridge University Press.
Hu, Ji-Nian et al., 2006, "Development and Limits to Development of Mental Health Services in China," *Criminal Behavior and Mental Health* 16: 69-76.
Huang, Xin, 2014, "In the Shadow of Suku (speaking-bitterness): Master Scripts and Women's Life Stories", *Frontiers of History in China* 9(4): 584-610.
Huang, Yanzhong, 2010, "Pursuing Health as Foreign Policy: The Case of China," *Indiana Journal of Global Legal Studies* 17: 105-146.

Ji, Jianli, Arthur Kleinman, and Anne. E. Becker, 2001, "Suicide in Contemporary China: A Review of China's Distinctive Suicide Demographics in their Sociocultural Context," *Harvard Review of Psychiatry* 9(1): 1-12.

Kleinman, Arthur and Joan Kleinman, 1994, "How Bodies Remember: Social Memory and Bodily Experience of Criticism, Resistance, and Delegitimation Following China's Cultural Revolution," *New Literary History* 25(3): 707-723.

Kohrman, Matthew, 2005, *Bodies of Difference: Experiences of Disability and Institutional Advocacy in the Making of Modern China*, Berkeley: University of California Press.

Kushner, Howard I., 1991, *American Suicide: A Psychocultural Exploration*, New Brunswick: Rutgers University Press.

Lee, Hyeon Jung, 2009, *States of Suffering: Female Suicide, Subjectivity, and State Power in Rural North China*, Ph.D. Dissertation at Washington University in St. Louis.

Lee, Hyeon Jung, 2012, "Modernization and Women's Fatalistic Suicide in Post-Mao Rural China: A Critique of Durkheim," in Andrew Kipnis (ed.), *Chinese Modernity and the Individual Psyche*, New York: Palgrave Macmillan, 149-165.

Lee, Hyeon Jung, 2014, "Fearless Love, Death for Dignity: Female Suicide and Gendered Subjectivity in Rural North China," *China Journal* 71: 25-42.

Lee, Sing, 1999, "Diagnosis Postponed: Shenjing Shuairuo and the Transformation of Psychiatry in Post-Mao China," *Culture, Medicine and Psychiatry* 23: 349-380.

Lee, Sing and Arthur Kleinman, 2000, "Suicide as Resistance in Chinese Society," in Elizabeth J. Perry and Mark Selden (eds.), *Chinese Society: Change, Conflict, and Resistance*, New York: Routledge.

Li, Lifeng, 2013, "From Bitter Memories to Revolutionary Memory," *Chinese Studies in History* 47(1): 71-94.

Lim, Soh-Leong et al., 2010, "The Trajectory of Counseling in China: Past, Present, and Future Trends," *Journal of Counseling & Development* 88(1): 4-8.

Liu, Shao-hua, 2011, *Passage to Manhood: Youth Migration, Heroin, and AIDS in Southwest China*, Stanford: Stanford University Press.

Liu, Xiehe, 1998, "Preparation and Draft of Mental Health Law in China," *Psychiatry and Clinical Neurosciences* 52(S6): 250-251.

Meng, Liu, 2002, "Rebellion and Revenge: The Meaning of Suicide of Women in Rural China," *International Social Welfare* 11: 300-309.

Ong, Aihwa and Nancy N. Chen (eds.), 2010, *Asian Biotech*, Durham, NC: Duke University Press.

Pearson, Veronica, 1995, "Goods on Which One Loses: Women and Mental Health in

China," *Social Science and Medicine* 41(8): 1159-1173.

Phillips, Micheal R. et al., 2002, "Risk Factors for Suicide in China: A National Case-Control Psychological Autopsy Study," *The Lancet* 360: 1728-1736.

Phillips, Micheal R., Huaqing Liu, and Yanping Zhang, 1999, "Suicide and Social Change in China," *Culture, Medicine, and Psychiatry* 23: 25-50.

Phillips, Micheal R., Xianyun Li, and Yanping Zhang, 2002, "Suicide Rates in China, 1995-99," *The Lancet* 359: 835-840.

Qin, Ping and Preben Bo Mortensen, 2001, "Specific Characteristics of Suicide in China," *Acta Psychiatrica Scandinavica* 103: 117-121.

Said, Edward, 1979, *Orientalism*, New York: Vintage.

Sontag, Susan, 2003, *Regarding the Pain of Others*, New York: Picador.

Spence, Jonathan D., 1978, *The Death of Woman Wang*, New York: Viking Press.

Spivak, Gayatri, 1988, "Can the Subaltern Speak?," in Cary Nelson and Lawrence Grossberg (eds.), *Marxism and the Interpretation of Culture*, Urbana Champaign, IL: University of Illinois Press, 271-313.

WHO, 1999, *Figures and Facts about Suicide*, Geneva: WHO.

WHO, 2001, *The World Health Report 2001*, Geneva: WHO.

WHO, 2005, *Mental Health Atlas*, Geneva: WHO.

WHO, 2010, "Suicide Rates per 100,000 by Country, Year and Sex," Retrieved Dec 1, 2014(http://www.who.int/mental_health/prevention/suicide_rates/en/index.html).

Wolf, Margery, 1975, "Women and Suicide in China," in Margery Wolf and Roxane Witke (eds.), *Women in Chinese Society*, Stanford: Stanford University Press.

Wu, Fei, 2005, "Gambling for Qi: Suicide and Family Politics in a Rural North China County," *China Journal* 54: 7-27.

Yang, Mayfair Mei-Hui, 1999, "From Gender Eraser to Gender Difference: State Feminism, Consumer Sexuality, and Women's Public Sphere in China," in Mayfair Mei-Hui Yang (ed.), *Spaces of Their Own*, Minneapolis: University of Minnesota Press, 35-67.

제4장 경계에서 낳다: 태국 샨 이주 여성의 출산 경험과 출생등록의 정치학

버틀러, 주디스·가야트리 스피박, 주해연 옮김 2008[2007], 『누가 민족국가를 노래하는가』, 산책자.

아감벤, 조르주, 박진우 옮김, 2008[1998], 『호모 사케르』, 새물결.

아렌트, 한나, 이진우·박미애 옮김, 2006[1973], 『전체주의의 기원』, 한길사.

앤더슨, 베네딕트, 윤형숙 옮김, 2007[1983], 『상상의 공동체: 민족주의의 기원과 전파에 대한 성찰』, 나남.

Arnold, Dennis and Kevin Hewison, 2005, "Exploitation in Global Supply Chains: Burmese Workers in Mae Sot.," *Journal of Contemporary Asia* 35(3): 319-340.

Browner, C. H., 2000, "Situating Women's Reproductive Activities," *American Anthropologist* 102(4): 773-788.

Eberhardt, Nancy, 2006, *Imagining the Course of Life: Self-Transformation in a Shan Buddhist Community*, Honolulu: University of Hawaii Press.

Farrely, Nicholas, 2012, "Exploitation and Escape: Journeys across the Burma-Thailand Frontier," in William van Schendel, Lenore Lyons and Michele Ford (eds.), *Labour Migration and Human Trafficking in Southeast Asia: Critical Perspectives*, New York: Routledge.

Folbre, Nancy 2001, *The Invisible Heart: Economics and Family Values*, New York: The New Press.

Foucault, Michel, 2003, *Society Must Be Defended: Lectures at the Collège De France, 1975-76*, New York: Picador.

Foucault, Michel, Michel Senellart, François Ewald, and Alessandro Fontana, 2007, *Security, Territory, Population: Lectures at the Collège De France, 1977-78*, New York: Palgrave Macmillan.

Ginsburg, Faye and Rayna Rapp, 1995, *Conceiving the New World Order: The Global Politics of Reproduction*, Berkeley: University of California Press.

Herzfeld, Michael, 1992, *The Social Production of Indifference: Exploring the Symbolic Roots of Western Bureaucracy*, New York: St. Martin's Press.

Keyes, Charles, 2002, "Presidential Address: 'The Peoples of Asia' Science and Politics in the Classification of Ethnic Groups in Thailand, China, and Vietnam," *The Journal of Asian Studies* 61(4): 1163-1203.

Laslett, Barbara and Johanna Brenner, 1989, "Gender and Social Reproduction: Historical Perspectives," *Annual Review of Sociology* 15: 381-404.

Limwattananon, Supon, Tangcharoensathien Viroj, and Prakongsai Phusit, 2010, "Equity in Maternal and Child Health in Thailand," *Health Organization* 88: 420-427.

Petchesky, Rosalind, 1990, *Abortion and Woman's Choice: The State, Sexuality, and Reproductive Freedom*, Boston: Northeastern University Press.

Reid, Anthony, 1988, *Southeast Asia in the Age of Commerce, 1450-1680*, New Haven: Yale

University Press.

Samrit Srithamrongsawat, Ratanapron Wisessang, and Sarinthorn Ratjaroenkhajorn, 2010, *Financing Healthcare for Migrants: A Case Study from Thailand*, Bangkok: International Organization for Migration.

Scott, James, 2009, *The Art of Not Being Governed: An Anarchist History of Upland Southeast Asia*, New Haven: Yale University Press.

Supon Limwattananon, Viroj Tangcharoensathien, and Prakongsai Phusit, 2010 Equity in Maternal and Child Health in Thailand, *Bulletin of the World Health Organization* 88: 420-427.

Thongchai Winichakul, 1997, *Siam Mapped: A History of The Geo-body of a Nation*, Honolulu: University of Hawaii Press.

제5장 유령 고령자 사건과 한여름 밤의 시취(屍臭): 일본의 근대화와 노인 복지 체제의 모순

권오희, 2003, 「日本型福祉社會下의 고령자복지정책: 개호보험을 중심으로」, 숙명여자대학교 석사학위논문.

김현, 1985, 「임철우作(작) 「死産(사산)하는 여름」 삶의 不條理(부조리) 抒情的(서정적)으로 승화」, 『경향신문』(1985. 7. 29).

김희경, 2015, 「"핀핀코로리의 비밀": 일본 나가노현 사쿠시에서의 생명정치와 노년의 자기윤리」, 서울대학교 인류학과 박사학위논문.

나우뉴스, 2010. 8. 3, "아들 · 딸 굶겨 죽인 日 '괴물 엄마'…일본 열도 충격".

마루야마, 마사오, 김석근 옮김, 1998, 『일본의 사상』, 한길사.

박진우, 2002, 「일본 근대화론의 이론적 검토」, 『일어일문학연구』 43(2): 357-373.

사토, 히로오, 성해준 옮김, 2011, 『일본 열도의 사생관』, 도서출판 문.

스미스, 패트릭, 노시내 옮김, 2008, 『일본의 재구성』, 마티.

야마무라, 모토키, 이소담 옮김, 2015, 『나홀로 부모를 떠안다』, 코난북스.

이와타, 시게노리, 조규헌 옮김, 2009, 『일본 장례문화의 탄생』, 소화.

임경택, 2004, 「일본의 천황제와 촌락사회구성에 관한 사회민속학적 고찰: 이른바 '가족국가(家族國家)'의 질서와 관련하여」, 『日本思想』 6: 57-84.

임경택, 2005, 「일본가족의 근대: 일본의 근대국민국가 형성과 가족」, 『日本思想』 9: 123-143.

임철우, 1985, 「사산하는 여름」, 『외국문학』 7: 24-95.

정재욱, 2005, 「일본의 사회복지체제에 있어서 사회복지서비스에 대한 이용지원체제의 구조와 특징에 관한 연구」, 『한국사회복지학』 57(1): 121-146.

『조선일보』, 2010. 8. 6, "日 심각한 '가족해체'가 고령자 증발사태 낳았다".
조영훈, 2006, 『일본 복지국가의 어제와 오늘: 복지국가 이론들의 비교와 평가』, 한울아카데미.
지은숙, 2016, 「비혼(非婚)을 통해 본 현대 일본의 가족 관계와 젠더 질서」, 서울대학교 인류학과 박사학위논문.
NHK 무연사회 프로젝트 팀, 김범수 옮김, 2012, 『무연사회』, 용오름.

『讀賣新聞』, 2010. 9. 5, "家族の崩壊 嘆く声".
落合恵美子·阿部彩·埋橋孝文·田宮遊子·四方理人, 2010, 「日本におけるケア·ダイアモンドの 再編成: 介護保険は「家族主義」を變えたか」, 『海外社會保障研究』, 4-19.
『毎日新聞』, 2010. 8. 5, "高齢者の所在不明これが長壽國の實像か".
裵維珍, 2010, 「日本型福祉考察:介護保險制度と日本福祉の變容」, ソウル大學修士論文.
NHK報道局取材班, 2010. 11, 「NHK無緣社會3萬二千人死の記錄全公開 — 年金詐欺までおいつめられた事情」, 『文藝春秋』, 330-345.
小辻壽規·小林宗之, 2011, 「孤獨死報道の歷史」, 『Core Ethics』 7: 121-130.
『信濃毎日新聞』, 2010. 8. 4, "民生委員に個人情報の壁".
『信濃毎日新聞』, 2010. 8. 30, "介護保險改正 — 巡回サービスを充實".
『信濃毎日新聞』, 2010. 12. 17, "民生委員に必要な情報を提供を縣ガイドライン策定へ".
全國社會福祉協議會, 1968, 「居宅寢たきり老人實態調査」.
『朝日新聞』, 2010. 9. 20, "高齢ニッポン — 支え會いの再建築を".
土堤内昭雄, 2010, 『高齢者所在不明問題が問いかける3つの課題』, 2010. 8. 9(http://www.nli-research.co.jp/report/researchers_eye/2010/eye100809.html).
厚生勞動省, 1960, 『厚生白書(昭和35年度版)』(http://www.mhlw.go.jp/toukei_hakusho/hakusho/kousei/1960/).
厚生勞動省, 2012, 「所在不明高齢者に係る年金の差止めについて」(http://www.mhlw.go.jp/stf/houdou/2r9852000002j5v6-att/2r9852000002j5wn.pdf).
厚生勞動省, 2013, 「平成25年 國民生活基礎調査の概況」(http://www.mhlw.go.jp/toukei/saikin/hw/k-tyosa/k-tyosa13/dl/05.pdf).

Bethel, Diana Lynn, 1992, "Life on Obasuteyama, or, inside a Japanese Institution for the Elderly," in Takie Sugiyama Lebra (ed.), *Japanese Social Organization*, Honolulu: University of Hawaii Press, 109-134.

Goodman, Roger, Gordon White, and Kwon Huck-ju, 1998, *The East Asian Welfare Model: Welfare Orientalism and the State*, London: Routledge.

Jenike, Brenda Robb, 1997, "Gender and Duty in Japan's Aged Society: The Experience of Family Caregivers," in Jay Sokolovsky (ed.), *The Cultural Context of Aging*, Westport: Bergin & Garvey, 218-238.

Jones, Catherine, 1993, "The Pacific Challenge: Confucian Welfare States," in Catherine Jones (ed.), *New Perspectives on the Welfare State in Europe*, London: Routledge, 198-217.

Kim, Heekyoung and John W. Traphagan, 2009, "From Socially Weak to Important Consumer: Changing Patterns of Elder Status in South Korea," *Care Management Journals* 10(1): 32-39.

Lebra, Takie Sugiyama, 1979, "The Dilemma and Strategies of Aging among Contemporary Japanese Women," *Ethnology* 14(4): 337-351.

Lock, Margaret, 1993, *Encounters with Aging: Mythologies of Menopause in Japan and North America,* Berkeley, Los Angeles: University of California Press.

Long, Susan Orpett, 1996, "Nurturing and Femininity: The Ideal of Caregiving in Postwar Japan," in Anne Imamura (ed.), *Re-Imaging Japanese Women*, Berkeley: University of California Press, 156-176.

제6장 공순이에서 콜순이로: 여성 노동자의 몸을 통해 본 한국의 근대

『경향신문』, 2014. 10. 19, "[창간기획: 쉰살, 구로공단과의 대화] 인명진 목사, '크낙새가 죽으면 신문 사회면 톱인데 노동자 죽으면 기사 한 줄도 안 나와'".

고프먼, 어빙, 2013[1967], 진수미 옮김, 『상호작용 의례』, 아카넷.

구로구·금천구, 2013, 『구로공단 19662013. 노동 생산 이주 그리고 꿈』.

구로의원·인천의원·평화의원 상담실, 1991, 『당신의 직업이 병을 만든다』, 돌베개.

국가인권위원회, 2008, 『콜센터 텔레마케터 여성비정규직 인권 상황 실태조사』.

금천구청, 2013, 『금천 디지털산업단지 여성건강관리사업 위탁 운영 사업보고서』, 사업기관: 단국대학교병원.

김관욱, 2013, 「콜센터 여성의 노동과 흡연, 그리고 주체성」, 서울대학교 인류학과 석사학위논문.

김관욱, 2015, 「'오염'된 공간과 몸 만들기: 콜센터의 노동통제 및 여성흡연자의 낙인형성과정」, 『한국문화인류학』 48(2): 45-87.

김원, 2006, 『여공 1970, 그녀들의 反역사』, 이매진.

김찬호, 2014, 『모멸감: 굴욕과 존엄의 감정사회학』, 문학과지성사.
김현경, 2015, 『사람, 장소, 환대』, 문학과지성사.
김현미, 1996, 「노동 통제의 기제로서의 성: 미국계 금속조립기업에 고용된 기혼여성노동자의 성 정체성 사례 연구를 중심으로」, 『한국문화인류학』 29(2): 167-194.
더글라스, 메리, 유제분·이훈상 옮김, 2005[1966], 『순수와 위험』, 현대미학사.
마틴, 에밀리, 2012[2002], 「월경 전 증후군, 노동 규율, 분노」, 낸시 홈스트롬 엮음, 유강은 옮김, 『페미니즘, 왼쪽 날개를 펴다』, 도서출판 메이데이, 119-137.
박영희, 2003, 『김경숙』, 민주화운동기념사업회.
박종태 외, 2009, 『THE CALL CENTER BOOK: 효율적인 한국형 콜센터 구축과 운영을 위한 실무 지침서』, 럭스미디어.
서울특별시 울산대학교산학협력단, 2012, 『서울시 건강 격차 해소를 위한 보건 정책 방안 연구 보고서』.
서울역사박물관, 2015, 『가리봉오거리(구로공단 반세기 기념 특별전)』.
송민지, 2014, 「콜센터 여성노동자들의 노동경험에 관한 연구」, 중앙대학교 사회학과 석사학위논문.
안치용 외, 2014, 『구로공단에서 G밸리로: 서울디지털산업단지 50년 50인의 사람들』, 한스컨텐츠.
유경순 엮음, 2011, 『나, 여성노동자 1. 1970-80년대 민주노조와 함께한 삶을 말하다』, 그린비.
정향진, 2013, 「감정의 인류학」, 『한국문화인류학』 46(3): 165-209.
질병관리본부, 2014, 『국민건강영양조사 제6기 1차년도(2013)』.
푸코, 미셸, 홍성민 옮김, 1991[1980], 『권력과 지식 — 미셸 푸코와의 대담』, 나남신서.
한겨레신문, 2014. 9. 17, "유리벽 솟은, 여긴 노동의 벼랑", 『한겨레21』, 제1028호.
한국노동사회연구소, 2014, 『서울시 120다산콜센터 고용구조와 노동환경 개선방향 연구 보고서』, 서울시 시민봉사담당관 학술연구용역 최종보고서.
혹실드, 앨리 러셀, 이가람 옮김, 2009[1983], 『감정노동』, 이매진.

de Certeau, Michel, 2007, "Walking in the City," in Margaret Lock and Judith Farquhar (eds.), *Beyond the Body Proper: Reading the Anthropology of Material Life*, Duke University Press, 249-258.
Goffman, Erving, 1974[1959], *The Presentation of Self in Everyday Life*, London: Penguin.
Jackson, Michael, 1996, *Things as They Are: New Directions in Phenomenological Anthropology*, Bloomington: Indiana University Press.
Jankowiak, William and Dan Bradburd, 1996, "Using Drug Foods to Capture and Enhance Labor Performance: A Cross-Cultural Perspective," *Current Anthropology*

37(4): 717-720.
Khang, Young Ho et al., 2009, "The Impact of Governmental Antismoking Policy on Socioeconomic Disparities in Cigarette Smoking in South Korea," *Nicotine & Tobacco Research* 11(3): 262-269.
Kim, Yuna et al., 2012, "Socioeconomic Indicators Associated with Initiation and Cessation of Smoking among Women in Seoul," *Korean Journal of Family Medicine* 33: 1-8.
Mintz, Sidney W., 1985, *Sweetness and Power*, Penguin Books.
Taussig, Michael, 2007, "Tactility and Distraction," in Margaret Lock and Judith Farquhar (eds.), *Beyond the Body Proper: Reading the Anthropology of Material Life*, Duke University Press, 259-265.
Yang, Lawrence Hsin, Arthur Kleinman, Bruce G. Link, Jo C. Phelan, Sing Lee, and Byron Good, 2007, "Culture and Stigma: Adding Moral Experience to Stigma Theory," *Social Science & Medicine* 64: 1524-1535.
Yang, Lawrence Hsin and Arthur Kleinman, 2008, "'Face' and the Embodiment of Stigma in China: the Cases of Schizophrenia and AIDS," *Social Science & Medicine* 67(3): 398-408.

제7장 국제 보건의 시간: 에티오피아에서 상상된 아시아의 근대화

구해근, 신광영 옮김, 2002, 『한국 노동계급의 형성』, 창작과비평사.
권헌익, 유강은 옮김, 2012, 『학살, 그 이후: 1968년 베트남전 희생자들을 위한 추모의 인류학』, 아카이브.
김영미, 2009, 『그들의 새마을 운동: 한 마을과 한 농촌운동가를 통해 본 민중들의 새마을운동』, 푸른역사.
문승숙, 이현정 옮김, 2007, 『군사주의에 갇힌 근대: 국민 만들기, 시민 되기, 그리고 성의 정치』, 또 하나의 문화.
배은경, 2005, 「가족계획 사업과 여성의 몸: 1960-70년대 출산조절 보급과정을 통해 본 여성과 '근대'」, 『사회와 역사』 67: 260-299.
오유석 엮음, 2014, 『박정희 시대의 새마을운동: 근대화, 전통 그리고 주체』, 한울아카데미.
이종찬, 2009, 『열대와 서구: 에덴에서 제국으로』, 새물결.
『조선일보』, 2014. 7. 11, "저출산까지 부른 '한국 산아(産兒) 제한 노하우' 에티오피아 수출".

Abbas Gnamo, 2014, *Conquest and Resistance in the Ethiopian Empire, 1880-1974: The Case of the Arsi Oromo*, Leiden, Netherlands: Brill.

Abbink, Jan, 2011, "'Land to the Foreigners': Economic, Legal, and Socio-Cultural Aspects of New Land Acquisition Schemes in Ethiopia," *Journal of Contemporary African Studies* 29(4): 513-535.

Adams, Vincanne, Nancy J. Burke, and Ian Whitmarsh, 2014, "Slow Research: Thoughts for a Movement in Global Health," *Medical Anthropology* 33(3): 179 – 197.

Amsden, Alice H., 1989, *Asia's Next Giant: South Korea and Late Industrialization*, Oxford University Press.

Anderson, Warwick, 1995, "Excremental Colonialism: Public Health and the Poetics of Pollution," *Critical Inquiry* 21(3): 640.

Armstrong, Charles K., 2013, *Tyranny of the Weak: North Korea and the World, 1950-1992*, Ithaca: Cornell University Press.

Asafa Jalata, 2010, *Contending Nationalisms of Oromia and Ethiopia: Struggling for Statehood, Sovereignty, and Multinational Democracy*, Albany: State University of New York Press.

Bahru Zewde, 1990, "The Concept of Japanization in the Intellectual History of Modern Ethiopia," in Addis Ababa, *Proceedings of the Fifth Seminar of the Department of History*, Ethiopia.

Begna Dugassa, 2011, "Colonialism of Mind: Deterrent of Social Transformation," *Sociology Mind* 1(2): 55-64.

Benjamin, Walter, 1968, "Theses in the Philosophy of History," in *Illuminations*, New York: Houghton Mifflin Harcourt.

Biehl, João and Adriana Petryna, 2013, *When People Come First: Critical Studies in Global Health*, Princeton: Princeton University Press.

Birn, Anne Emanuelle and Armando Solórzano, 1999, "Public Health Policy Paradoxes: Science and Politics in the Rockefeller Foundation's Hookworm Campaign in Mexico in the 1920s," *Social Science and Medicine* 49(9): 1197-1213.

Brada, Betsey, 2011, "'Not Here': Making the Spaces and Subjects of 'Global Health' in Botswana," *Culture, Medicine and Psychiatry* 35(2): 285-312.

Brazinsky, Gregg A., 2007, *Nation Building in South Korea: Koreans, Americans, and the Making of a Democracy*, Chapel Hill: University of North Carolina Press.

Buck-Morss, Susan, 2002, *Dreamworld and Catastrophe: The Passing of Mass Utopia in East and West*, Cambridge: MIT Press.

Cho, Hee-Yeon, 2000, "The Structure of the South Korean Developmental Regime and its Transformation: Statist Mobilization and Authoritarian Integration in the

Anticommunist Regimentation," *Inter-Asia Cultural Studies* 1(3): 408-426.

Cho, Lee-Jay, Fred Arnold, and Tai Hwan Kwon, 1982, *The Determinants of Fertility in the Republic of Korea*, Washington: National Academy Press.

Cohen, John M., 1974, "Rural Change in Ethiopia: The Chilalo Agricultural Development Unit," *Economic Development and Cultural Change* 22(4): 580.

Cohen, Lawrence, 2012, "Making Peasants Protestant and Other Projects: Medical Anthropology and its Global Condition," in Marcia C. Inhorn and Emily A. Wentzell (eds.), *Medical Anthropology at the Intersections: Histories, Activisms, and Futures*, Durham, NC: Duke University Press, 65-92.

Connelly, Matthew J. 2009, *Fatal Misconception: The Struggle to Control World Population*, Cambridge: Belknap Press.

Crane, Johanna T., 2013, *Scrambling for Africa: AIDS, Expertise, and the Rise of American Global Health Science*, Ithaca: Cornell University Press.

Cueto, Marcos, 2013, "A Return to the Magic Bullet?: Malaria and Global Health in the Twenty-First Century," in J. Biehl and A. Petryna (eds.), *When People Come First: Critical Studies in Global Health*, Princeton: Princeton University Press.

de Waal, Alex, 2012, "The Theory and Practice of Meles Zenawi," *African Affairs* 112(446): 148-155.

DiMoia, John P., 2013, *Reconstructing Bodies: Biomedicine, Health, and Nation-Building in South Korea Since 1945*, Stanford: Stanford University Press.

Donham, Donald L., 1999, *Marxist Modern: An Ethnographic History of the Ethiopian Revolution*, Berkeley: University of California Press.

Donham, Donald L., 2002, "Introduction," in Wendy James, Donald L. Donham, Eisei Kurimoto, and Alessandro Triulzi (eds.), *Remapping Ethiopia: Socialism and After*, Athens: Ohio University Press.

Farmer, Paul, 1999, *Infections and Inequalities: The Modern Plagues*, Berkeley: University of California Press.

Fassin, Didier, 2007, *When Bodies Remember: Experiences and Politics of AIDS in South Africa*, Berkeley: University of California Press.

Ferguson, James, 1994, *The Anti-Politics Machine: "Development," Depoliticization, and Bureaucratic Power in Lesotho*, Minneapolis: University of Minnesota Press.

Finfinne Tribune, 2014. 8. 20, "Too'anna Da'umsaaf Koriyaan Itophiyaa Gargaaruufi — Oromoo waan tuqu qabaa laata?" ("Korea to Help Ethiopia with Birth Control — Is There Implication for the Oromo?").

Geissler, P. Wenzel, 2011, "Paradise Lost: Remembering Modern Times with Kenyan

Government Medical Scientists," in P. Wenzel Geissler and Catherine Molyneux (eds.), *Evidence, Ethos and Experiment: The Anthropology and History of Medical Research in Africa*, Berghahn Books.

Hirut Terefe, 2012, *Gender Relation, Female Genital Mutilation and Reproductive Health: The Case of Arsi Oromo, Ethiopia*, Addis Ababa, Ethiopia: Addis Ababa University Press.

Keller, Edmond J., 1995, "The Ethnogenesis of the Ormo Nation and its Implications for Politics in Ethiopia," *The Journal of Modern African Studies* 33(4): 621-634.

Lie, John, 2000, *Han Unbound: The Political Economy of South Korea*, Stanford University Press.

Mains, Daniel, 2012, "Blackouts and Progress: Privatization, Infrastructure, and a Developmentalist State in Jimma, Ethiopia," *Cultural Anthropology* 27(1): 3-27.

Meles Zenawi, 2006, *African Development: Dead Ends and New Beginnings*, Erasmus University.

Packard, Rendall M., 1997, "Malaria Dreams: Postwar Visions of Health and Development in the Third World," *Medical Anthropology* 17(3): 279-296.

Palmer, Steven, 2009, "Migrant Clinics and Hookworm Science: Peripheral Origins of International Health, 1840-1920," *Bulletin of the History of Medicine* 83(4): 676-709.

Prince, Ruth J. and Rebecca Marsland, 2013, *Making and Unmaking Public Health in Africa: Ethnographic and Historical Perspectives*, Athens: Ohio University Press.

Scott, James C., 1998, *Seeing Like a State: How Certain Schemes to Improve the Human Condition Have Failed*, New Haven: Yale University Press.

Skordilçs, Kimon, 1954, *Kagnew: The Story of the Ethiopian Fighters in Korea*, Tokyo, Japan: Radiopress.

Smith, James H., 2009, *Bewitching Development: Witchcraft and the Reinvention of Development in Neoliberal Kenya*, Chicago: University of Chicago Press.

Sonn, Jung Won and Dong-Wan Gimm, 2013, "South Korea's Saemaul (New Village) Movement: An Organisational Technology for the Production of Developmentalist Subjects," *Canadian Journal of Development Studies* 34(1): 22-36.

Tadesse Berisso, 2002, "Modernist Dreams and Human Suffering: Villagization among the Guji Oromo," in Wendy James Donald L. Donham, Eisei Kurimoto, and Alessandro Triulzi (eds.), *Remapping Ethiopia: Socialism & After*, Donham: James Currey.

Tousignant, Noemi, 2013, "Broken Tempos: Of Means and Memory in a Senegalese University Laboratory," *Social Studies of Science* 43(5): 729-753.

Vaughan, Megan, 1991, *Curing Their Ills: Colonial Power and African Illness*, Stanford: Stanford University Press.

찾아보기

ㄴ

ㄷ

ㅇ

발간사

다가오는 미래가 아시아의 시대가 될 것이라는 인식은 이제 우리에게 그리 새롭지는 않습니다. 그렇다면 우리에게 주어진 과제는 한국인과 한국사회는 어떤 존재로서 아시아의 시대를 살아가고자 하는가 하는 질문을 통해 우리와 남의 모습을 상상하고, 우리와 남의 관계에 대한 그림을 그리고, 그것들을 실천하는 일일 것입니다.

그러나 아시아의 시대가 온다고 해서 아시아 사람들이 저절로 잘 살게 되는 것도, 아시아가 저절로 평화롭고 정이 넘치는 공동체가 되는 것도 아닐 것입니다. 그러므로 우리는 아시아 지역을 살아가는 사람들이 어떤 공동체를 만들어가고 싶은가, 아시아 공동체가 잘 되면 인류에게 무슨 도움이 되는 것인가 하는 질문을 해야 하지 않을까 싶습니다. 오히려 아시아의 시대가 왔다고 생각하기 시작한 지난 20여 년간 아시아 내부의 갈등과 적대, 민족주의와 인종차별 등은 더 심해지고 있다는 착각이 듭니다. 그것을 착각이라고 생각하는 까닭은 외양으로 보면 그렇게 보이지만, 실제 내부에서 일어나는 현상을 찬찬히 살펴보면, 아시아 내부의 상호 이해와 교류가 느리지만 거대한 규모로 일어나고 있다고 믿기 때문입니다. 지표면에서 보면 날씨 변화도 심하고 지진도 자주 일어나지만, 땅속 깊은 곳에서 아시아의 시대를 만들어가는 지하수의 물줄기가 형성되고 있는 것 아닌가 싶습니다.

20세기 유럽과 미국이 축적한 자연과학과 인문·사회과학 등 근대의 학문적 지식은 인류 문명의 새로운 길을 열었고, 인류의 행복과 안정에 커다란 기여를 했습니다. 물론 제국주의 지배와 전쟁, 차별과 빈곤을 동시에 가져다주기도 했습니다. 아시아의 세기는 서양의 근대를 넘어서서 새로운 '근대 이후'를 만들어 나가는 일이어야 합니다.

지식의 생산과 공유, 인재 양성을 책임지고 있는 대학이라는 공간에서 아시아에 대한 어떤 지식을 생산하고, 아시아에 대해 무엇을 어떻게 가르칠 것인가 하는 문제의식이야말로 서울대학교 아시아연구소에 주어진 책무일 것입니다. 서울대학교 아시아연구소는 2009년 9월 출범한 이래 지역과 주제의 결합에 기초한 아시아 연구의 세계적 허브 구축을 목표로 아시아 연구 기반 구축과 우수 연구활동 지원 등의 다양한 학술 활동을 진행해왔습니다. 특별히 아시아에 대한 지식 생산의 기반을 다지는 작업으로서, 우수한 기초 연구 활성화를 위해 노력해왔습니다.

서울대학교 아시아연구소총서는 바로 이러한 학문적 노력의 결실입니다. 앞으로도 서울대학교 아시아연구소는 국내외 연구자들의 우수한 연구를 지원하여 그 결과물을 지속적으로 발간해나갈 것입니다. 이러한 아시아연구소총서가 아시아의 시대를 열어가는 데 필요한 기반을 만드는 중요한 지적 자산이 되기를 기대합니다. 이를 바탕으로 아시아 시대를 만들어가는 지하수를 실증적으로 드러내고, 아시아 내부의 상호 이해와 교류를 넓혀갈 수 있길 바랍니다.

서울대학교 아시아연구소

이현정

이현정은 정치경제적 변화 및 국가의 통치 방식이 정신건강과 주체성에 미치는 영향에 관해 주로 중국과 한국에서 지속적으로 연구해 온 의료인류학자이다. 중국 농촌 여성의 자살, 한국 노인의 자살과 복지 정책, 치매 노인의 배우자 돌봄에 대한 연구를 거쳐, 현재는 세월호 참사 이후 사회적 고통에 관한 현장연구를 진행하고 있다. 발표한 논문으로는 「중국 농촌 여성의 자살은 과연 저항인가: 서구 저항 담론에 대한 비판적 검토와 자살행위에 관한 인류학적 사례분석」, 「중국 농촌의 자살 현상에 관한 의료인류학적 분석: 구조적 폭력과 체현 개념을 중심으로」, "Fearless Love, Death for Dignity: Female Suicide and Gendered Subjectivity in Rural North China", 「고령화시대 한국의 복지 프로그램과 새로운 노년 주체의 형성: 서울 K복지관 도시락 배달 사업의 사례」 외 다수가 있으며, 저서로는 *Chinese Modernity and the Individual Psyche*(공저), 『팽목항에서 불어오는 바람』(공저), 『세월호가 묻고 사회과학이 답하다』(공저)가 있다. 현재 서울대학교 인류학과 부교수로 재직 중이다.

김태우

김태우는 근대적 인식의 정치적·역사적 체화로서 생의학 체계(biomedical institutions)와 비근대적 인식을 근간으로 하지만 근대적 인식의 헤게모니 속에서 협상(또는 동화)과 거리 두기의 생존 전략에 의지하는 동아시아의학 체계의 병존 양태, 그리고 그러한 복수의 의료 체계 속에서 몸, 질병과 건강을 이해하는 성원들의 존재 방식에 관해 연구하는 의료인류학자이다. 미국, 한국, 중미의 벨리즈(Belize) 등에서 연구를 진행해 왔으며, 최근에는 일본, 중국, 대만에서 동아시아 의료 체계에 관한 현장연구를 진행하는 중이다. 논문으로는 「한국 의료인류학의 가능성: 이론적 논의와 연구 경향을 통해 살펴본 한국 의료인류학의 과제들」, "Exposure and Exclusion: Disenfranchised Biological Citizenship among the First-Generation Korean Americans", 「과거의 의서에서부터 당대의 실천까지: 소문대요, 소문학회, 그리고 동아시아 의학전통의 전승을 바라보는 의료인류학적 시선」, "Classical Texts in the Present Tense: The Looking Diagnosis of a Donguibogam School in South Korea", 「만성병 수치화의 생명정치」, 「한의학 병명의 현상학: 인류학적, 현상학적 접근」 등이 있다. 현재 경희대학교 한의과대학 조교수로 재직 중이다.

서보경

서보경은 불평등, 차별, 배제의 경험을 중심으로 삶과 정치 사이의 관계를 탐구하고자 하는 인류학자이다. 보건 의료, 빈곤, 이주 노동, 젠더와 섹슈얼리티, 생명권, 교환 및 가치 이론에 큰 관심을 가지고 있으며, 태국과 한국에서 현장연구를 해 왔다. 2013년에는 비판적 의료인류학에 기여한 연구자에게 주어지는 Rudolf Virchow Award(대학원생 부문)를 수상한 바 있다. 태국의 보편적 의료 보험의 도입에 관한 연구로 박사학위를 수여받았으며, 이를 바탕으로 현재 사회적 돌봄의 윤리와 정치적 함의에 관한 책을 준비 중이다. 발표한 논문으로는 "Patient Waiting: Care as a Gift and Debt in the Thai Healthcare System", "Caring for Premature Life and Death" 등이 있다. 인류학 연구방법론을 다양한 삶의 현장에서 실험하고자 하며, 그 일환으로 한국에서 HIV/AIDS 감염인이 경험하는 혐오와 낙인에 대한 공동 연구를 진행하고 있다. 베를린자유대학교 인류학과에서 박사후연구원으로 재직한 바 있으며, 현재 연세대학교 문화인류학과 조교수로 재직 중이다.

김희경

김희경은 한국 및 일본에서 고령 인구를 통치하기 위해 고안된 의료 기술 및 보건 복지 정책이 고령자들의 자기 윤리, 삶과 죽음의 경계, 인간다움의 정의를 어떻게 변화시키고 있는지를 연구해 온 인류학자이다. 주요 연구 주제로는 인구 고령화 시대에 생명정치의 진전 양상 및 죽음을 준비하는 방식의 변화, 고용 통제 전략으로서 은퇴 준비 교육, 노인성 치매에 대한 규정 및 관리 방법의 변화, 조부모 손자 돌봄 등이 있다. 발표한 논문으로는 「욕구해석의 정치: 한국 직장인 노후준비교육 기획 및 시행과정에 대한 인류학적 고찰」, 「노년의 장소와 장소상실: 일본 농산촌 지역에서의 Aging in Place 실천과 장소감각의 경합」, 「노년에 대한 인류학 연구의 이론적 정향 검토」, "Irony and the Sociocultural Construction of Old Age in South Korea: Perspectives from Government, the Medical Profession, and the Aged", "From Socially Weak to Potential Consumer: Changing Discourses on Elder Status in South Korea" 등이 있다. 한국보건사회연구원에서 연구원으로 재직한 바 있으며, 현재 서울대학교 인류학과 BK21플러스 박사후연구원으로 재직 중이다.

김관욱

김관욱은 흡연을 신체적 중독 개념에서 벗어나 노동과 관련된 주체성의 측면에서 연구해 온 가정의학과 전문의이자 의료인류학자이다. 병사들의 흡연 경험에 관한 "A Grounded Theory Approach to Korean Soldier's Smoking Experience: 'from Toy to Tool'", "The Evaluation and Significance of Soldier's Social Nicotine Dependence"와 같은 연구들을 시작으로, 여성 노동자의 흡연 경험을 분석한 「콜센터 여성의 노동과 흡연, 그리고 주체성」(서울대학교 인류학과 석사학위논문), 「'오염'된 공간과 몸 만들기: 콜센터의 노동통제 및 여성흡연자의 낙인형성과정」과 같은 논문들을 발표해 왔다. 저서로는 『굿바이 니코틴 홀릭』, 『흡연자가 가장 궁금한 것들』, 『폴 파머, 세상을 고치는 의사가 되어 줘』가 있으며, 역서로는 『보건과 문명』(공역)이 있다. 현재 더럼대학교 인류학과 박사과정에 재학 중이며, 서울디지털산업단지(옛 구로공단)를 중심으로 과거 여공들과 오늘날 서비스 직종을 대표하는 콜센터 여성 상담사들의 노동과 건강에 대해 '몸의 현상학' 이론을 중심으로 인류학적 현장연구를 진행 중이다.

박영수

박영수는 독거 노인, 재소자, 새터민, 이주노동자, 국제 보건 사업의 대상 지역 주민과 같은 의료 소외 집단의 삶에 미치는 사회문화적 배경에 지속적으로 관심을 가져 온 인류학자이다. 의과대학 학생 시절, NGO '아름다운생명사랑'과 '밝은 의료 사회를 위한 누가들의 모임'을 통해 독거노인 방문 진료를 하며 건강 불평등과 사회적 소외에 대해 눈을 뜨기 시작했다. 공중보건의사로 군복무를 하며 교도소에서 재소자를 만났고, 공공의료확충팀에서 '외국인근로자 등 소외계층 의료서비스 지원사업' 개선 방안에 대해 연구했다. '조선족 이주노동자의 질병경험을 둘러싼 문화적 갈등양상'에 관한 석사학위논문을 발표했으며, 그 외에도 남한에 정착한 북한 의사의 재교육, 의료 취약지 지역 의료 개선 방안, 지방의료원 운영 진단, 독거 노인과 쌍용자동차 노동자의 자살에 관한 연구에 참여해 왔다. 저서로는 『한국사회와 이주민 건강: 외국인노동자 의료백서 2』(공저)가 있다. 현재 스탠퍼드대학교 박사과정에 재학 중이며, 에티오피아에서 국제 보건의 시간성과 돌봄, 통치성에 대한 인류학적 현장연구를 수행하고 있다.